U0651475

《国际乡村振兴年度报告 2024》
课 题 组

组　长：高菠阳　李　昕

成　员：姜　玲　戴俊骋　王优容　温锋华　欧变玲

耿喜梅　徐丽萍　贺胜年　刘欢欢　姚　远

孟　越　蒋译瑶　韩湘婷　刘倍彤　蒋雅婷

赵志浩　孟涵钰　索　成　陈　琪　皮福玲

中国国际减贫中心
IPRCC International Poverty Reduction Center in China

国际乡村发展经验分享系列
The Sharing Series on International Rural Development Experience

中国国际减贫中心◎编著
Edited by International Poverty Reduction Center in China

国际乡村振兴

2024 Annual Report on International Rural Revitalization | **年度报告2024**

中国农业出版社
北　京

图书在版编目（CIP）数据

国际乡村振兴年度报告. 2024 / 中国国际减贫中心编著. -- 北京：中国农业出版社，2024. 10. --（国际乡村发展经验分享系列）. -- ISBN 978-7-109-32552-4

Ⅰ. F313

中国国家版本馆 CIP 数据核字第 2024ZQ8069 号

国际乡村振兴年度报告 2024

GUOJI XIANGCUN ZHENXING NIANDU BAOGAO 2024

中国农业出版社出版

地址：北京市朝阳区麦子店街 18 号楼

邮编：100125

责任编辑：郑　君

版式设计：杨　婧　责任校对：吴丽婷

印刷：中农印务有限公司

版次：2024 年 10 月第 1 版

印次：2024 年 10 月北京第 1 次印刷

发行：新华书店北京发行所

开本：700mm×1000mm　1/16

印张：16.5

字数：226 千字

定价：80.00 元

◎ 总 序

　　消除贫困是人类梦寐以求的理想，人类发展史就是与贫困不懈斗争的历史。中国是拥有 14 亿人口、世界上最大的发展中国家，基础差、底子薄，发展不平衡，长期饱受贫困问题困扰。消除贫困、改善民生、实现共同富裕，是社会主义的本质要求，是中国共产党的重要使命。为兑现这一庄严政治承诺，100 多年来，中国共产党团结带领中国人民，以坚定不移、顽强不屈的信念和意志与贫困进行了长期艰苦卓绝的斗争。改革开放以来，中国实施了大规模、有计划、有组织的扶贫开发，着力解放和发展社会生产力，着力保障和改善民生，取得了前所未有的伟大成就。2012 年党的十八大以来，以习近平同志为核心的党中央把脱贫攻坚摆在治国理政的突出位置，习近平总书记亲自谋划、亲自挂帅、亲自督战，推动实施精准扶贫精准脱贫基本方略，动员全党全国全社会力量，打赢了人类历史上规模空前、力度最大、惠及人口最多的脱贫攻坚战。

　　脱贫攻坚战的全面胜利，离不开有为政府和有效市场的有机结合。八年间，以习近平同志为核心的党中央加强对脱贫攻坚的集中统一领导，发挥中国特色社会主义制度能够集中力量办大事的政治优势，把减贫摆在治国理政的突出位置，为脱贫攻坚提供了坚强政治和组织保证。广泛动员市场、社会力量积极参与，实施"万企帮万村"等行动，鼓励民营企业和社会组织、公民个人参与脱贫攻坚，促进资金、人才、技术等要素向贫困地区集聚。截至 2020 年底，现行标准下 9 899 万农村贫困人口全部脱贫，832 个贫困县全部摘帽，12.8 万个贫困村全部出列，区域性整体贫困得到解决，完成了消除绝对贫困的艰巨任务。建成了世界上规模最大的教育体系、社会保障体系、医疗卫生体系，实现了快速发展与大规模减贫同步、经济转型与消除绝对贫困同步。

一直以来，中国始终是世界减贫事业的积极倡导者、有力推动者和重要贡献者。按照世界银行国际贫困标准，改革开放以来，我国减贫人口占同期全球减贫人口 70％以上，占同期东亚和太平洋地区减贫人口的 80％。占世界人口近五分之一的中国全面消除绝对贫困，提前10 年实现《联合国 2030 年可持续发展议程》减贫目标，不仅是中华民族发展史上具有里程碑意义的大事件，也是人类减贫史乃至人类发展史上的大事件，为全球减贫事业发展和人类发展进步作出了重大贡献。

中国立足自身国情，把握减贫规律，走出了一条中国特色减贫道路，形成了中国特色反贫困理论，创造了减贫治理的中国样本。坚持以人民为中心的发展思想，坚定不移走共同富裕道路，是扶贫减贫的根本动力。坚持把减贫摆在治国理政突出位置，从党的领袖到广大党员干部，目标一致、上下同心，加强顶层设计和战略规划，广泛动员各方力量积极参与，完善脱贫攻坚制度体系，保持政策连续性稳定性。坚持用发展的办法消除贫困，发展是解决包括贫困问题在内的中国所有问题的关键，是创造幸福生活最稳定的途径。坚持立足实际推进减贫进程，因时因势因地制宜，不断调整创新减贫的策略方略和政策工具，提高贫困治理效能，精准扶贫方略是打赢脱贫攻坚战的制胜法宝，开发式扶贫方针是中国特色减贫道路的鲜明特征。坚持发挥贫困群众主体作用，调动广大贫困群众积极性、主动性、创造性，激发脱贫内生动力，使贫困群众不仅成为减贫的受益者，也成为发展的贡献者。

脱贫攻坚战取得全面胜利后，中国政府设立了 5 年过渡期，着力巩固拓展脱贫攻坚成果，全面推进乡村振兴。按照党的二十大部署，在以中国式现代化全面推进中华民族伟大复兴的新征程上，中国正全面推进乡村振兴，建设宜居宜业和美乡村，向着实现人的全面发展和全体人民共同富裕的更高目标不断迈进。中国巩固拓展脱贫攻坚成果和乡村振兴的探索和实践，将继续为人类减贫和乡村发展提供新的中国经验和智慧，为推动构建没有贫困的人类命运共同体贡献中国力量。

面对国际形势新动向新特征，习近平总书记提出"一带一路"倡议、全球发展倡议等全球共同行动，将减贫作为重点合作领域，致力于推动构建没有贫困、共同发展的人类命运共同体。加强国际减贫与乡村发展经验分享，助力全球减贫与发展进程，业已成为全球广泛共识。为此，自2019年起，中国国际减贫中心与比尔及梅琳达·盖茨基金会联合实施国际合作项目，始终坚持站在未来的角度、政策的高度精心谋划项目选题，引领国内外减贫与乡村发展前沿热点和研究走向。始终坚持将中国减贫与乡村发展经验与国际接轨，通过国际话语体系阐释中国减贫与乡村振兴道路，推动中国减贫与乡村发展经验的国际化传播。至今已实施了30余个研究项目，形成了一批形式多样、影响广泛的研究成果，部分成果已在相关国际交流活动中发布。

为落实全球发展倡议，进一步促进全球减贫与乡村发展交流合作，中国国际减贫中心精心梳理研究成果，推出四个系列丛书，包括"全球减贫与发展经验分享系列""中国减贫与发展经验国际分享系列""国际乡村发展经验分享系列"和"中国乡村振兴经验分享系列"。

全球减贫与发展经验分享系列旨在跟踪全球减贫进展，分析全球减贫与发展趋势，总结分享各国减贫经验，为推动《联合国2030年可持续发展议程》、参与全球贫困治理提供知识产品。该系列主要包括"国际减贫年度报告""国际减贫理论与前沿问题"等全球性减贫知识产品，以及覆盖非洲、东盟、南亚、拉丁美洲及加勒比地区等区域性减贫知识产品。

　　中国减贫与发展经验国际分享系列旨在讲好中国减贫故事，向国际社会分享中国减贫经验，为广大发展中国家实现减贫与发展提供切实可行的经验。该系列聚焦中国精准扶贫、脱贫攻坚和巩固拓展脱贫攻坚成果的经验做法，基于国际视角梳理形成中国减贫经验分享的知识产品。

　　国际乡村发展经验分享系列聚焦国际乡村发展历程、政策和实践，比较中外乡村发展经验和做法，为全球乡村发展事业提供交流互鉴的知识产品。该系列主要包括"国际乡村振兴年度报告""乡村治理国际经验比较分析报告""县域城乡融合发展与乡村振兴"等研究成果。

　　中国乡村振兴经验分享系列聚焦讲好中国乡村振兴故事，及时总结乡村振兴经验、做法和典型案例，为国内外政策制定者和研究者提供参考。该系列主要围绕乡村发展、乡村规划、共同富裕等议题，梳理总结有关政策、经验和实践，基于国际视角开发编写典型案例等。

　　最后，感谢所有为系列图书顺利付梓付出辛勤汗水的相关项目组、出版社和编辑人员，以及关心和支持中国国际减贫中心的政府机构、高校和科研院所、社会组织和各界朋友。系列书籍得到了比尔及梅琳达·盖茨基金会的慷慨资助以及盖茨基金会北京代表处的悉心指导和帮助，在此表示衷心感谢！

　　全球减贫与乡村发展是动态而不断变化的，书中难免有挂一漏万之处，敬请读者指正！

刘俊文

中国国际减贫中心　主任

2024 年 1 月

◎ 前 言

　　长久以来，乡村在孕育人类文明、提供生产资料、推动社会进步、促进经济发展、保护生态环境等方面发挥了不可替代的伟大作用，在促进全球可持续发展中扮演着举足轻重的角色。当前，乡村地区承载着全球40%以上的人口，并承担着为70多亿人口提供粮食、农产品等生存资本的重要责任。作为丰富的生态资源之地，乡村汇集了丰沛的水资源、广袤的土地和森林，对于全球碳循环、气候调节、自然灾害缓解至关重要。同时，乡村地区还保留和传承了传统文化，丰富了人类文化多样性和社会凝聚力，具有无可替代的重要价值。

　　乡村是促进全球可持续发展的重要承载，也是推动全球减贫的主阵地。《联合国2030年可持续发展议程》中，将"在全世界消除一切形式的贫困"作为首要目标。国际社会积极致力于减少贫困，实现贫困人口脱贫、社会公平和可持续发展目标。众所周知，贫困问题主要集中在乡村地区，自2010年来，全球绝对贫困人口数量下降了近40%，多维贫困人口数量下降了近一半，其中乡村地区的贡献超过三分之二，这主要归功于乡村地区的经济发展和基础设施改善。但值得注意的是，目前在全球范围内，仍有6.67亿人口生活在极端贫困中，其中绝大部分生活在乡村地区，减贫依然是全球各国共同面临的重大挑战之一，乡村发展对于推动全球减贫目标的实现至关重要。

　　积极促进乡村发展，实现乡村振兴，是推动全球可持续发展目标实现的重要举措。首先，当前农村贫困人口脱贫高度依赖农业和相关领域的就业机会，通过提升乡村地区的农业生产、基础设施建设和社会保障水平，可以有效降低贫困发生率，改善居民的生计状况。其次，乡村振兴注重人才培养和教育质量提升，提高农民的技能水平和就业能力，为他们提供更多的脱贫机会。再次，乡村振兴重视文化传承和生态保护，为农村地区提供更好的生活环境和社会福利，进一步改善农村居民的生活品质。最后，乡村发展还可以帮助实现更广泛的可持续发展目标，包括零饥饿、性别平等和清洁水源等。

促进乡村振兴与发展，是许多国家发展战略中的重要组成部分。2020年，中国脱贫攻坚取得全面胜利，通过改善基础设施、提供教育和医疗服务、发展农村经济等手段，农村贫困人口全面脱贫，832个贫困县全部摘帽，12.8万个贫困村全部出列，历史性地解决了消除绝对贫困的艰巨任务，也为全球减贫提供了中国样本和中国方案。在此基础上，中国进一步推进乡村振兴战略实施。2022年发布的《"十四五"推进农业农村现代化规划》，明确把"实现巩固拓展脱贫攻坚成果同乡村振兴有效衔接，增强脱贫地区内生发展能力，让脱贫群众过上更加美好的生活，逐步走上共同富裕道路"作为重点任务之一。乡村振兴战略旨在实现城乡发展均衡，促进乡村经济增长，改善农村居民的生活质量。这一战略明确提出全面推动乡村产业、人才、文化、生态、组织"五大振兴"的实现。一是推动乡村产业振兴。深入推进农业供给侧结构性改革，推动农业尽快从总量扩张向质量提升转变，加快培育发展乡村产业和乡土产业。二是推动乡村人才振兴。加快培养本土人才，鼓励人才返乡、干部回乡、企业下乡，为乡村振兴提供更加有力的人才支持。三是推动乡村文化振兴。推动形成文明乡风、良好家风、淳朴民风。四是推动乡村生态振兴。深化农村人居环境整治，促进农业农村绿色发展，加强农用地土壤污染防治，推进优质生态产品价值转化，提升生态文明理念。五是推动乡村组织振兴。进一步提升农村基层组织能力，凝聚群众力量打造善治乡村，推进共建共享。总的来看，对于全球各个国家而言，促进农村产业发展、人才培养、文化传承、生态保护和组织建设，推动农村地区的经济繁荣、社会进步和生态健康，是有效促进乡村振兴与发展的重要途径。

目前全球正在经历百年未有之变局，受到新冠疫情多重因素影响，全球乡村地区也面临着一系列挑战，如人口外流、基础设施不足、气候变化、数字鸿沟等，乡村发展振兴之路面临诸多挑战与机遇。展望未来，全球应携手面向建设可持续发展的乡村，推动实现城乡融合、多元协同，构建"绿色、包容、富足、韧性、善治"乡村，全面推进全球乡村发展。

综上所述，本年度报告将综合分析全球及主要地区在乡村产业、人才、文化、生态、组织五个方面的政策举措、经验做法和实践案例，并梳理中国乡村振兴战略及积极实践，为理解全球乡村振兴、实现可持续发展目标的长期趋势及未来发展方向提供理论基础和科学支撑，以期为推动乡村振兴与减贫目标的共同实现贡献力量。

报告共分为七章，每章均围绕乡村振兴的某一核心领域展开，旨在全面揭示乡村振兴的多元内涵与实现路径。

第一章"国际乡村产业发展"将分析全球范围内乡村产业的发展现状、趋势及面临的挑战，探讨如何通过技术创新、产业升级等手段推动乡村产业振兴。

第二章"国际乡村人才发展"将关注乡村人才短缺、流失等问题，探讨如何通过教育、培训、政策引导等措施吸引和培养乡村人才，为乡村振兴提供有力的人才支撑。

第三章"国际乡村文化振兴"将挖掘乡村文化的独特价值，探讨如何保护和传承乡村文化，同时推动乡村文化与城市文化的融合，提升乡村文化的软实力。

第四章"国际乡村生态治理"将关注乡村生态环境问题，探讨如何通过生态修复、环境保护等措施改善乡村生态环境，实现乡村可持续发展。

第五章"国际乡村组织发展"将分析乡村组织在乡村振兴中的作用和地位，探讨如何通过加强乡村组织建设，提升乡村治理能力和水平。

第六章"中国乡村振兴与实践"将重点介绍中国乡村振兴战略的实施情况、成效及经验，为全球其他国家提供借鉴和启示。

第七章"全球乡村振兴展望"将综合前述章节内容，对未来全球乡村振兴的发展趋势进行展望，提出针对性的政策建议和发展思路。

◎ 摘 要

乡村是推动人类社会可持续发展的关键，承载了全球超四成的人口，并承担着为全球七十多亿人提供粮食、农产品等生存资本的重要责任。农村产业是国民经济的基础，农村经济是现代化经济体系的重要组成部分。乡村振兴也是推动全球可持续发展的重要举措。为共享乡村发展经验，携手促进全球乡村振兴，助力可持续发展目标实现，中国国际减贫中心编写了《国际乡村振兴年度报告2024》，梳理全球及主要地区在乡村产业、人才、文化、生态、组织五个方面的政策举措、经验做法和实践案例，总结当前乡村振兴战略的成功经验，为世界其他国家和地区发展提供借鉴。

报告认为：

（一）乡村产业发展模式多样化，经济发展仍面临诸多挑战。全球农业总产量和总产值稳步增长，农业生产率不断提高，林业、畜牧业和渔业不断增长且向绿色发展转型，乡村产业发展模式多样化，农业和非农产业融合发展，乡村非农产业为促进乡村产业发展、繁荣乡村经济作出重大贡献。农业总产量、农业总产值和农业生产率存在显著的区域和国别差异，农业和乡村非农产业的可持续发展动力不足；乡村产业发展潜力和模式创新受气候变化、土地资源、农业技术、农业政策和国际贸易等多种因素的影响制约；在全球化和自由贸易的背景下，粮食自给率的国别差异进一步扩大；新冠疫情造成的经济影响引发的连锁反应导致粮食不安全问题恶化，全球面临前所未有的粮食危机。

（二）乡村人才发展内生动力不足，空心化老龄化等问题突出。由于城市快速发展，农村受限于经济、社会、生态等发展困境，大量农村劳动力进城务工，乡村空心化、老龄化、妇女化等问题日渐突显。城市快速发展背景下，存在乡村发展内生动力不足、农村农业生产水平低、农村教育程度低等问题。由于不同国家乡村经济社会生态等自身条件差异，所面临的人才发展需求不同，各国为乡村人才发展实施了不同模式的人才发展政策及实践。

（三）乡村文化振兴是乡村振兴的重要内容和有力支撑。做好农业文化遗产保护利用，能够激发乡土文化活力。中国农村公共文化建设为农村基层社会发展奠定了良好厚重的人文环境与文化基础。各地依托重点村建设，实现了乡村优质文化资源创造性转化创新性发展，带动乡村产业融合，成为引领乡村旅游提质升级发展的典型示范。多地加大力度建设独具特色的农村公共文化空间，农民精神风貌不断改善，村子的凝聚力和吸引力持续提升。乡村节庆活动是展示农业文明和民俗文化的有效载体，也是发展乡村旅游、繁荣农村经济的助推器。深化乡风文明建设，要充分调动广大农民群众参与的积极性、主动性，从思想上形成自觉、制度上形成规范、风气上形成氛围，让文明新风尚不断滋养乡亲们的幸福生活。

（四）乡村生态治理复杂且紧迫，面临气候变化和生物多样性丧失等问题。乡村生态治理在全球范围内受到越来越多的关注，由于其涉及问题众多，包括气候变化、生物多样性丧失和污染等，使乡村生态治理变得异常复杂。全球乡村生态治理复杂而又迫切，需要全球各国政府、企业和公众的共同努力。全球乡村生态治理政策逐渐从局部的环境管理转变为全面的生态系统管理，从单一的农业环境向包括森林、湿地、水域等在内的整个乡村环境转变，从单一的政府管理转变为政府、市场、社会和科技等多种力量共同参与的多元化治理。全球乡村生态治理政策应更加注重科技创新和绿色发展，推动乡村产业升级和转型，促进乡村生态环境和经济发展的协调统一。

（五）乡村组织是实现乡村振兴的重要力量。乡村组织的发展离不开政府的政策引导，政府通过提供财政支持，完善法律法规，或整合各种社会资源等形式共同助力乡村组织的发展。乡村组织在政府的支持和引导下得到长足发展，但由于各个国家或地区所处的发展阶段、政治制度、历史经验、传统习俗等方面存在很大差异，所以乡村组织的具体表现形式也各具特色。乡村组织发展应完善组织政策，加强组织协调，调动市场力量，充分发挥各类社会组织合力作用，加强农业国际合作。

（六）中国乡村振兴对全球乡村发展具有重大价值。通过分析中国推进乡村振兴的效果，阐述了中国乡村对全球乡村发展的价值体现、回溯了中国乡村振兴政策，以及说明巩固拓展脱贫攻坚成果如何同乡村振兴实现有效衔接；其次，从中国推进乡村振兴的经验可知，高质量发展乡村产业，扩大就业机会，发展壮大新型农村集体经济以及通过技能培训提升脱贫能力，都是推动增强脱贫地区及其居民内生动力的重要举措。

（七）当前全球乡村发展面临诸多困难与挑战。人口流失是乡村振兴面临的一项严重挑战，完善基础设施建设是当前乡村振兴的紧迫任务，教育与医疗资源匮乏是乡村振兴面临的难题，产业结构单一制约了乡村振兴的发展，环境保护和生态问题是乡村振兴可持续发展的关键。面向全球乡村的未来，我们提出了乡村产业、人才、文化、生态、组织五个方面的发展目标，并给出了对策与建议。

◎ 目 录

◎ 第一章 国际乡村产业发展

本章要点

21世纪以来，全球农业总产量和总产值稳步增长，农业生产率不断提高，林业、畜牧业和渔业不断增长且向绿色发展转型，乡村产业发展模式多样化，农业和非农产业融合发展，乡村非农产业为促进乡村产业发展、繁荣乡村经济作出重大贡献。

但是，国际乡村产业和经济发展也面临诸多挑战。农业总产量、农业总产值和农业生产率存在显著的区域和国别差异，农业和乡村非农产业的可持续发展动力不足；乡村产业发展潜力和模式创新受气候变化、土地资源、农业技术、农业政策和国际贸易等多种因素的影响制约；在全球化和自由贸易的背景下，粮食自给率的国别差异进一步扩大；新冠疫情造成的经济影响引发的连锁反应导致粮食不安全问题恶化，全球面临前所未有的粮食危机。

在本章中，我们首先介绍农业发展现状和按照乡村产业链关系梳理典型的乡村产业发展模式，然后以生产要素为标准汇总整理乡村产业发展政策，最后总结乡村产业发展的经验和启示。

一、农业发展现状和乡村产业发展模式

（一）农业发展现状

根据联合国粮农组织发布的数据显示，全球农作物总产量（包括谷物、

油类作物、糖类作物、蔬菜、水果）和农业总产值不断增长。2001 年农作物总产量为 49.95 亿吨，到 2021 年已经增加到了 75.17 亿吨，共增加了 25.22 亿吨，年均增长率为 2.08%。2001 年全球农业总产值为 12.79 千亿美元，2020 年全球农业总产值为 44.47 千亿美元，增加了 31.68 千亿美元，年均增长率为 6.79%。农业总产量和总产值均存在显著的区域差异。

全球农业生产率呈现稳定增长趋势，区域差异显著。全球人均农业总产值和人均农业生产指数[①]都呈现稳定的上涨趋势，其中全球人均农业生产指数从 2001 年的 84.61 上涨至 2021 年的 103.16。全球各大洲农业生产率存在巨大差异，欧洲和大洋洲的较高，亚洲和非洲最低，且有不断扩大的趋势。以人均农业总产值为例，非洲 2001 年的人均农业总产值仅为 0.07 万美元/人，到 2019 年增长至 0.13 万美元/人；亚洲人均农业总产值从 2001 年 0.07 万美元/人增长至 2019 年 0.43 万美元/人；2001 年欧洲和大洋洲的人均农业总产值分别为 0.81 万和 0.78 万美元/人，至 2019 年，欧洲和大洋洲的人均农业总产值高达 2.73 万和 2.12 万美元/人。

林业、畜牧业和渔业对乡村产业发展的贡献日益突出。全球森林覆盖总面积下降，林业产品产量和林业产品出口额增长。根据联合国粮农组织统计数据库（FAOSTAT）显示，2000—2020 年，全球森林面积总计下降 2.38%（9 900 万公顷），其他林地的面积减少 913.30 万公顷，人工林面积稳定增长。全球林业产品产量总体上呈现增长趋势，区域差异显著。全球林业产品中，圆木产量最大（2021 年达 39.67 亿立方米），木头燃料（2021 年达 19.48 亿立方米）和工业圆木产量（2021 年达 20.19 亿立方米）基本保持在同一水平。2001—2021 年，全球林业产品出口总额在波动中呈增长的趋势，2001 年全球林业产品总出口额为 1 308.16 亿美元，

---

① 全球人均农业生产指数反映一定时期内按人口平均计算的全部农业生产总量与基准期相比较增减变化指标，是按间接推算法计算出来的。数据来源于联合国粮农组织统计数据库（FAOSTAT），人均农业生产指数＝农业生产指数/人口数指数。

截至 2021 年此数值已达 2 837.13 亿美元。

畜牧业产值稳步提升，是发展中国家经济增速最快的部门之一。2020年，牲畜、肉类和奶类三种主要畜牧业产品的产值达 2.32 万亿美元，相比 2001 年的 1.61 万亿美元增加了 0.71 万亿美元，年均增长率达 1.93%。全球畜牧业产值增速中的绝大部分由发展中国家贡献。后发优势为发展中国家的小规模畜牧业从业者带来了重大机遇，但也存在诸多挑战，包括畜牧业食品安全问题、环境污染问题和温室气体排放问题。畜牧业的土地占有比例较高，但是通过生态系统的循环，能够和种植业实现协同发展，建立可持续的粮食系统，并促进循环农业的发展。

全球渔业产量稳步上升，渔业发展正在经历蓝色转型。2021 年渔业总产出达 2.18 亿吨，其中，亚洲为主要生产区，拉动全球产量上升。随着渔业产品消费需求的迅速增加和养殖技术的发展，越来越多的水产品来自人工养殖而不是直接捕捞。人工养殖方式不但能使渔民对消费者的偏好变化作出更快速的反应，还实现了渔业的可持续发展。这得益于水产养殖技术的提高，内陆渔业发展迅猛。

（二）乡村产业发展主要模式

1. 发挥地域优势，开发特色产品

特色产品开发模式是指针对某一地区、某一气候条件、某一土地资源、某一特殊环境等特点，通过科学种植、养殖、加工等技术手段，培育出符合市场需求、具有独特品质和文化价值的产品。不局限于农业产品，还包括手工制品和特色文化产品等。

特色产品开发模式在产品开发、产品生产、产品运营及销售方面具有如下特点。第一，产品在原材料、生产工艺、历史背景等方面具备一定的差异化优势，当地往往具备一定的产业基础；第二，产品生产方面具有产业集聚和现代化特征，乡村的特色产业也为当地的主导产业，汇聚各类资

源要素，并逐步拓展上下游产业链；第三，产品运营及销售方面，注重打造产品生产标准和构建品牌形象，将地理标志和特色产品相互绑定，打造长期的产品口碑。

特色产品开发模式的实施路径：第一，明确和筛选当地特色产品的品类和品种。此步骤需要关注产品的扎根性与竞争力。所谓扎根性即产品与当地社会经济情况的适配程度，所谓竞争力即产品面对同品类产品的差异化优势。扎根性和竞争力是保障特色产业长期健康发展的重要条件。从区域环境来看，选择特色产品需要考虑乡村当地的资源禀赋、营商环境、产业基础、生态承载能力等；从产品产业来看，选择特色产品需要考虑产品特色、产业覆盖面、市场容量等因素。

第二，规范生产流程，提高加工技术。特色产品开发模式不是简单地引进某种农产品或制作某种工艺品，更需要提升产品品质，围绕产品的优质性或文化底蕴打造异质性竞争力。全球经济发展重心长期偏向于城市，大部分发展中国家乡村地区的现代化水平较弱[①]。特色产品开发模式需要借助农业科技和现代化工业的力量来提高产品的产量和质量，加强产品的加工和包装工艺，增加该产品的附加值。

第三，提高产品口碑，打造品牌形象。品牌与产品差异化优势相辅相成，品牌帮助消费者区分产品，优质产品能够给消费者留下深刻的品牌印象。当特色产品具备足够的竞争力与消费客群时，其品牌形象则更容易深入人心。对于乡村产业而言，要注重挖掘产品背后的地理文化内涵，加强品牌策划与设计，制定完整的特色产业品牌战略规划。

第四，加强市场推广，建设营销网络。产品的销售环节是商品流通"惊险的跳跃"，对于新培育的特色乡村产品而言更是如此。首先要拓展各

---

① UNEP. Global Resources Outlook 2019 [R]. Nairobi：United Nations Environment Programme，2019.

类营销渠道，如参加农产品展览会和交易会、举办农村旅游活动、进行数字化营销等，扩大产品知名度和销售渠道。其次，由点到面，点面结合。在基础物流较为发达的今天，乡村特色产品营销活动不必局限于周边地区，还可以通过网络营销等方式扩大营销网络。

日本的"一村一品"运动是运用特色产品开发模式发展乡村的代表性案例。第二次世界大战后，日本重点建设大城市，生产要素集中向城市倾斜。到 20 世纪 70 年代时，日本乡村发展几乎停滞，其根本产业农业也面临着耕地荒废的问题[①]。1961 年，大分县大山町的村长选取梅树和栗树两类高投入产出比的作物，并号召全町将主要种植物由水稻和小麦替换为梅树和栗树，还配备了旅游观光设施。通过种植经济作物积累原始资本后，大山町通过海外进修提高农业生产技术，逐步提高生产生活条件，进一步推动建设了香菇产业。1979 年，基于大山町的成功实践，大分县知事在县内开启了"一村一品"运动。运动取得了显著成效，从 1980 年到 1999 年，大分县的特色产品种类从 143 个增加到 319 个，其中 19 个产品销售额突破 10 亿日元。截至 2018 年，大山町已经培育出梅子蜜、香菇、麦烧酒、丰后牛肉、雪子寿司等 330 余种特色产品。

同期，日本马路村的柚子产业从 20 世纪 80 年代开始起步，以代替被环保政策取缔的鱼梁濑林业产业。虽然该地生产的柚子外表并不出众，但其营养丰富，而且通过有机循环种植法等农业技术，产品品质得到了不断提升。借此，马路村打通生产、加工、销售各大环节，充分发挥了柚子这个品类的产品特色，研发出了柚子果汁、柚子果酱、柚子护肤品等各类产品，组成了农产品、工业品和旅游业并举的多元化产品矩阵。如今，马路村一年销售的柚子产品超过千万件，收入达 2 亿元人民币，而村内农户还

---

① 常伟，王微，阚庆云. 日本"一村一品"运动对中国乡村振兴的启示——基于政府职能转变视角［J］. 改革与战略，2020，36（5）：111 - 118. DOI：10.16331/j. cnki. issn1002 - 736x. 2020. 05.012.

不足 400 户。

通过"一村一品"模式，日本乡村地区成功地将特色农产品与地方文化、旅游等资源相结合，实现了农业产业的升级和乡村经济的繁荣。大分县的成功获得世界关注，在亚非拉国家均有实践案例。"一村一品"模式下，无论是引进新产品，还是再开发已有产品，都需要充分调动人的主观能动性和创造力，在生产制作、产品包装、业务模式等方面进行改造提升。

特色产品开发模式的经验启示：第一，调动各类市场主体积极性，积极开拓并建设特色产业。特色产品开发模式要求开拓本地优质产业。从零到一的突破需要各类经营主体的积极参与，包括务农大户、返乡创业者、龙头企业、农业协会等。马路村的柚子产业和大分县大山町的梅树、栗树产业都是由当地村长及农业协会带头启动，而雪子寿司则由寿司制作者及香菇种植者合力开发。可见，各类市场经营主体的优势与资源各有不同，探索多元主体经营模式有利于资源整合和产业常态经营。

第二，追踪市场需求，找准优势产品。特色产品开发模式往往需要引入"人无我有，人有我优，人优我专"的新行业。引入的产业是否符合市场需求则需要等产品上市后才能得到验证。从生产阶段到销售阶段，各类不确定因素都将影响市场波动情况。农产品的进入门槛低，生产周期长，如果没有把握好市场供求关系，选择发展供给过剩或者需求不足的产业，容易出现短期内供给过剩，产品价格大幅波动的情况，最终影响经营主体收益和乡村可持续发展。

第三，挖掘产品内涵，造产品更要造产业。产品内涵不仅可以支撑营销环节，还能够科学指导产业链的延长方向。马路村便是充分挖掘了柚子这一产品品类清新自然的乡土基因，才能够不断创新，进行农业产品的初加工及精加工。产品内涵未必只能基于产品本身的特色进行挖掘，还可以从当地历史文化、乡村地理环境、风土人文特色等各大方面入手。

2. 专业化生产，延伸农业产业链

农业产业链延伸模式指的是在传统的生产环节之外，将产品销售、品牌建设、研发创新等环节与农业产业相结合，进行专业化分工和规模化生产，建立全新的农业产业链。

该模式在产品的定位、生产和销售方面具有如下三大特征。第一，农业产业链中有突出产业主导全链。产业链的发展不是平均用力，而是以强带弱，主次分明，依托具有规模效应和集聚效应的主导产业延长产业链，促进农业产业更加复杂化、特色化和现代化。第二，标准化的生产体系贯穿全链。产业链意味着半成品和产成品的继续流通。构建标准化生产体系不但能够提高上下游环节的对接效率，对产品进行全流程的质量把控，还能够通过规范生产标准、统一采购材料和共建基础设施等方式增强产业规模效应和协同效应。第三，以品牌化经营理念整合上下游产品。品牌化经营既能够在销售上为上下游产品同时赋能，也能够凝聚乡村中的小农户、龙头企业、集体经济组织等各个行为主体，增强行为主体的联合协作。

农业产业链延伸模式的实施关键步骤包括：第一，推动产业链各环节的专业化生产。要通过引进高科技设备和先进的农业技术，提高农业生产的效率和质量，实现规模化生产和现代化生产。专业化生产的内涵分为三个层次，主导产业、附加产业以及全产业链。对于主导产业，要提高科研投入和科研转化率，提高主导产业生产率与产品品质，打造主导产业的竞争力。对于附加产业，要做好专业定位，服务好上游产业，并以生产环节为核心，扩大其服务的上游产业的类别，加强规模效应。

第二，协作与整合产业链各环节。加强农业产业链各环节的协作与合作，包括科研、种植/培育、加工、运输、销售等环节，实现农作物从生产到销售的全程闭环。农业产业链的增加值结构存在微笑曲线，即附加值更多体现在产业链两端，如设计和销售，而处于中间的生产环节附加值最低。应当强调各大生产环节之间的良性互动，以主导产业带动附加产业的发展，大力发展农产品加工业。以附加产业的发展促进主导产业的进步，比如拓展主导产品功能、扩张主导产品市场等。

第三，创新农业产业链。要推动农业产业链创新，应注重创新和多样化，结合现代市场需求，开发具有独特特色和高附加值的农产品，提高产品的市场竞争力。科研投入和文化内涵是推动产业链创新的两大核心动力。科研投入主要作用于生产端，而文化内涵主要作用于销售端。对于再加工产业，应加强创新，通过科技创新探索产业链网络的发展方向，并鼓励原始资本积累不足的小农户主体参与其中。对于后端加工产业和营销产业，应当充分挖掘本土文化和产品内涵。

荷兰的"链战略行动计划"取得了显著的成效，是农业产业链延伸模式的典型代表。作为高纬度沿海国家，荷兰的农业发展禀赋并不高，是欧洲"低地国家"代表之一。荷兰的光照不充分，温度偏低，国土面临着海水泛滥的威胁，农用地面积也相对有限。在农业体量有限的前提下，想要提高农业产值，最佳路径即提高农业生产率和土地生产率。20 世纪末期，荷兰开始推进"链战略行动计划"，从农业产业的各个环节切入，提高各环节之间的衔接度，打造出了较为完善的产业集群和产业系统。荷兰的花卉业和畜牧业全球闻名。荷兰不仅是全球最大的鲜花生产国，还是全球乳制品第二大国。

荷兰模式包括三大要点，即高科研投入、产销供一体化和文化赋能。荷兰农业模式的显著特征在于其高投入、高产出范式，这一模式通过资金密集的先进技术实现了高效益，而这一切都得益于先进的农业科技支撑。高度科技化的投入为荷兰农业奠定了坚实的科技基础，使其在有限的土地资源下取得了显著的经济效益。荷兰采用了一系列先进的农业科学技术，如温室农业，以巧妙地解决耕地资源有限的问题。通过精密的计算机技术控制温室环境，荷兰实现了高产量的同时节省了耕地资源。温室养鱼也使得水面资源得到了有效的利用。此外，荷兰农业对生产资料和农业设备投入水平高，例如挤奶设备、工业化的蘑菇生产设备等。在粮食的生产上，荷兰农业注重优良品种的选种，采用现代化的栽培技术，取得了高产量。这种技术投资使得荷兰农业在有限的土地资源下也创造了显著的经济效益。

此外，荷兰政府以"链战略行动计划"为依托，逐渐加强对农业产业链的协作和整合。将农作物的种植、收获、保鲜与农产品加工、运输储存、销售融为一体，实现了生产、供给与销售的有机结合。这种产销供一体化的模式最大限度地利用了资源，形成了利益共享和风险共担的一体化。

最后，荷兰的农业还注重文化赋能，将文化元素巧妙融入创意农业中。例如，在花卉产业链中，荷兰成功融合了郁金香文化，使其成为产业链的一部分，并取得了显著的成功。这种文化赋能为农产品增色添彩，提升了市场竞争力。

农业产业链延伸模式的经验启示：首先，关注科技与文化投入的重要性。在产业链的各个环节中，科技和文化的投入被证明能有效地增加产品的附加值，产生显著的经济效益，同时提升市场竞争力。加强对农产品关键加工技术的研发，培育优良农林牧渔新品种，推动农作物和畜禽品种的更新换代。同时，建立科技创新和培训推广体系，提高基层农村干部和农民的综合素质，推广成熟技术成果，培育具有较强竞争力的名牌产品，从而为产业链的可持续发展奠定坚实基础。而文化元素的融入可以增加农产品的文化内涵和市场竞争力，提升消费者对产品的认同感和购买欲望。

其次，加强政府在产业链发展中的引导作用。政府在推动产业链发展方面具有不可替代的作用。其一，政府可以通过建立相关研究机构和提供信息服务，为创意产业的发展提供充足信息和管理经验，从而为产业链的持续发展提供智力支持。其二，政府应设立相应的管理体制，推动产业链的一体化管理，为农民提供组织制度的保障，从而保证产业链的有序运行。

最后，关注龙头企业的培育和人才发展。在乡村产业链的初期阶段，着重培育龙头企业尤为关键。建议建立扶持龙头企业发展顾问团，为企业制定符合实际的发展战略，以加速现代企业制度的建立与完善。同时，引进急需人才，培养高素质职工队伍，加速形成一批具备市场拓展能力的骨干力量，以保障企业的健康运营。

3. 拓展农业多功能，促进农村经济多元化

农业多功能拓展模式指的是在传统农业生产的基础上，发挥农业生态、文化、社会等多种功能，并将其扩展到其他领域，实现农村经济的多元化发展和可持续发展。

该模式具有如下三大特征。第一，强调农业的综合功能。农业多功能拓展模式彰显了农业的多元作用，不仅仅局限于食品生产，而是融合了生态、文化以及社会等多方位的功能。通过发展农业旅游、休闲农业等策略，有效地扩展了农村经济的多元发展途径，进而显著地提升了农民的经济收入。第二，实现生态保护与可持续发展。农业多功能拓展模式着重于维护生态系统的稳定，倡导以理性的资源利用和环境保护措施来实现农村经济的可持续发展。举例而言，日本有机农业实践显著地保护了当地的生态平衡，也吸引了那些对环保问题高度关注的游客。第三，促进社区与文化传承。农业多功能拓展模式积极推动了农村社区的繁荣与稳定。通过保护和传承传统农业技艺以及本土文化，强化了社区的凝聚力，使农民更具归属感。以意大利的托斯卡纳地区为例，通过保护传统农业方法，延续了悠久的农业传统，也为社区提供了持续稳定的经济来源。

农业多功能模式成功的关键路径包括：一是深入开发乡村资源。开发乡村地区的自然景观、人文历史和农业资源，打造独特的旅游目的地。乡村地区的自然景观是其独特的资源优势之一，首先，需要通过科学规划、整合及生态修复，打造具有吸引力与特色的旅游目的地。合理设计的景区线路、设置的观景设施、连绵的步道网络等，皆能显著提升游客的自然体验。其次，需要深度挖掘人文历史。乡村地区蕴含着丰富的历史文化内涵，包括古老的村落、传统的建筑群、珍贵的历史遗址等。通过专业的考古研究与文化解读，结合文物保护工作，可使游客深度了解当地的历史积淀。最后，需要多元利用农业资源。传统农业不仅仅是一种生产方式，还可成为多功能体系的一部分。通过挖掘特色农产品、丰富农业体验活动等手段，农业资源被赋予了多层次的价值与体验。

二是加大基础设施建设，建设适应乡村旅游需求的基础设施和旅游设施。首先，需要优化交通与通信设施。乡村地区的交通、通信条件是影响游客前往与居住的关键因素。应加强交通网络建设，提升交通便捷度；同时，健全通信设施，保障游客在乡村地区的信息畅通。其次，对于民宿与乡村酒店而言，智能化规划是构建高品质乡村旅游产业的重要条件。乡村旅游的成功离不开高品质的住宿环境。应该注重基础设施的智能化与特色化规划，包括智能家居系统、独具特色的装饰布置等，以提供游客舒适便捷的住宿体验。最后，多元化发展休闲农业设施。休闲农业作为乡村旅游的重要组成部分，需充分考虑不同游客群体的需求。应建设涵盖农业体验、休闲娱乐、健康保健等多方面的设施，以提供全方位的游客体验。

三是加强文化传承，提高游客体验。首先，系统设计传统节日与文化活动。传统节日活动是乡村文化传承的重要载体，应通过系统的设计与策划，使得节日活动具备丰富的文化内涵与深度的参与性，从而吸引更多游客参与。其次，构建民俗文化的生动展示窗口。民俗表演、传统技艺展示等活动，是乡村旅游的文化亮点。它们需要以生动形式，真实地展现出当地的民俗文化特色，使游客在亲身参与中体验和感受。最后，提供手工艺制作的交互式体验。手工艺制作活动是文化传承的重要环节，应以交互式体验的形式呈现，让游客亲自动手，参与到制作过程中，以丰富其文化体验。

农业多功能拓展模式典型的成功案例：法国格拉斯鲜花小镇。

格拉斯小镇位于法国蔚蓝海岸，因其丰富的香水历史和独特的香料产业而享有盛名。格拉斯小镇巧妙依托鲜花香料种植，孕育出新型工业香水制造，并引领旅游业的蓬勃发展。历经多次产业转型，格拉斯小镇从皮革业转型至养花，再至香水制造，最终形成了以绿色农业、新型工业和现代服务业为支柱的经济模式。这一系列转型不仅成功升级了产业结构，也提升了当地居民的生活品质。完善的功能配套是其多元化发展的重要前提。格拉斯小镇自然环境优美，配套设施完备，涵盖医疗、社区、文化、娱乐等多个领域，为当地居民和游客提供了便利。综合而言，格拉斯小镇以其独特的地理环境和丰富的产业传承，通过多次产业转型，成功实践了农业多功能拓展模式，成为全球农业发展的典范之一。

农业多功能拓展模式的经验启示：第一，因地制宜，一村一策。在旅游导向下的乡村振兴中，因地制宜的发展策略具有根本性的意义，其核心在于根据各地实际情况精准定位，避免盲目套用通用模式。例如，中国的《国家乡村振兴战略规划（2018—2022 年）》将乡村分为集聚提升类、城郊融合类、特色保护类和搬迁撤并类四类村庄，因地制宜地制定相应政策，避免了盲目超前发展，有助于实现资源利用的精准配置，保证了振兴过程的可持续性。

第二，提高居民参与度，实现文化振兴。通过强化培训与提升，激发居民参与动力，可极大地推动振兴进程。政府的人力培育工作能够有效地提高居民在乡村振兴中的参与度，实现了政府引导与村民自治的有机结合。

第三，全面投入，避免过度侧重硬件建设。进行长远与整体的发展规划研究，避免乡村旅游开发所带来的负面效益超过正面利益。科学的资源配置与合理的布局设计将有效降低盲目发展的风险，包括财务风险、重复建设风险、市场风险等。

第四，重视科技创新与数字化发展。通过科技成果的应用，不仅可以推动硬件设施的升级，也能通过科研成果的回馈实现经济的持续发展。将科技与乡村振兴深度融合，通过城市功能的逐步承接，为乡村振兴提供了全新的发展路径。

4. 一二三产业融合发展，推动农村现代化

一二三产业融合发展模式指的是在传统的农业生产基础上，将工业、服务业和现代信息技术等产业引入农村，实现一二三产业有机融合，推动乡村经济的多元化发展和现代化转型。

一二三产业融合发展模式的最显著特点在于其促进了农村经济的多元化和现代化转型，主要体现在以下两个方面：第一，强调产业间融合。一二三产业融合发展模式突出了产业之间的有机融合，而不仅仅是侧重于产业链的线性连接。其独特之处在于，它强调了不同产业之间的相互协作和共生关系，打破各个产业间的壁垒，促使资源、信息和价值的流通与共享，有助于提高农村资源的综合利用效率，从而增强了农村经济的整体竞争力。第二，强调农业在产业链中的主体地位。农业被视为产业链的主导力量，而农民在这一模式中不再是简单的农产品生产者，而是通过参与多产业的深度融合，成为整个产业链的关键一环。他们可以直接参与农产品的加工、包装、销售等环节，也可以通过提供服务、开展旅游等方式参与到产业链中，实现了全方位的参与和收益。

一二三产业融合发展模式的实施路径包括：首先，着眼于优势农业的培育与发展。通过深入挖掘当地的资源禀赋和气候条件，重点培育适应当地特色的农作物或畜禽养殖业，这不仅有助于提升产量，也能够保障农产品的质量。同时，引进先进的农业技术，如精准农业、绿色种植技术等，提高农业生产效率，为农产品的产销提供坚实基础。

其次，将生产的农产品进行初级加工，转化为半成品或成品，为后续的加工和利用打下基础。同时，必须注重技术创新，采用现代化的生产工艺和设备，以保证农产品的质量和食品安全。通过这一步骤，不仅提升了农产品的附加值，也拓展了市场空间，为后续的产业发展奠定了坚实基础。

再次，通过深加工，将农产品加工成更高附加值的衍生品。如将水果加工成果酱，或将特色农产品用于制作药品、化妆品等。这一过程不仅为农产品增值，也为农村产业提供了新的发展方向，为乡村经济的多元化作出了实质性贡献。

最后，将工业和服务业与农业相结合，实现产业融合与服务拓展。发展食品加工业，同时提供农村旅游、农家乐、农产品体验等服务，为乡村经济的现代化转型提供了强有力的支撑。这一步骤不仅为当地农民提供了更多的就业机会，也为乡村吸引游客和外来投资提供了新的动力，从而推动了乡村经济的多元化发展。

一二三产业融合发展模式典型案例包括美国纳帕谷"葡萄酒＋"的产业体系和日本的"六次产业化"。纳帕谷典型案例为一二三产业融合模式提供了鲜活实践，资源整合、产业整合、品牌效应、全民参与四大要点相互交融，共同织就了一幅区域可持续发展的画卷。纳帕谷，位于美国加利福尼亚州北部，距旧金山95公里，是世界著名的葡萄酒产区，拥有180年葡萄酒产业历史。其发展经历了粗放阶段、品牌树立阶段和产业融合阶段。其发展要点包括如下四点。第一，资源整合。纳帕谷充分整合丰富的自然景观、农业景观和葡萄酒文化资源，构建以葡萄酒产业为基础的全域旅游空间，实现了资源的高效利用和产业的多元发展。第二，产业整合。在产业融合阶段，纳帕谷将旅游发展与城镇发展相结合，通过政府与社区共同管理，控制各小镇的发展规模和方向，形成了以葡萄酒产业为核心的复合发展模式，推动了产业链的延伸。第三，品牌效应。利用世界顶级葡萄酒产地的品牌效应，纳帕谷成功打造了美国葡萄酒文化游览胜地，吸引了全球葡萄酒爱好者，推动了葡萄酒产业的国际化发展。第四，全民参与。纳帕谷政府与社区委员会共同参与城市的政治制度，通过可持续发展计划的制定，强调了环境保护与社区建设，实现了全社会的参与和共同推动区域的可持续发展。

为了推动乡村振兴，日本提出了"六次产业化"模式。"六次产业化"模式的核心是将不同产业进行有机融合，包括传统农业（第一产业）、农产品加工与制造业（第二产业）、服务业（第三产业）、信息技术与高新技术产业（第四产业）、环境保护与生态产业（第五产业）以及文化体育与休闲产业（第六产业）。具体地，农产品关注附加值的提升。通过第二产业的加工与制造，农产品得以加值，从而提高了其市场竞争力。这包括食品加工、农产品精深加工等环节，使农产品更容易进入国内外市场。而第三产业在"六次产业化"中扮演着重要角色，包括农业咨询、农村旅游、农产品销售等服务。这些服务不仅满足了当地居民和游客的需求，还为农村地区创造了更多的就业机会。第四产业的发展，特别是信息技术与高新技术的应用，提高了农业的智能化水平。智慧农业、农业信息化等技术的采用使得农业生产更加高效、精确，有助于提高产量和质量。第五产业注重环境保护与生态产业的发展，鼓励有机农业、生态农业等可持续发展方式，以确保农村地区的生态平衡。第六产业的发展强调地方特色文化、体育和休闲产业的培育。这种多产业融合发展的方式丰富了农村地区的经济活动，提高了资源的综合利用效率，解决了农村发展不均衡问题，实现了农村现代化转型。

一二三产业融合发展模式的经验启示：第一，优化顶层设计，引导产业融合发展。优化顶层设计是乡村振兴的基础，良好的顶层规划和政策引导能够为产业融合发展提供有力支持。通过政策引导和整体规划，有针对性地推动一二三产业的融合发展。这种精准引导，使得各产业能够有机结合，形成独具地方特色的产业模式，避免了盲目发展和产业冲突的问题。

第二，加强平台建设，促进融合发展。融合平台的建设是实现一二三产业融合发展的重要途径。通过建设多样化的融合平台，为不同产业之间的互动提供机会。多业态融合平台和多主体融合平台让政府、企业、学术界等多方共同参与产业发展，形成了良性互动的局面。这些平台还提供了示范引领的作用，为其他地区的产业融合提供了有益参考。

第三，强化科技赋能，提升农业品质。科技是推动产业发展的动力源，也是提升产业附加值的重要手段。通过研发先进的种植技术、生态保护技术等，提高了农产品的质量和产量。这不仅使得农业生产更加高效，也为其他产业的发展提供了可靠的原料保障。

第四，注重农业基础产业，打造特色品牌。在发展农业特色小镇时，必须深耕基础产业，形成具有地方特色和竞争优势的产业链条。例如，以葡萄种植业为基础，发展成了世界级葡萄酒文化小镇，表明农业产业是发展的原动力。这一成功经验提示我们，在发展农业特色小镇时，应当根据当地资源和优势，有针对性地培育基础产业，形成可持续发展的产业链。

第五，文化挖掘与品牌输出。将农业产业与地方文化相结合，是打造乡村特色品牌的重要手段之一。通过深度挖掘本地文化，形成具有独特文化内涵的农产品品牌，可以使得产业具有更强的市场竞争力。此外，打造示范样板间也是培育产业品牌的有效途径，为其他地区提供可借鉴的发展模式。

二、乡村产业发展政策

（一）保护耕地，提高土地利用效率

1. 加强耕地保护与质量建设，保障粮食安全

随着城市化与工业化的发展，城市建设用地不断扩张，耕地面积逐渐减少。而耕地作为粮食的重要载体以及农业最基本的生产资料，关乎国家粮食安全与社会稳定发展，并对生态环境保护具有重要意义，是推动乡村

产业发展的基础与保障。发达国家与发展中国家采用多种耕地保护政策保护耕地。

美国作为耕地面积最大的国家，采用集中垂直的耕地管理方法，强调土地的社会职能和利益，并通过税收减免及农业补贴政策保护土地的农业用途，鼓励农民改良土壤。采用优惠征税、递延征税、限制性协议等方式，要求农地的所有者必须保持农地用作农业用途 10 年，以作为低赋税的交换条件，从而阻止改变农地用途。通过现金补贴直接增加农民收入，鼓励农民休耕、轮种或加大对农地的投入，提高农地质量。

英国通过规划来协调城乡发展以实现耕地保护，通过授予土地发展权管制土地用途。具体而言，土地所有权归私人所有，土地发展权归国家所有，土地发展投资所带来的增值收益归国家所有，并部分返还给社会。这样的政策有效缓解了耕地流失，通过提供土地改良补贴和贷款提高了土地质量，使小农场向大型化、规模化发展。农民进行土地流转，促进农业集约化和规模化发展。

日本把确保优质农地而非农地总量作为其政策导向，建立纵横交织的土地和农业法律制度体系，相互衔接，互为支撑，条款翔实，可操作性强，在耕地保护和利用过程中形成比较系统的制度设计，综合配套，结构科学，执行严格。

印度通过推广农业合作机制实行耕地保护。印度农业合作社的发展促进了农民整合耕地资源的积极性，极大地削弱了农业高利贷对农民资产的剥削。通过合作社这个平台，带动大型农业机械及其他农业新技术的使用，提升了农业生产效率、扩大了农业生产的规模、降低了耕种成本，从而提高了农民收入，降低了印度贫困人口的比例，最终促进印度现代农业的进步。

巴西实行保护性耕种技术的推广政策，开展耕地保护工作的效果十分显著。20 世纪 70 年代初，巴西专门成立保护性耕种的专业机构及民间组织，通过财政向机构进行拨款，并在全国各地设立试验点专门从事保护性耕种技术的开发。对于采用保护性耕种技术的农民，国家会提供降低保险、给予补贴等优惠政策。在保护性耕种技术政策的推广下，巴西保护性耕种面积从 128 万公顷到 1 295 万公顷，占总耕面积的 58.9%，提高了土地生产率与粮食质量，降低了生产成本，给巴西政府与人民带来了较高收益。

耕地保护政策的经验启示：一是建立完善的耕地保护法律；二是严格执行土地利用规划，禁止任何改变耕地用途的行为；三是建立减税或补贴机制，阻止农民改变土地用途，并鼓励他们改善土地质量；四是设立土地发展权或农地保护专项基金，保持耕地总量的平衡。

2. 建立农业产业园区，提高农村土地的利用效益，吸引乡村产业投资

建立农业产业园区，将农村土地进行合理划分和整合，提高土地的利用效益，吸引更多投资者和企业进入乡村产业领域，推进乡村产业振兴。德国、荷兰、美国、新加坡及日本等国家的农业现代化起步较早，随着农业现代化的发展，这些国家逐步建立现代农业产业园区，目前已经建成了一大批集农业科技推广、技术示范、生态旅游及农业教育等功能为一体的现代农业产业园区，实现了农业现代化与农业产业园区发展之间的良性互动。

不同国家关于农业产业园区的建设制度具有不同的特点。美国农业产业园区的建设主要讲究科技化与规模化，其农业产业园区采用家庭农场的主体经营模式，产业高度融合化，集农业生产、加工、流通与金融服务为一体，并针对不同地区在行业上进行了分工，在生产环节上进行了分解，从而避免了同质化竞争，有效对农村土地的功能进行划分，提升了农业生产效率。

日本农业产业园区集休闲旅游为一体，实现农业的多功能，提高土地

利用价值。近年来，日本十分注重体验式农业园区的建设，并将其作为一项重要农业政策发展，在实现农业多功能用地的同时，鼓励全民参与农业体验活动，以寓教于乐的方式使公民深刻认识到农业的重要性。日本的农业产业园区主要学习公园的经营理念和管理方法，将农业生产加工、农业实习进修等与休闲旅游结合。此外，日本还通过先进的农业技术打造出一大批名特优观光园区，除种有蔬菜、果树、花卉等专业性农业公园外，其农业综合园区也得到了较好的发展。

德国农业园区的建设致力于追求主要农产品种植与加工的产业化与规模化。为推进园区的产业化发展，德国首先以市场为导向来调整农业产业结构及农业贸易政策，之后进一步推进生产体系的专业化、自动化、标准化，形成了一套特色的生态产业化发展链。在生产链的基础上，再构建强大的农产品市场营销体系，将其作为推进农业发展的基本动力。最后，构建标准化的农产品技术体系，推广使用有机肥料，提升农产品的附加值，由此建立高度产业化的农业园区。

新加坡在建立多功能农业产业园区上具有丰富的经验，走出了一条属于自己的特色道路。在政府大力发展农业产业园区的政策下，新加坡目前建有六个农业产业园区，占地 1 465 公顷，园区内建设了生态走廊、蔬菜园、花卉园、鳄鱼园、海洋养殖场等，并展示了国内外集约化农业生产的先进技术，集农产品生产、销售、观赏为一体，不仅出口高价值产品与服务，还具有较高的观光收入，每年的平均出口值超过 6 000 万美元，吸引游客近 600 万人。

建立农业产业园区的经验启示：一是采用现代化高科技农业技术，运用大数据、物联网等技术提高农产品质量，推动农业园区与高校、科研机构合作，推动农业技术的创新；二是充分利用当地特色资源，推动当地特色农作物的种植与出口，避免同质化竞争，发挥最大的经济效益；三是农业产业园区的组织化、规模化程度高，组织运行模式规范，农业园区生产效率高；四是积极推动农业产业园区的综合发展，集生产、休闲娱乐、农业技术推广为一体，充分发挥农业的多功能性，提升园区农作物及其加工品的附加值；五是农业园区间积极开展合作，形成产业集群。

3. 实施土地保护和补偿政策，鼓励农民进行土地保护和生态环境修复工作

许多国家和地区都出台了土地保护与生态补偿政策。美国的绿色偿付政策是典型的对土地实施保护与补偿的政策，其主要内容是享受保护成果的人们向提供保护服务的人们付费。该政策的主要做法包括以下三个方面：一是为保护和恢复森林的土地使用者提供补贴；二是为按照推荐的环境友好方式经营牧场、农场的农民提供补贴和服务；三是通过购买土地发展权限制土地开发。美国的土地保护性储备计划（CRP）是美国历史上最大的土地保护计划之一，实施效果显著。该计划的目的是将易造成侵蚀的土壤退出耕种，从而保护与改良土壤，提高农作物的质量。计划中农民自愿与政府签订 10～15 年合同，协助开展土地保护工作，将环境敏感土地从农业生产中抽离，政府每年给予农户一定的补贴。自 1985 年计划实施以来，政府每年从国库中拨款 2 亿美元进行耕地补偿，有效控制土壤侵蚀，改善了水质。

欧盟共同农业政策中的绿色支付是对土地生态保护最直接的补偿和激励方式，绿色支付支持采用有助于实现环境和气候目标的耕作方式的农民。如果农民遵守三种有利于环境的强制性做法，他们将获得绿色支付。如果不遵守绿色支付的相关规定，不仅会扣减相应支持经费，还会施加行政处罚。

德国的土地保护补偿政策主要以生态补贴与休耕补贴两种形式，其中生态补贴内容主要面向发展有机农业的企业或农户，要求农户在农业生产过程中不能使用任何药品和肥料，对满足有机农业生产要求的农户给予一定补贴，弥补因执行环保措施所额外增加的成本，同时会为农户提供免费

的培训，帮助开拓农作物的销售渠道。

土地保护和补偿政策的经验启示：首先，土地保护与补偿工作都以完善的法律法规为依托。在相关法律法规的支撑下，土地保护与补偿政策的补偿主体、对象、方式都更加明确，补偿程序与标准更加清晰，保障了补偿措施的规范性与合理性，同时一定程度上强化了补偿对象的土地保护意识。其次，土地保护与补偿政策的主体与标准多样化。在大多数国家的补偿政策中，其补偿主体并非只有政府一方，德国、加拿大等国政府不仅会积极拓宽融资渠道，还会引入社会团体与民间工商企业，共同开展对农户的补偿工作。在土地保护与补偿标准的设置上，也会根据不同的土地特征和生产条件设置不同的标准；然后，成立专门的土地保护补偿银行，从而避免出现政府补偿效率不高、针对性不强等问题，使银行补偿资金做到专款专用；最后，土地保护与补偿机制是动态的，随着社会经济情况与环保需求不断调整与完善。

（二）向乡村产业发展提供金融支持

1. 对农产品及农业技术、设备提供金融服务，稳定农业生产工作

加大粮食和重要农产品生产金融支持力度，强化高标准农田和水利基础设施建设融资服务，为多元化食物供给体系做好金融服务。强化对农业科技装备和绿色发展金融支持，做好农业关键核心技术攻关金融服务，加大现代设施农业和先进农机研发融资支持力度。主要有两种做法，一是配合政府的农业政策，提供金融服务支撑农产品的价格、支持农产品的流通与销售，稳定农民的收入；二是通过提供利率较低、期限较长的贷款，支持兴修水利、改良土壤、农村基础设施建设、农业结构调整等农业项目的投资。

美国政策性农业信贷由互助合作性质的农业信贷机构和政府农业信贷机构组成，具有丰富的信贷服务品种，满足农村的多元化需求。美国各金

融机构都在全方位地为农村经济提供金融服务，且各金融机构间具有明确的分工。农产品信贷公司以尚未收获的农产品作为抵押向农场主提供低息或无息贷款，联邦土地银行主要提供长期不动产贷款，中期信贷银行主要支持农业生产和经营，合作银行则主要对农业合作社提供贷款。为了支持农产品出口，美国政府还常采用出口信贷。

韩国农村金融政策主要由农协来实施，在韩国"新村运动"的初期，采取金融与财务并举的支持政策。在政府出资补贴的基础上，农协向农民普遍发放最长可达 30 年的长期低息贷款来帮助农民建房、平整土地、实现农业机械化等，协助农民更好地开展农业活动。此外，其政策性农业金融机构还向农业生产者提供担保，弥补农业生产者担保力不足的缺口，扩大农业生产者的融资规模。

泰国的农业金融政策将上述两种模式相结合，具有十分典型的意义。泰国政府所成立的农业与农村合作组织银行（BAAC），向农户提供专业化金融业务多达 100 多种，覆盖多个农业生产领域，为 4 500 万农民提供金融服务，成功解决了泰国乡村金融的问题。在农产品方面，BAAC 对农产品的流通提供了金融支持，1989 年在泰国各府成立农业流通合作社（AMC）为农民提供生产资料、交通运输等服务，BAAC 同时成立联保小组，将联保小组贷款与 AMC 相结合，极大程度上推动了农产品的流通速度。此外，BAAC 还成立了三个全国性农产品交易市场，加速了农产品的流通。在农村建设方面，BAAC 承担一定的政策性金融服务，为农业基础设施建设、农业流通设施建设提供贷款服务，截至 2013 年，BAAC 累计在政策性金融服务上提供贷款 5 230 亿泰铢，惠及 780 万农民，在推动泰国的农业生产上发挥了巨大的作用。

农业金融政策的经验启示：一是政府将货币、财政政策与金融政策相结合，为农业金融服务创造一个有利的宏观环境，同时对商业金融机构提供一定的补贴优惠与资金支持，以促进农村金融的发展；二是构建完善的农村金融组织体系，不能仅靠单一的商业银行信贷，还需多管齐下，通过完善的金融组织体系；三是丰富农村金融服务产品，在信贷品种、结算手段、融资方式上进行创新，扩大农业金融服务的覆盖范围，满足农户的不同需求。

2. 乡村金融扶持乡村小微企业和农民创业，促进乡村产业发展

乡村产业振兴离不开有效的创业金融支持，创新创业活动是推进乡村经济可持续增长的重要源泉。许多国家都建立了对农村创业的金融扶持政策。

美国政府在支持乡村小企业创业的融资管理方式上采用"小政府、大社会"的做法，建立以政府为核心、以市场为基础的引导商业机构、民间资本对农民工创业企业贷款或投资的间接调控模式，从而增加农民工创业的市场融资渠道。此外，美国长期对家庭农场主实施低息或财政贴息贷款、政府信贷担保以及"无追索权贷款"等政策，贷款形式多样、优惠幅度大、还贷周期长。美国的担保体系具有全国性、区域性、社区性的特点，为不同层次的创业者提供融资担保需求。在美国存在一类专门针对乡村的创业投资基金——乡村社区发展创业投资基金（CDVC）和乡村企业投资公司（RBICS）。CDVC 是一类专门针对乡村社区发展的创业投资基金，而 RBICS 是一种面向美国农村中小企业和新市场的创业投资计划。小企业管理局（SBA）的出现，能够更有针对性地帮助特定创业者融资，其中就包含针对乡村发展的"乡村优先贷款担保项目（RLA）"，使得美国创业融资体系更加健全。近几年，美国白宫对农村小企业管理局投资额翻番，促进私募股权和风险资本与农村初创公司的互动，更好地帮助农村初创公司获得创业资金投资。

日本《农工商合作促进法》中明确规定，对于得到认定的农工商合作事业计划或支援事业计划，可享受低利息融资和保险优惠；荷兰为农户、农业生产商和小微企业提供产业链中所有环节的金融产品及服务，包括贷

款产品、项目融资、融资租赁、贸易及大宗商品交易融资、收购兼并等。

乡村金融扶持乡村小微企业和农民创业的经验启示：一是乡村创业金融的有序发展需要制度规范、政策支持，在政府的统筹管理下，针对乡村创业金融出台相关法律法规，保障乡村金融政策的规范化实行；二是要将财政税收与金融信贷等政策相结合，如为乡村小微企业创业收益提供税收优惠或一定比例信贷融资支持，为乡村创新创业提供股权融资和企业增值服务；三是鼓励民间资本积极参与，建立支持农民创业风险基金、补偿基金和担保基金，提高乡村金融部门支持农民创业抗风险能力。

3. 推动农业保险制度的建立，保障农民的生产效益

农业保险主要是针对农业生产者在从事种植业、林业、畜牧业和渔业生产过程中，对遭受自然灾害、意外事故疫病、疾病等保险事故所造成的经济损失提供保障的一种赔偿保险。保险标的包括农作物栽培、营造森林、畜禽饲养、水产养殖、捕捞及农村中附属于农业生产活动的副业。建立农业保险制度的主要目的是为农业生产过程提供保障，最大程度降低各种风险给农业生产带来的损失，保障农民的收益。

美国政府一直致力于构建完善成熟的农村保险体制，农村农业保险的市场化程度高。政府部门虽然不直接干预农业生产过程中的保险业务，而是将具体的保险业务移转给了相关的市场机构，如私营保险公司、商业保险机构等，但美国政府部门将主要的注意力放在宏观政策的顶层设计、对保险公司的监督管理以及市场环境的预测分析等方面。

日本采用民营保险相互会社模式，农业保险组织形式采用"三级"村民共济制度，其特点是政策性强，且经营组织具有互助性。农户加入农业保险相互会社是为了共同救济，相互帮助。这些保险相互会社不以营利为目标，在上级政府的指导和监督下，直接面向农户，负责办理农户投保业务、收取参保农户保费、评价灾害损失程度、向农户支付赔付金等经营活动，同时统一开展打药、开设畜禽诊所等防灾工作。

西欧国家则采用政府优惠模式。该模式特点为其农业保险不由政府来经营，而是主要由私营保险公司、保险合作社经营，且国家没有统一的农业保险制度，不强制农户投保，属于农户自愿行为。同时为了减轻农户投保的负担，政府对参与农业保险的农户提供一定的补贴与税收减免政策。

法国作为一个农业较为发达的国家，在农业保险上起步较早，并具有较多的成功经验。1986年法国成立了以政府控股为主体、社会参股的股份有限公司——农业互助保险集团公司，下设农业相互保险公司、非农业财产保险公司、农民寿险公司和农业再保险公司四个保险公司，分别承担不同的农业保险业务，将农业保险的经营业务覆盖到农业生产的各个领域，不局限于狭义的农业保险范围，并将其作为一个系统统一进行承保经营。同时该公司在制定业务规划上不断创新，加强风险管理水平，满足新的农业保险需求。经过近20年的实践证明，该公司的经营方式不仅实现了"以险养险"，而且增强了保险公司的经营能力，极大地促进了法国农业保险的发展。截至2019年，该集团净资产已达45亿欧元，保费收入122亿欧元。

农业保险政策的经验启示：一是农业保险的建立都以完善的法律法规为依托，保障农业保险制度的规范化运营；二是政府对参与农业保险的农户实行补贴制度，有效调动了农户参与农业生产的积极性；三是具备完善的农业保险的经营与管理体系，降低农业保险的经营风险；四是国家对保险公司提供税收减免支持，提高保险公司经营的积极性。

（三）强化农业科技和装备支撑

1. 加强农业科学技术的创新、落地与实行，推动农业科技的发展，促进生产效率的提高

农业科技是确保国家农产品长期持续供给，实现农业稳定发展的基本保障，也是加速实现农业现代化建设的决定力量。农业科技强国的实现，离不开农业农村科技创新政策的推进与落实，其中包括促进科学技术创新的政策和促进技术落地应用的政策。

各国积极推进"数字农业"技术。欧盟委员会提出的"农业生产力与可持续的欧洲创新伙伴关系计划"，推进政府和企业共同资助各类科研机构深入研究农业大数据的应用。欧盟各国政府高度重视新技术在农业领域的广泛应用，通过开展"农业数字革命"，应用数字技术，提高农业科技服务体系效率。英国打造农业创新中心进一步催化农业科研与市场应用，其中，农业信息技术和可持续发展指标中心是其他农业创新中心的基础，在英国农业大数据构建、农业数字化发展等方面取得了突出成就。德国致力于推动"数字农业"的发展，通过大数据和云技术的应用，将气候、土壤、地理位置等数据上传到云端进行处理，然后将处理好的数据发送到智能化的大型农业机械上，指挥它们进行精细作业。在开发农业技术上投入大量资金，并由大型企业牵头研发"数字农业"技术。以色列凭借较高的信息化和数字化基础，实现农业管理信息化。以色列政府十分注重农业数据产品在农业生产中的推广与运用，例如其著名的"节水农场"，用科技将干旱缺水的以色列变成农业绿洲。

比利时十分注重农业科技的创新与落地。在比利时，部分农学院和农业技术研究中心肩负着农业科研推广工作，与政府、农场主保持着密切的联系，给予农民种植技术指导，以推广其实用技术。例如，在马铃薯的种植上，农业研究中心针对马铃薯晚期疫病的问题进行了深入的研究，协助农户开展马铃薯的种植工作，建立数据库实时监测气候、土壤与农作物的情况，及时向农户发布对马铃薯施药的时间和药量，从而帮助农场主有效避免马铃薯晚期疫病发生，使比利时马铃薯产量可达每公顷20吨。

世界主要农业科技强国都针对科技创新出台相应的政策，主要从法律、资金支持与教育三个角度出发。在法律法规上，日本制定《农业基本法》，从生产、价格、流通三个方面推进现代农业技术的创新，并建立了科研成果的普及制度与农业科研成果推广的组织机构；法国颁布了《农业推广宪章》，设立了农业科技推广基金，以及农业技术推广与进步委员会。在资金支持上，美国规定政府须向各州提供资金建立农业推广体系，同时每年不断加大对农业科技创新上资金的投入。在教育政策上，法国成立了农业发展署，旨在对农民工作者进行技能培训，并推广最新的农业科学技术。

加强农业科技创新、落地与实行政策的经验启示：第一，加强农业科技的法律体系建设。世界上农业科技强国大多将农业科技政策以法律形式进行规定，在法律的约束下可以提高农业科技政策的落实力度。第二，加强科技资源的统筹协调，将涉及农业科技的各个部门及机构进行统筹管理，优化各组织间的职责分工，从而有利于科技立项、资金预算、人才培养的整合协调，提高科技资源的利用效率。第三，加大农业科技的资金支持力度，稳定的资金支持能够有效助力农业科学技术的研发、落地以及推广，同时激励各企业在农业科技创新的积极性。第四，建立以用户需求为导向的科研与推广模式，加强科研机构与农户之间的沟通，将农业生产中的实际问题转换为科研问题，使农业科技运用到实处，发挥出最大的效益。

2. 科技支撑乡村产业链，推进农产品销售渠道、物流体系的拓展

大力发展农业产业链是实现乡村产业发展的核心之一，通过一、二、三产业的融合，带动种植业、加工业、观光业等多业并举，积极扶持生产、购销、加工、流通等全产业链发展。而物联网、大数据、云计算等先进的科学技术可以支撑乡村产业链的发展。在农产品生产阶段，构建环境监控、农作物模型分析和精准调节为一体的农业生产自动化系统；在销售阶段，实时监测与传递农产品采购与流通数据；在农业部门的行政管理方面，推进农业管理的现代化，提高农业生产管理决策水平，给乡村产业链带来新的变革。

美国利用物联网技术开展"智慧农业"，推进乡村产业链的发展。构建了完善的农业信息服务体系，建立多个大数据库为农产品生产、加工、销售等经营主体提供充分的国内外市场信息，以便农业经营主体作出合理的经营决策，同时在农业流通上采用了电子商务技术，农产品电商与农资电商均构建了从生产者到需求者的网上直销渠道，在根本上颠覆了传统的农业流通渠道体系。法国政府重点打造"大农业"数据体系，包括高新技术研发、商业市场咨询、法律政策保障，以及互联网应用等看似与农业"不沾边"的行业。日本政府高度重视农业物联网的发展，推进农产品生产效率与流通效率的提高，并计划以农业物联网技术为主体，普及农业机器人的应用。在农产品的销售方面，建立了完善的农业市场信息服务系统，实时联网发布各种农产品的销售量，以及所预测的生产数量与价格行情，并制定一套严密的法律辅佐系统的规范化运行。

荷兰的"链战略行动计划"聚合科学技术，将农业产业链进行整合与协作分工，构建了高效一体化运转的产业体系。"链战略行动计划"在荷兰成为世界农业强国的道路上发挥出至关重要的作用。"链战略行动计划"以科技为依托，将农业生产、加工、运输、销售等各个环节紧密结合，形成一条完整且相互联动的生产链。同时，在生产链的各个环节投入了科技创新。在研发和育种上，荷兰农业十分注重优良品种的选择，每个品种都由专业的育种公司进行研发；在农业生产环节，对蔬果、花卉采用温室栽培技术，采用无土化栽培，运用计算机技术控制温室内的温度、湿度、光照调控、施肥和用水，以及病虫害防治等，严格把控每一个指标，从而得到了很高的产量；在储存和销售环节，荷兰有专业的冷库储藏技术；在运输环节上，荷兰具有发达的航空物流，为农产品的运送提供了便捷的途径。此外，荷兰农业也对生产资料和农业设备进行了高科技的投入，在科学技术上的投资使得荷兰农业有了较高的产出，用有限的土地资源创造了经济效益。

科技支撑乡村产业链政策的经验启示：第一，加强农业产业化经营企业的产品改造，整合科技资源，加大力量对农产品关键加工技术进行攻关。第二，完善农业产业链信息化的建设，政府应承担起农业信息化的重任，建立信息咨询制度，并在农业产业链信息网络的建设中给予指导。第三，加强科技创新和培训推广体系建设，面向广大农民建立完善的培训机制。对能产生重大经济效益和社会效益的成熟技术成果进行有组织、有计划的示范推广，提高科技成果的转化应用能力。第四，加快农业现代化基础设施建设，及农业设备的提档升级。

（四）为乡村产业发展提供有力的人才支持

1. 建立农业专业技能的培训制度，提高农民的职业技能

各国都高度重视对农民专业知识与职业技能的培训，并基于自身国情制定了不同的培训政策，农业教育培训可分为东亚、西欧、北美三种模式。

东亚模式以日本、韩国为代表，其人均耕地面积较少，农村劳动力老龄化较为严重。在该模式中，政府建立了农民职业教育的法律保障制度，在教育系统与农业系统内形成了以政府主导、高校参与、企业配合的多层次教育体系。以日本为例，日本政府建立了青年农民教育体系，从职业教育入手，培养与扶持一批年轻有为的农业从业者。针对不同的培训对象，构建了大学本科教育、农民大学校教育、农业高等学校教育、就农预备学校教育和农业指导师教育五个层次的农业教育体系，同时形成理论研究教育、理论实践培训教育、技术培训教育、短期培训于一体的各类农业人才立体式培训教育模式。

西欧模式以家庭农场为主要经营主体的德国、英国、法国为代表，注重高、中、初不同层次农民教育的衔接。政府具有充足的教育经费支持农民接受免费的职业培训，并设立培训合格证书等制度，提高农民接受教育的效果。例如，德国建立了独具特色的农业职业教育体系，包括中等职业教育预备、中等职业教育和职业进修教育三个阶段。法国在农业职业技能培训的政策制度上，政府规定：凡 18 岁以上的农民，每人须参加为期一年的农业知识培训；18 岁以下的农民需先培训三个月，再到农场实习三年，最后经过考核获得证书，才能从事农业生产工作。法国加强对农研机构的建设，利用农闲集中进行农业科学知识普及及农业技术推广。在农民培训内容上，注重实效性，且涉及内容广泛。

北美模式以美国为代表，美国农业具有机械化与规模化程度高的特点。其农业教育培训注重实践性，形成正规农民教育与短期农民培训双规并行的农民职业教育机制。在此机制下，美国农业的教学灵活且形式多样，注重通过农业项目向农民传输专业种植技能、生产技能、农产品市场营销、农业企业管理等知识培训。同时，还形成了教学、科研、推广"三位一体"的教育体系，由联邦、州、县三级共同参与农民培训过程中的资金承担、培训、问题反馈等一系列工作。美国政府鼓励农业学校成立自己的 4H 组织（Head、Hand、Heart、Health），培养农村青年对从事农业工作的兴趣，并发挥对农业新技术、新知识的推广作用。该组织成为美国最为庞大、惠及人群最多的农民培育组织，为美国培育了大量的高素质人才。此外，美国农业部下设很多相关机构，如联邦农业研究院先后建立了 4 个国家级研究中心和 10 个地区中心，并建立了综合培训、科研和推广于一体的农业实验站。正是在如此高水平及系统性的农民培育体系下，美国才能培养出许多高素养的农业人才，为美国的农业发展保驾护航。

农业教育培训政策的经验启示：第一，注重宏观与政府层面的法律建设与制度保障，加强农业部门与教育部门的密切合作，建立农业系统与教育系统多层次的教育体系；第二，注重培训内容理论与实践的结合，在教育培训的内容上与农民生产过程中的实际需求相结合，并针对不同的农民群体因材施教；第三，完善政府引导、机构主导、企业与高校参与配合的农业培训体系，将各类教育资源进一步整合。

2. 通过创业扶持和完善社会保障等，吸引人才回流乡村

随着城市化与工业化的发展，世界各国都面临乡村人才流失的挑战。为改变乡村人才流失带来乡村空心化、人口老龄化等问题，许多国家出台相关政策，开展乡村建设和乡村复兴运动，吸引人才回流乡村。

韩国出台了归农归村计划，作为韩国政府面向城市居民实施的乡村人口回流诱导政策，主要包括归农归村扶持体系构建、线上线下教育、创业咨询与资金扶持、农村定居扶持等内容。有归农归村意愿者可以根据自己专业擅长向有关教育部门提出参加高素质农民培训的申请，申请通过者在接受教育培训并符合条件后可获得归农归村教育扶持金；此外，也可从归农归村综合中心寻找创业支持，获得韩国政府提供的创业基金。韩国政府同时注重青年农民的培养，对归农归村者开展培训，打造高素质农民。每年投入810亿韩元，推进360个示范项目，培育青年农民的先进典型，并不断扩大学习组织覆盖面。在韩国政策的引导下，韩国归农、归村人口均有所增长，同时在农村居民收入、农村社会化服务水平等方面均得到提高，促进了农村经济的发展。

日本作为自然资源匮乏，且农村劳动力老龄化严重的国家，培育新职业青年农民、吸引人才回流，是日本实现农业高质量可持续发展的关键，因此日本开展"新农人"计划。从1968年开始，日本就出台相关政策吸引城市人口回流乡村并扎根农村，几十年间不断完善和丰富政策体系，主要从初期资金投入、基本生活保障、住宅与农地取得、农业经营管理及社区融入等多方面入手。日本为吸引人才回流，对返乡的青年提供资金补贴，自2019年开始，该资金支援对象的年龄由45岁提高到50岁以下，向希望开展农业经营的青年人给予每年150万日元的专项支援。日本政府还设立了农地中间管理机构，通过建立农地导航系统为想进入农业的需求者提供农地租赁与购买信息，解决他们最基本的生存与发展问题。除此之外，建立了住宅金融支援机构，对购买闲置住房的青年人提供贷款优惠，解决返乡青年居住问题；推广农业经营收入保险，解决青年经营农业后的后顾之忧；提供农业机械、农业技术等培训课程等。日本的"新农人"计划实行了多年，取得了显著的成效，日本青年对农业产生了较大的改观，"新进入者"和"新雇佣就农者"比例明显增长，农业就业人数也逐年提高，为日本农业注入了许多新鲜力量。

吸引人才回流政策的经验启示：第一，完善人才返乡的激励机制。加大对返乡青年的补贴力度，健全人才返乡的服务支持体系，在资金技术支持、创业场地、项目孵化、融资担保、子女入学、社会保障等方面为人才返乡提供激励。第二，加强乡村基础设施建设，提高乡村公共服务水平。加大公共资源及财政向乡村的投入力度，补齐乡村基础设施建设的短板，并开展乡村环境治理工作，缩小城乡差距，提高乡村吸引力。第三，构建乡村产业链与人才链的深度融合机制。乡村产业的发展是吸引乡村人才回流的基础，推动乡村一、二、三产业的融合，挖掘乡村产业发展的潜能，为返乡人才创造出更大的创业空间。第四，完善返乡人才农业教育培训。对于返乡人才的培训，应不只局限于农业职业技术教育层面，同时要注重以农民意识教育为重点的专业培训，培养出"有文化、懂技术、会经营"的高素质农民。

三、乡村产业发展经验与启示

（一）深挖乡土资源价值，注重资源优势，形成核心产业

发展乡村产业最有利的基础条件是乡村拥有的丰富资源，包括自然资源、生物资源、生态资源、人文资源等。特色资源优势是产业差异化发展的重要基础，科学有序开发利用好独特的乡土资源，有利于形成特色产业。以产业为核心，注重优化资源结构，挖掘和利用本地区的资源优势，

形成产业链，提高地区经济的整体水平。如日本的农业产业，在注重生态环境保护的同时，通过创新农业生产方式，完善产业链，不断提高产品品质，打造了国际知名品牌。

（二）创新机制，形成产业融合发展模式

在乡村产业发展过程中，单一产业难以持续发展，需要进行创新融合发展。首先，延长农业产业链，发展农产品加工业，和农业生产形成良性的协调发展，提高农业效益。其次，支持乡村非农产业的发展，鼓励乡村人口从事工业和商业活动，形成产业融合发展模式，以增加农民的有效收入，提高乡村人民的生活质量。比如法国乡村旅游业，将文化、自然风光、食品、住宿等元素有机结合，形成了独具特色的旅游体验，成为地区经济的支柱产业。

（三）加强农业支持和保护政策，政府引导技术与资金投入

建设完善的农业支持和保护政策，包括土地和水资源保护、农业科技发展、农业价格、收入支持、农业信贷、农业税收和农产品对外贸易等方面的政策；加强政府技术引导与资金投入，包括资金补贴、税收优惠、技术指导、标准制定等多种手段，帮助企业在乡村产业发展中取得成功，增强企业竞争力，夯实乡村建设的经济基础。如美国凭借完备的乡村金融系统体系和成熟的农作物保险业务，使得美国农业长期处于国际领先地位，乡村发展得到有效保障。

（四）完善人才培养机制，提高乡村人才创新能力

加大对农村教育的资金投入力度，加强乡村教师的培训力度，鼓励社会资源投资教育，鼓励兴办私立学校，促进教育投资的多元化和教育内容的多样化，进而改善教育的城乡不公平。通过不断提高从业者的技术水平

和管理能力，注重研究和开发新产品、新服务和新技术，为加快乡村产业的升级换代、不断推进乡村经济的发展提供内生动力。如日本通过开设农业培训机构和协调组织，为农户提供技术与营销指导、资金支持的同时，提升农民农业知识和综合素质水平。

（五）以科技为支撑，以信息技术为推动力，促进乡村产业的科技化

推广创新型农业技术，全方位增进农业科学的技术交流，在全球范围内提高农业产业的科技化水平，加强农业科技赋能提升农业生产率。在数字化背景下，强化数字化支撑，培育建设数字乡村是乡村建设对数字化时代的主动适应与融入。通过科技赋能，实现乡村产品的供给需求无缝连接，带动乡村的产业结构优化与转型，整合乡村资源，促进乡村高质量可持续发展。在数字化乡村的建设过程中要注重因地制宜与从实际出发，避免带来乡村经济负担加重、数字化建设与乡村产业基础不配套等不利影响。

（六）注重生态环境保护，推动绿色产业发展，促进可持续发展

以绿色、环保理念为依托，强调将乡村社会的生态价值、文化价值、休闲价值、旅游价值以及经济价值相结合，从而改善乡村生活质量，满足地方发展需求。构建各经济体各部门各主体多元共治，协同治理乡村环境、加强环境保护，利用科技创新赋能乡村环境治理与保护，引入多种融资方式，建立多元化的投融资机制，推动环境保护和治理。

◎ 第二章　国际乡村人才发展

本章要点

　　全球乡村地区的发展离不开人才的支持和推动，但由于城市快速发展，农村受限于经济、社会、生态等发展困境，大量农村劳动力进城务工，乡村空心化、老龄化、妇女化等问题日渐突显。深入分析全球及主要地区乡村人才发展政策和实践举措，有助于更好地应对城市快速发展背景下，乡村发展内生动力不足、农村农业生产水平低、农村教育程度低等问题。由于不同国家乡村经济社会生态等自身条件差异，所面临的人才发展需求不同，各国为乡村人才发展实施了不同模式的人才发展政策及实践。乡村人才发展政策模式主要有：政策保障型、政府主导型、经济激励型、技术培育型、设施改善型。展望未来：制定相关法律、注重新农人的培养引进、政府引导多方合作、完善基础设施建设、升级产业结构是乡村人才发展的重要途径。

一、乡村人才发展现状及模式

（一）乡村人才发展现状

1. 信息化人才需求持续上升

　　在新冠疫情影响下，数字技术与各行业融合"渐入佳境"，以在线办公、在线教育、互联网医疗为代表的新业态、新模式持续迭代。当前，全球各国的数字化转型力度都在加大，特别是世界主要经济体对于数字人才的需求都在扩大。在欧洲的城市中，制造业、软件和 IT 服务业的数字人才需求大幅增加。在人才发展过程中，多数国家加快人才培养步伐，满足产业人才需求，实现人岗匹配。为了顺应就业市场的变化，展示出了以下几方面特征。一是加快开发新的职业培训工种，设立跨企业的联合培训课程，培养与产业发展相适应的高素质人才。二是相继推出国家级培养计划，强化基础科学研究，加大人才培养的力度。例如，德国集中出台了"通过教育起飞""保证就业岗位、提高增长动力和国家现代化——德国就业和稳定一揽子计划"以及"工作移民对保证德国专业人才基础的贡献"三项人才培养和动员计划，向在校大学生和科研新生力量提供资金支持，吸引年轻人选择数学、信息学、自然科学和技术类专业。此外，新兴经济体如中国也大力提振基础科学研究，强化基础科学在未来发展中的支柱作用。特别是伴随着中国宣布进入高质量发展阶段的转变，对于创新驱动的要求与日俱增，也就更加要求人才高质量发展。

随着全球各地区对信息化人才需求的力度不断加大，对乡村地区的人才发展也提出了新要求。在乡村人才发展过程中，全球各地区普遍加快了对人才培养的步伐，以满足新兴产业人才需求。乡村地区数字化转型迎来了更广泛的机遇，由于疫情防控期间出行受限，远程办公和在线教育等数字技术在包括广大乡村地区在内的区域得到了广泛应用。乡村地区的数字化进程还将在未来一段时间内实现深度融合。许多发展中国家也在利用信息数字化的发展机遇，带动农业农村的进步。这就需要更多的专业化人才投身乡村、建设乡村。如印度政府推出"数字印度"计划，以将数字技术引入农村地区，提供互联网接入和电子支付等服务。"数字印度"计划的实施将包括三个主要方面：一是开展信息技术普及，提高基础设施建设水平，推进数字化的网络建设和数据传输。二是加强数字服务和信息安全，建立数字安全机制，保护公民和企业的数据安全，加强数字安全意识教育和培训。三是推进数字经济发展，加强电子商务和在线交易等数字经济领域的发展，提高数字化技术与产业的融合水平。通过信息技术在乡村建设中的深度融合，力求实现产业结构升级，这对于农业发展和乡村建设也有着巨大潜力。无独有偶，2022 年 2 月，中国出台了《"十四五"全国农业农村信息化发展规划》，明确提出加强农业农村信息化人才梯队建设和科技创新团队支持，培育农业农村信息化领军人才。加强农业农村信息化技术人员及相关内容培训，开展技术示范和技术服务，培育一批掌握智慧农业技术的农民。支持企事业和教育培训机构开展有针对性的培训，加快培养、引进农业农村信息化实用人才。

2. 乡村人才供需矛盾不断加剧

人口老龄化、生育率持续走低对农村劳动力供给造成了极大的影响。随着乡村地区发展对人才需求的增加，一些国家和地区开始鼓励年轻人回到乡村发展。特别是乡村振兴过程中，农业资源开发的高水平人才存在缺口，人才要不断适应融合信息化数字化农业发展趋势，更好服务产业发展。在法国，政府推出《乡村地区法案》（Act for the Rural World），鼓励年轻人回到农村创业，同时提供培训和财务支持。中国出台《关于支持返乡下乡人员创业创新促进农村一二三产业融合发展的意见》，引导更多青年人返乡下乡创业，给予资金、税收等方面的政策扶持，吸引其扎根农村，使其成为推动乡村产业振兴的中坚力量。

而对于诸多新兴经济体来说，专业化乡村人才的短缺也是它们所面临的较大问题。区别于发达国家已经较为完备的乡村人才培养方式，诸多发展中国家在如何培养人才方面、如何发挥人才能力方面、如何实现人才常驻乡村方面依旧存在较大的困境。借鉴发达国家先进经验，许多国家都在出台相关政策支持乡村教育、人才培养等。此外，乡村基础设施建设短缺也是一大困扰人才留用的问题。基础设施建设是推动农业农村发展的重要抓手。在许多国家，新冠疫情暴露了农村地区基础设施的不足。特别是许多发展中国家在疫情防控期间，暴露出农村地区公共医疗资源匮乏、应急管理能力不足、医疗人才供给短缺的问题。因此，一些政府开始加大对农村地区基础设施建设的投入。例如，菲律宾政府推出"骄阳计划"，以提高农村地区的基础设施水平，包括道路、桥梁和公共建筑等。2022 年 9 月，中国多部门联合印发《关于扩大当前农业农村基础设施建设投资的工作方案》，将以农村基础设施建设为抓手扩大农业农村有效投资，不仅对于短期经济稳定有帮助，且对于提升农业综合生产能力、推动农业农村高质量发展存在长期利好。因此，更要集中社会力量带动有效投资，充分激发社会投资的动力和活力，为乡村振兴不断提供坚实保障。

3. 乡村人才流动性持续增强

新一轮科技革命和产业变革加速推进，全球知识经济纵深发展，新技术、新模式、新业态不断涌现，创新成为驱动发展的核心动力，人才则是创新的根基。面对消费者更加个性化和多变的需求，以及高速变动的外部宏观环境，组织能力不断向去中心化、扁平化过渡，员工的个体价值开始凸显。新冠疫情影响下，居家办公方式深化，新兴就业形态层出不穷，人才也开始在这种结构性变革下寻求需要个性化发展的道路。那么，组织在人才管理和发展过程中，为了保证个体发展与组织战略方向一致，就势必顺应变化。特别是在人才供需矛盾持续加深下，各国推出了一系列措施来吸引人口迁移，以实现竞争优势的提高。

多数国家在新冠疫情前期采取了关闭交流的措施，致使全球疫情大流行后开始不断吸引人才流入，放宽技术移民政策，下调外国高级人才进入本国劳动市场门槛。通过加强国际交流，鼓励劳动力在本国释放更加优质的人才资源。全球许多国家都在通过出台移民针对性的政策和措施，争夺所需人才。例如新加坡实施"全球校园"计划，意在吸引海外学生和企业员工到新加坡接受教育或培训。美国改革临时性职业签证（H－1B）随机抽签方式，加大 STEM（科学、技术、工程和数学教育）领域高技能、高收入人才吸引力度。欧盟放宽流动限制，推出创业签证，推动创新创业高层次人才引进。中国着力推动形成人才国际竞争的比较优势，逐步从世界最大人才流出国转变为主要人才回流国。日本增设高度专门职业签证，调整积分制度，提前完成2万名高层次人才引进目标。英国改革签证制度强化对杰出人才及优秀留学人才的吸引力。

乡村振兴不是要把人口留在乡村，而是通过乡村振兴增强乡村发展的内生动力，利用城市到农村消费的机会，增加乡村人口流量和现代要素，实现农业农村现代化。富裕农民必须"减少"农民，"离得开"是"进得来、留得住、发展得好"的基础。各国经历了工业化早期农村剩余劳动力向城市迁移的"乡—城"迁移后，近年来，一些工业化或后工业化国家和地区开始出现"城—乡"之间的人口迁移。尤其是在经历长时间的疫情封锁或隔离后，人们开始更加关注健康和康养。乡村地区通常具有更好的环境和空气质量，为了获取良好的康养环境，人们在城乡之间的流动性显著提升，这为乡村振兴提供了重要机遇。在意大利，政府正在推动疫情之后的乡村旅游和康复计划，以吸引更多的城里人前往乡村地区，带动乡村地区的发展建设。

4. 乡村人才发展鸿沟不断扩大

全球化进程不断深入，世界各经济体间的差异也在不断扩大，这种差异也充分体现在乡村人才上。全球经济发展呈现出的南北差异，正在向农业和乡村人才间蔓延。在发达国家和欠发达国家间的乡村人才供给上存在着极大的差距，不仅体现在经济体间的经济发展水平差异，还在亚非拉欠发达国家内的城乡部门间的收入、就业状况和受教育水平差异上有明显体现。在美国，大量的农业专业高校和科研院所，人才培养数量庞大，且农学专业毕业生的职业薪资待遇相当可观。美国劳工统计局显示，2014年，农业工作人员的年平均收入为31 070美元。其他发达国家的农业专业教育也源源不断培养着更多的专业化人才，他们广泛服务于农业专业生产、科学研发、农业机械制造等领域，为本国的农业发展提供了巨大的内生动力。

但诸多发展中国家，特别是在亚非拉地区，许多国家的整体生产率偏低，产业结构单一，农业发展具有高依赖性，并没有科技的支持，也无法在乡村人才的培养和提高上作出更多的努力。更多的，当地居民受教育水平偏低，且面临极大的城乡发展差异。2011 年，委内瑞拉乡村地区的人口就业率仅为 57.9％，乡村地区的平均收入也远低于城市地区。2012 年，斯里兰卡乡村地区的人口为 1.5 亿，占总人口的 81.9％。斯里兰卡乡村地区的就业率为 46.8％，低于城市地区的 49.4％。斯里兰卡乡村地区的平均收入为每月 3.7 万卢比，低于城市地区的每月 6.4 万卢比。同时，乡村地区的教育水平也低于城市地区，只有 11.6％的乡村居民拥有高中以上学历，而城市居民的比例为 23.5％[①]。2017 年，巴基斯坦乡村地区的人口为 1.3 亿，占总人口的 63.6％。巴基斯坦乡村地区的就业率为 48.5％，低于城市地区的 54.9％。巴基斯坦乡村地区的平均收入为每月 1.4 万卢比，低于城市地区的每月 2.6 万卢比。巴基斯坦乡村地区的教育水平也低于城市地区，只有 13.8％的乡村居民拥有中级以上学历，而城市居民的比例为 32.7％[②]。2019 年肯尼亚乡村地区的人口失业率达到了 35.5％。人力资本的落后，无疑制约着发展中国家的乡村人才发展。

（二）乡村人才发展主要模式

1. 人才培养：增强乡村内生活力

发达国家持续构建完备的人才培养体系。乡村人才专项培养对于农业农村发展起到了极强的造血作用，全球各国也都给予了极大关注。发达经济体的经验显示，对于高等教育和职业培训的重视，能够有效提高乡村人

[①]　斯里兰卡统计局 . https：//www. most. gov. cn/kjbgz/202105/t20210513＿174584. html.

[②]　巴基斯坦统计局 . http：//www. yidaiyilu. gov. cn/xwzx/gnxw/13690. htm.

才专业化水平，为乡村人才提供广泛的学习机会和资源。首先，建设专业齐全、教育资源丰富的农业高等科研院校。美国有超过 70 所农业大学，日本有超过 40 所农业大学，提供涵盖农业科学、农业经济管理等多个专业领域教育。其次，积极探索多样化的职业培训方式，形成了独具特色、服务生产的职业培养体系。如农业实验站、农业合作社、农业咨询服务等，为乡村人才提供技能提升、知识更新、生产技术以及市场营销咨询等的途径，持续稳定资助高层次科研人才。再次，致力于不断提高科研经费支出，为人才培养全流程提供充足的物质保障。法国《科研与技术发展导向与规划法》明确规定国家公共科研经费占国民生产总值的比重及其年增长速度，要求合理划分国家用于支持基础、应用和开发研究，以及用于支持重大科技发展重点领域的资助比重。根据 OECD 相关统计数据，2000—2015 年，法国基础研究经费占 GDP 的比重均高于其他国家，持续稳定在 0.5％左右。也使得法国的专业技术人才在技术创新和应用领域，持续维持在领先地位。最后，通过完善法规体系，切实保障乡村人才的受教育权利。韩国《农民继续教育法》《农民职业能力开发法》等政策，通过指令性法规确定了乡村人才的受教育和培训权，并在培养过程中采取政策倾斜等方式，保障乡村人才能够得到丰富的教育资源和激励措施。

发展中国家加快推动本国人才职业化培养。全球范围内，发展中国家数量较大，且在所有国家的发展极不均衡。新兴经济体在乡村发展的过程中，十分注重乡村基础教育和职业教育的培养，提高乡村人才的基本素质和就业能力。这是因为尽管这些国家经济发展较快，乡村现代化发展要求持续暴露出乡村人才的专业性不强，无法推动乡村跨越式发展的问题。金砖国家通过实施普及义务教育、提高教育质量、增加教育投入等措施，为乡村人才提供了基本的文化知识和技能。在印度，由于普遍的受教育程度较低，该国政府出台并实施了《全民教育法》等政策，对全部 6～14 岁的儿童实行义务教育，这在一定程度上确保了劳动力的基础教育。金砖国家还通过开展多样化的职业教育和培训，为乡村人才提供了适应市场需求的专业技能和知识。南非《技术与职业教育与培训法》《职业资格框架法》等政策，都为乡村人才提供了基础技能、专业技能，甚至创新技能的全方位继续教育和培训。而诸多分布在第三世界的欠发达国家，在积极探索农业产业发展的同时，也在加强对乡村人才的培养。如斯里兰卡、巴基斯坦等国将培养专业化的职业人才列入国家发展规划，进行政策资源倾斜，但由于自身资源相对薄弱，在各项培养方式和过程中都存在较大困难。

2. 人才引进：提升乡村输血能力

发达国家政策体系服务市场机制。人才作为乡村可持续发展的主要动力，各国都通过政策引导进行了较大程度的人才引进政策支持。在发达经济体中，吸引人才资源服务乡村地区发展，主要是通过强化市场导向和创新驱动，以及政策导向和信息支撑，增强乡村人才的竞争力和创造力。首先，各国高度重视引进各类人才进入农村地区，把挖掘培育农村地区人力资源优势和资本等其他要素投入有机结合起来，充分发挥人力资本作为生产要素对农村经济增长的推动作用。其次，注重完善市场机制在人才流动过程中的主导作用。欧美国家通过建立完善的市场机制，激励乡村人才根据市场需求调整生产结构和方式，提高产品质量和效益。英国通过建立健全的市场信息系统，为乡村人才提供了及时准确的市场信息。法国通过设立农业创新基金，为乡村人才提供了开展科技创新和应用创新的条件和支持。最后，将人才培养和实践应用相联结。德国拥有世界最著名的职业教育体系，在整个村庄更新过程中，各级政府在农村地区开办农民职业培训学校，还与各大专院校合作，开展村庄规划、生态农业以及非农就业技能等方面的培训。培育多层次市场主体，加强职业农民培养，并适当引导各类人才资源流向农村地区，是推动乡村可持续发展的强有力的保障。韩国的新村运动实践经验显示，尽管当时政府财政收入有限，但是对于乡村人才的发展开展了全民运动，对广大农民到社会主体都进行了深度教育，树立了农业发展的重要地位。

发展中国家注重政策引导。尽管市场机制对于经济发展要素的合理流动有着极强的引导，但在发展中国家，较为落后的经济发展水平难以在市场主导下实现有效的发展。区别于发达国家对新自由主义的贯彻，发展中国家更强调政府通过强有力的政策规制实现人才资源的城乡流动。巴西的《农业信贷计划》《农业保险计划》等政策，为乡村人才提供"城—乡""乡—城"充分流动和就业的经济支持。中国则通过将乡村振兴与脱贫攻坚结合，采取了政策性的支持措施，鼓励城市中的专业技术人才进入乡村定点帮扶。并通过建立健全的户籍制度、社会保障制度、劳动力市场等机制，为乡村人才提供"城—乡""乡—城"充分流动和就业的市场机会。因此，政策激励广为发展中国家采用，增加乡村人才的储备和流动。金砖国家通过实施各种形式的政府补贴、税收优惠、信贷支持等措施，为乡村人才提供了从城市到农村或从农村到农村的迁移和就业的经济支持。而在欠发达地区，人才引进多以吸引乡村人才跨国流动为主，更多是依靠国际组织援助和其他国际合作机制，引进专业化的农业生产技术人员，帮助当地科技发展，提高农业现代化水平。

3. 人才留用：支撑乡村长久发展

发达国家不断优化市场机制。将人才引进乡村、服务乡村，更重要的是将他们留在乡村、扎根乡村。对于发达国家来说，尽管城乡发展差异客观存在，但是发达的基础设施和物质激励能够满足人才的生活需要。第一，农业产业现代化升级的过程，已经通过将农民职业化发展，使得人才在乡村建设服务过程中，突出了职业属性。且可以在人才发展过程中，将城乡进行联合，实现人才的双向发展。第二，由于注重多种资本要素相互结合，发达国家在推动乡村发展过程中，将土地作为生产要素的资产功能和作为抵押物的资本功能得到有效释放。在政策引导下，建立了同权同价、流转顺畅、收益共享的土地制度①，建立了依法公平取得、节约集约使用、自愿有偿退出的农村宅基地制度。也就实现了土地的价值和人力资本有机结合，通过帮助人才在乡村获得土地产权，人地结合将更多的人才留在乡村。第三，人才在乡村地区长期居留工作，主要是注重提升乡村文化和生态，实现产业结构升级，提高乡村人才的归属感和幸福感。德国每年举办多种形式的农民节、啤酒节、葡萄酒节等，展示了德国乡村的风土人情。美国通过建立国家公园、自然保护区、生态走廊等，为乡村人才提供了优美的生态环境和休闲空间。日本的"一村一品"运动和六次产业化战略等政策，为乡村人才提供了多元化的就业选择和增收渠道。还通过实施乡村基础设施建设、公共服务提供、社会保障完善等措施，为乡村人才提供了改善的生产环境和生活环境。

发展中国家努力完善政策引导机制。发展中国家的乡村建设，更多的是要摆脱乡村地区的落后面貌，缩小城乡间的二元结构差距。并且还要完善乡村地区的基本公共服务、社会保障体系，满足人才最基本的生产生活需要。第一，发展中国家注重技术进步带来的农业生产现代化和产业结构高级化。通过大规模推广农业机械化及现代农业生产技术革新，为人才创造更多切实的就业岗位，满足基本生活需要。人才在引进乡村后，利用自身智能优势帮助农业实现全方位的改善。第二，乡村地区落后的基础设施正在得以改善。落后的交通运输条件、医疗教育资源、有限的社会保障举措，都困扰着人才在乡村扎根。中国通过实施《新农村建设规划》等政策，致力于改善基本公共服务水平，缩小城乡差异，改善了乡村人才的生产和生活环境。第三，持续致力于协调人地矛盾，不断完善土地用地和人才发展相适宜的政策机制。诸多发展中国家，尽管市场机制不完善，但在政策的持续推动下，也在探索对土地资源价值进行盘活，释放人才对资源

---

① 黄少安，赵建.土地产权、土地金融与农村经济增长 [J]. 江海学刊，2010 (11).

利用的合理配置。例如中国在新农村建设的过程中，不断探索将资源变资产、资金变股金、农民变股东，积极探索农村集体土地使用权以联营、入股等方式参与城镇化、工业园区等项目建设①。

　　4. 人才激励：激发社会参与动力

　　发达国家激励体系完备。对于人才激励，主要是通过倡导社会参与和乡村自治，激发乡村人才的主动性和创造性。各国乡村发展的过程中，人力资本作为主要生产要素之一，对推动农村经济社会发展发挥了不可替代的作用。第一，利用自身技术优势，将技术的内生增长动力持续注入人才创新发展。科学技术、现代管理方法、先进乡村治理经验等都需要通过加强农民学习培训以及经验积累，转化为农村现实生产力。这一转化过程就是人力资本发挥作用的过程。法国强大的农业合作社体系，涵盖了从生产到加工再到销售的全产业链，为乡村人才提供了共享资源和互利互惠的机会。英国通过建立双向协同的合作关系，为乡村人才提供了与政府、企业、社团、学校等多方参与和协作的机制。第二，发挥乡村精英人才作用，赋予了乡村精英参与治理的充分空间。乡村发展是否成功在很大程度上取决于农民，特别是乡村精英的积极参与。透过广泛的社会参与机制，乡村中的精英群体一方面代表着人力资本价值的充分实现，对当地产业发展有着积极的贡献。另一方面还通过加强他们对当地治理的充分参与，满足乡村人才对治理权利的满足，促使其成为乡村的主人翁。在地方管理部门和社会多主体的多元参与中，构建畅通的利益表达机制、参与机制、决策机制等，切实维护和实现农民的利益，引导高素质农民发挥自身主观能动性，以主人翁的心态更加积极地投身到乡村振兴中去，提高乡村人才的荣誉感和责任感。第三，东亚发达国家还通过将乡村文化更多释放情感纽带，带动乡村人才的身份认同，提供更深层次的

---

① 王兆阳. 关于通过城市和工业再布局推进乡村振兴的探析 [J]. 农村金融研究，2018 (6).

精神激励。

发展中国家物质激励为主。发挥市场机制对乡村人才进行有效激励，在多数发展中国家的实践中并不适用。第一，完善法律法规，从法制层面明确乡村人才的相关激励体系，逐步建立有效激励机制。中国在乡村振兴推进过程中，确定了"科技特派员""乡村振兴专员""乡村振兴协理员"等人才输送机制，通过明确的制度对人才下乡进行了激励规范。通过对人才的就业支持、物质保障、社会福利和发展规划等方面进行倾斜，解决了人才个体的职业发展需求，也通过制度化的规约确保了个体的福利需求，从而激励乡村人才一心一意扎根乡村、建设乡村。第二，明确对知识产权的保护，加速促进技术知识成果转化。乡村人才创新实践过程中，都涉及知识产权的问题。而对于发展中国家来说，不断推进合理的知识产权保护规范关系着技术进步的持续性。中国和巴西等国的政策探索，都在积极推动建立国家级科技成果转化引导基金等，利用财政资金的杠杆作用，推动形成多元化、多层次、多渠道的融资机制，加大对乡村人才相关企业的资金支持力度。不仅在政策上予以倾斜，还对未来农业金融市场的健全有着更为深远的作用。第三，发展中国家多为农业社会，或农业在本国产业结构中占据着不小的地位。因此，由于农业机械、自动化水平较低，劳作方式多以大规模人工为主，因此以乡情乡愁为纽带，吸引人才返回家乡创业也为一种常态化的手段。尽管效果各异，但不少国家也通过这种方式吸引了企业家、专家学者、医生、教师等各类技能人才，通过下乡投资兴业、行医办学、咨询服务等方式，服务乡村振兴。

二、乡村人才发展的政策措施

按照发达国家、金砖国家和欠发达国家的分类，选择各地区乡村人才引进和发展成效显著的政策措施，并对其进行深入的案例研究。

（一）发达国家和地区的政策措施

1. 日本："一村一品"运动

第二次世界大战后，日本集中力量发展城市，大量农村人口进入城市，世界银行数据显示，1960年日本的城市化率达到63.3%，1975年增长至75.9%。同时，日本国内城乡差距逐步扩大，农村面临资本和人口外流问题。1955—1975年，农村劳动力从1 629万人降至734万人，农业劳动力比重从41%降至19%。这导致农业生产力大幅下降，城乡差距不断扩大。人口流失导致的耕地荒废、产业滞后等问题，阻碍了农村地区经济发展，市町村无力改善当地环境设施，这又导致了农村人口进一步外流的恶性循环，"一村一品"运动应运而生。

1979年，日本大分县前知事平松守彦倡导发起"一村一品"运动。为促进农业和工业的协调发展，"一村一品"运动以"农工并进"为口号，积极引进高新技术，充分利用本地资源，活用传统技术，极大地促进了大分县经济的发展。面对困境，新任知事平松先生发起了"一村一品"运动，目的是立足本地资源优势，发展具有地方特色的主导产品和主导产业，提高农民收入，振兴农村经济。日本大分县在倡导和推广"一村一品"运动后，农民收入持续增长，1994年农民收入已达2.7万美元，农村面貌不断得到改善，成为农村开发的成功典范，不仅在日本国内，而且在世界上引起了广泛的关注，许多国家领导人和政府代表团前往大分县考察学习。例如，爱媛县借助"一村一品"成功打造具有地方代表性的"爱媛柑橘"品牌IP，柑橘产量和品种数量居日本第一，每年产量超过10万吨（图2.1）。"一村一品"运动在一些亚非拉国家推广，已成为许多国家尤其是欠发达国家农村振兴的重要途径。

日本"一村一品"运动的实施内容，主要包括"立足本土、放眼全球""自主自立、锐意创意"和"人才育成"三个方面，其中培养具有国际视野和充满挑战精神的地方精英是这项运动得以成功的关键。

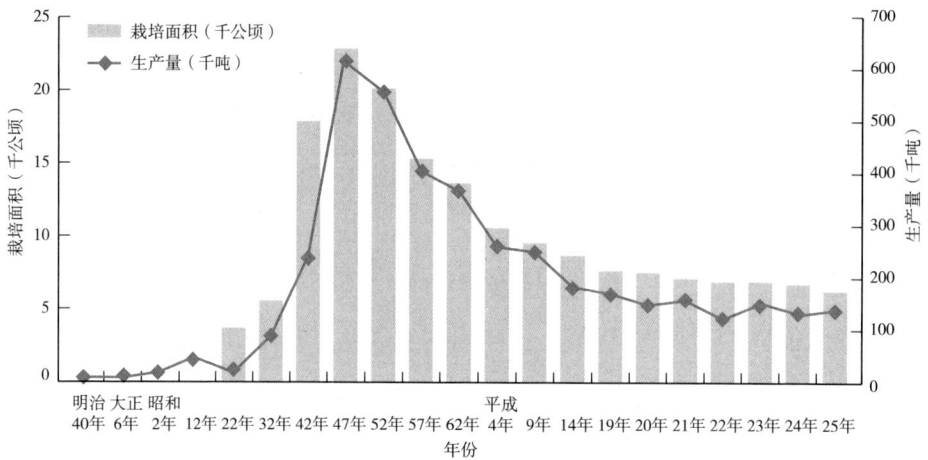

图 2.1　日本爱媛县柑橘产量变化情况

资料来源：日本爱媛县政府 . https：// www. pref. ehime. jp.

注：1972 年为昭和 47 年。

举办培训活动，培养后备人才。鉴于农村优秀人才严重缺乏，因此，大分县把培养人才作为"一村一品"运动的最终目标，培养了一批在农业、工业、服务业具有全球战略眼光、富有挑战精神的地区带头人。为培养人才，大分县依托政府农业改良普及机构和各级农协开办覆盖各个领域、各种类型的人才培训讲习班，并且注重理论培养和实际操作的结合，将学期定为 2 年制，第一年为理论教学，第二年为实践教学。理论教学主要以夜校的方式进行，学习内容为相关地区振兴的理论及技术，主要以本地区"一村一品"中的真实事迹进行教学；而实践教学的内容主要是以学员自主解决当地实际问题为基础①。这些讲习班于 1983 年开设，到 2005 年已经培养了 2 000 多名优秀人才，作为"一村一品"运动的带头人活跃在县内各个地区。

---

① 李耕玄，刘慧，石丹雨，等 . 日本"一村一品"的启示及经验借鉴 [J]. 农村经济与科技，2016，27（11）：172 - 174.

同时，特别注重发挥妇女在地域经济的发展过程中的作用。成立妇女小组或俱乐部，举办讲习班，互相交流、探讨，并可以直接听取消费者的声音，不断改进生产和经营。这种创业活动在日本很受欢迎，参与人数不断增加。在大分县，由妇女自发组成的商业小组就有 278 个，位居日本全国第 3 位。

设立推进基金，激励人才培养。为了发展"一村一品"运动，1981年大分县用企业捐款设立了"大分县'一村一品'运动推进基金"，以培养人才为中心组成了 11 人的协议会。推进基金主要用于对作出突出贡献的人员和团体进行表彰和对进修人员的派遣工作。推进基金条例规定由协议会选拔有希望对"一村一品"运动起到骨干作用的人，派遣他们到日本国内先进地区或者国外进修一个月以上，学习生产技术、加工、流通等经验，并在进修结束后汇报成果，如此培养出了一大批想用自己的双手振兴家乡的优秀人才[①]。

明确政府定位，政策科学引导。为推广"一村一品"运动，大分县政府在特色产品的生产、开发、扩大销售渠道等方面给予了很大的支持，农业技术中心温泉热花卉研究指导中心、畜产试验场、农水产品综合指导中心、蘑菇研究指导中心、海洋水产品研究中心以及产业科学技术中心等多个技术指导机构为村民提供产品技术的相关指导。在日本各区域进行产品展销会并在重要城市和海外区域设立专营店和体验点以帮助村民打开市场、扩大销路，更为难得的是连县知事都亲自在相应市场中推销其特色产品，可见大分县对该活动的重视程度。大分县政府全面、周到的服务和保障为其"一村一品"的顺利发展提供了坚强的后盾。

资金补贴支持农业人才发展。实施"后继者支持政策"培养农业接班

① 常伟，王微，阚庆云. 日本"一村一品"运动对中国乡村振兴的启示——基于政府职能转变视角 [J]. 改革与战略，2020，36（5）：111 - 118. DOI：10.16331/j.cnki.issn1002 - 736x.2020.05.012.

人。对年龄 45 岁以下、年收入 250 万日元以下，具有独立经营农业意愿的青年人，每年给予 150 万日元"青年务农给付金"专项支持。设立"新农人培养"专项资金，鼓励青年职业农民，采取干中学的学徒方式，到种养大户或农业企业研修，每月发放 15 万日元生活补贴，以提升青年职业农民能力。对接收青年职业农民研修的种养大户或农业企业，政府一次性发放 50 万日元补贴。对无法脱产学习的人员，由全国农村青年教育振兴会等建立夜校制度，通过远程教育平台传授农业技术①。

日本面临的人才发展需求主要包括老龄化背景下青年人才群体短缺和农村人口流失导致农村活力不足。日本的"一村一品"运动的经验启示主要如下：

提高农民参与积极性，重视优秀人才培养。从日本"一村一品"运动成功的经验来看，其农业和经济的发展很大程度上依赖高素质人才的作用，因此，转变农民的思想，增强农民的种植、加工及营销等综合技能，提高农户的综合素质对于"一村一品"来说意义重大。在今后的发展过程中，政府必须控制支农的投入结构，适当加大对农民专业技术的培养投入，增加农户接受教育的机会，使农民素质及专业技术得到全方位的提高。

政府引导协调社会各方支持乡村人才培训。政府组织各界力量，构成由政府、学校和民间力量共同组成的多主体参与、相互补充的教育体系，分层次、有重点、按计划开展对农民的免费培训活动。通过高中等农业院校、各级农业科技培训中心、各级农业技术推广服务体系和改良普及系统、各级农协培训中心、企业与民间的各类农业培训服务机构，满足不同农民的需求。培训课程丰富实用，如海洋养殖、商业、农业生产、计算机等培训班，农民可根据自己的实际需要，免费参加课程培训。

---

① 卢先明，刘清泉，邓正华. 韩国、日本乡村振兴人才队伍建设的经验及对我国的启示 [J]. 湖南行政学院学报，2021（2）：106-114. DOI：10.16480/j. cnki. cn43-1326/c. 2021.02.013.

农协组织农民进行生产建设以及技术交流。日本农协覆盖整个农村，成员几乎囊括了全部农民。基层协会会员包括直接从事农业生产、对农协经营方针有表决权的正式会员，以及通过出资加入协会、不直接从事农业生产、享受农协服务、对农协经营方针没有表决权的准会员。基层农协、县经济联合会和中央联合会等三级农协组织，有机地连接分散生产的农户和城乡结合的大市场，提高了农民的组织化程度。除农协以外，市町村内还存在由村民自愿组合、规模大小不等的大约28万个自治会、町内会等组织①。

农业经营指导工作由农协近2万名营农指导员担任。营农指导员从农业专业学校毕业，取得国家认可的资质，由农协专门聘用后，工作范围包括每个农协成员的农田基本建设、农业生产、适度规模、资金管理、技术交流培训等，还包括区域农业的长期规划。

2. 韩国："新村运动"

20世纪60年代，韩国政府实施了优先发展重工业的出口型工业发展政策，工业化发展在加快城市化进程的同时，也造成城乡贫富差距悬殊的问题。20世纪70年代，为解决工业化发展带来的城乡不平衡发展矛盾，韩国政府在全国34 000个村庄发起了一场"勤劳、自助和合作"的国民运动，致力于农村现代化建设和农民脱贫增收。通过"政府主导、村民参与"模式，调查搜集3万多个村庄所需要解决的问题，对于农民的问题由农民自己解决，村民的合作问题由村民合作解决，政府的问题由政府确立需要资助的项目、村民自主选择②。政府通过构建村庄道路、居住环境、农田设施、社区生活和居民收入五个维度共10项内容的指标体系来划分村庄类型，包括基础村、自助村和自立村三类③，针对不同类型的村庄因

① 卢先明，刘清泉，邓正华. 韩国、日本乡村振兴人才队伍建设的经验及对我国的启示［J］. 湖南行政学院学报，2021（2）：106-114. DOI：10.16480/j.cnki.cn43-1326/c.2021.02.013.
② 李晴. 东亚韩国、日本"新村"建设的特色与启示［J］. 上海城市规划，2012（1）：89-94.
③ 金俊，金度延，赵民. 1970—2000年代韩国新村运动的内涵与运作方式变迁研究［J］. 国际城市规划，2016，31（6）：15-19.

类施策确定发展项目，创新奖勤罚懒的差异化激励机制，激发村民积极性。

1971—1973 年：基础建设阶段。主要目标是改善农民生活环境，提高农民生活质量，以政府引领为主导，政府无偿提供水泥、钢筋等物资，支持农民自主进行基础设施建设，包括改善屋顶、修建道路、搭建桥梁、架设电力设施等。在政策的执行过程中，政府会以前期资源的利用效率为评判标准，将村庄分级，对于完成得好的村庄，政府会加大支持力度，以更大程度上激发农民的积极性。

1974—1976 年：全面发展阶段。主要目标是增加农民收入，促进经济发展。政府采取多种措施提高农民收入，包括优化农业结构、推广高产水稻品种、给予财政补贴、增加对农村的投资，并对发展较好的农村提供贷款和优惠政策等。该阶段，"新村运动"的推行直接由韩国中央内务部管理，并成立了"新村运动中央协议会"，以协调中央各部门的关系，组织干部去往农村对"新村运动"的具体实施进行指导。而且，成立了"新村运动研修院"，进一步为"新村运动"培养人才。

1977—1980 年：充实提高阶段。主要目标是缩小城乡差距，促进农村文化的发展，并逐渐由政府主导推行转为民众自发推行。这一阶段"新村运动"以鼓励发展畜牧业、农产品加工业和特色产业为主，进一步缩小城乡收入差距。同时，政府为农村提供建材，建设文化住宅和各种文化场所，请专家学者到农村开展培训教育，提高农民的素质，培养农民的开拓精神。这一阶段的"新村运动"逐步由政府主导转向民间自发的运动。

1981—1989 年：国民自发运动阶段。这一阶段的主要特征就是建立发展全国"新村运动"的私营部门组织，从而实现从政府主导转向民间主导。此时韩国明确区分了政府和私营部门的职责：政府的主要职能是制定总体的规划以调整农业结构，同时提供资源方面的支持；民间主导负责新村运动的宣传工作、培训与信息工作。此时，大力鼓励农民发展多元化经营，使得农村居民的生活水平逐渐接近城市水平。

1990 年至今：自我发展阶段。经过前几个阶段的建设，"新村运动"彻底转为由民间主导，韩国的经济快速发展，"新村运动"的成效日益显现。这一阶段政府主要致力于农村的文明建设，主要是国民意识的教育与民主法治建设，加强对农民集体意识的教育等。以前设立机构的职能逐步弱化，出现了许多农村经济研究组织、农村教育机构等，这些民间组织在传承新村运动精神、促进农业发展等方面发挥了重要作用。

韩国的"新村运动"主要从以下几个方面进行：

兴建村民会馆。"新村运动"一般在冬季农闲期间开展，但在当时很难找到村民集中讨论活动的场所。所以从开展新村运动的第二年开始，各地农村纷纷兴建村民会馆，不仅可以用来召开各种会议，还用来举办各种农业技术培训班和交流会。村民会馆收集了包括农业生产统计资料和农业收入统计资料在内的各种统计资料，村民会馆还经常向村民展示本村发展计划和蓝图①。

发挥政府的组织作用。1970 年韩国城镇化率为 50％左右，小农户组织化程度低，缺乏表达自身利益诉求的组织形式，附属于政府的全国性农协（NACF）。自新村运动实施以来，各级政府自上而下组建新村运动推进会，来组织动员广大农民。一是强化政府内部的合作观念。由内务部牵头，协调经济建设、电子、交通、信息、水利、科教文卫等部门，各层级政府密切配合，打破条块分割、形成条块结合的部门交叉管理模式。二是提升地方官员的服务理念。每个社区任命一名公务人员作为"新村运动"领导人，加大"新村运动"领导人培训力度，革新地方官员的政治理念。地方官员在监管督察资源使用情况，调解村庄矛盾的同时，也要作为评估

---

① 陈昭玖，周波，唐卫东，等. 韩国新村运动的实践及对我国新农村建设的启示 [J]. 农业经济问题，2006（2）：72-77.

者确定村庄的支持类型，从而更好地判断村庄未来发展方向。反过来，村庄发展也直接影响到地方官员的职务晋升①。

强化精英人才培训机制。为宣传贯彻"新村运动"的理念，政府设立中央研修院，通过成功案例和小组讨论等形式，大规模地开展新村领导人培训，处理解决村庄难题，激发在竞争中发展的新思路。在新村教育过程中，官民同吃、同住、同劳动，强化官员责任意识的同时，也推动着乡村治理能力的提升。

韩国的人才发展所面临的挑战主要在于：提高村庄建设内生性动力；农民自主建设新村的积极性有待提高；提高农民教育水平，提升村民整体素质；城乡发展失衡带来严重的社会问题，如农村空心化、老龄化等亟待解决。

在"新村运动"初期，韩国政府主要采取的是提供钢筋、水泥等建筑物资，由村民来规划和施工建设的模式。在这种模式下，部分村庄在没有政府财政支持的情况下，通过共同努力创造出新的收入来源。这一时期，被认定为自立型村庄的大多是这种创新型案例，这些村庄不是被动地等待政府施惠，在政府伸出扶持的橄榄枝时，农民充分发扬自助精神，抓住机会主动改变贫穷落后的命运。

韩国"新村运动"过程中，农村基础设施、居住和生态环境等得到了改善，农民的收入和生活水平有了较大提高。如图 2.2 所示，1974—1978 年，农户年均收入超过城市劳动者家庭年均收入。1979 年，农户年均收入达到 223 万韩元，与 1969 年的 22 万韩元相比增长了 10 倍多。农民看到了农村的发展空间，部分外流人口又回流到农村。1975—1977 年，韩国城乡人口比重出现了较大的变动，农村人口比重由 40.8% 上升到 48.8%②。可

---

① 刘义强. 再识"新村运动"：跨越农村现代化关键阶段的韩国案例［J］. 南京社会科学，2017（2）：83 - 90. DOI：10.15937/j.cnki.issn1001 - 8263.2017.02.011.

② 韩国国家统计网. http：//kosis.kr/.

以说，韩国"新村运动"的开展，短期内放缓了农村人口向城市迁移的步伐，为当时农村社会经济发展保留了一定的劳动力。

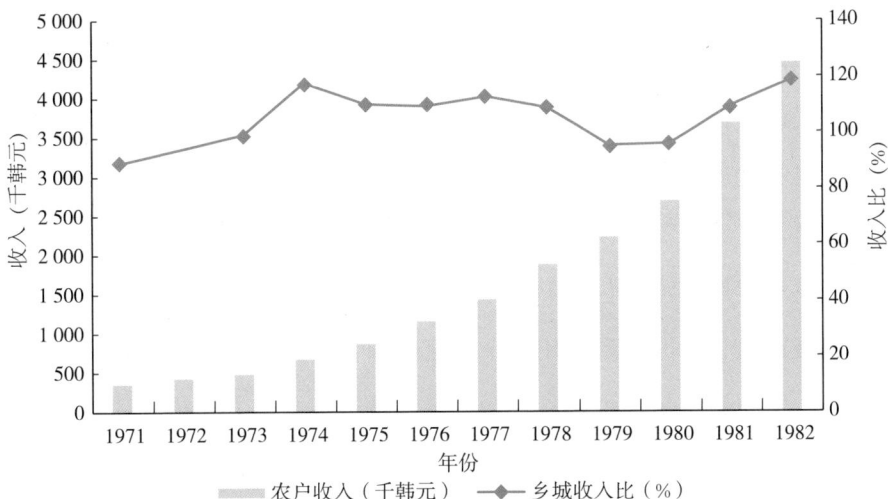

图 2.2 韩国"新村运动"与农户收入

资料来源：韩道铉，田杨.韩国"新村运动"带动乡村振兴及经验启示［J］.南京农业大学学报（社会科学版），2019，19（4）：20 - 27，156.DOI：10.19714/j.cnki.1671 - 7465.2019.0051.

注：乡城收入比＝（农户年均收入/城市家庭年均收入）×100％。

韩国"新村运动"的经验启示主要如下：

培育现代农民精神。"新村运动"是一场以"勤劳、自助和合作"为理念的启蒙运动，激励村民"为过更好的生活而努力"，以适应工业化社会发展的要求。新村运动是一场民主运动。女性被赋予与男性同等的地位，每个村庄推选独立于村长之外的男、女新村领袖各 1 名，来提供志愿服务。新村领袖需要具有市场经济意识、注重农业效益、敢于创新，在乡村创新发展过程中发挥了关键性作用。新村领袖虽然在农业贷款、公务员特别录用等方面享受优先待遇，却是没有酬劳的志愿者，他们依靠奉献精神和模范带头作用，造就全员实践的全民运动。村民在村民大会和邻里会议上提出自己的新村建设想法，共同讨论形成村庄的决议项目，由村长、本村精英构成的村庄发展委员会来执行，形成基层的民主决策和执行机制。

同时，"新村运动"也是一场竞合运动。1970—1973 年的村庄基础建设阶段，政府先资助部分物资如水泥、钢筋用于公共建设，后续资助依据前一年各村庄的实施情况。从等量化到基础村、自助村、自立村的差异化资助，激励所有村庄逐步自行设定发展目标，形成村庄之间的竞争机制，激发村民的合作精神。

重视人才培养。由郡、面①、地方农协等政府和社会组织，发掘新村领袖，由青瓦台主管的新村研修院进行培育②。培训注重实效，尤其重视经验分享和案例交流，包括新村事业课程、成功案例教育、实地考察等，培养积极进取、自助、现代化等企业家精神，使其掌握经营村庄事业的综合技能。优秀新村领袖可到青瓦台月度经济工作会议上介绍成功案例，激发其积极投身新村事业的决心，积极发挥模范带头作用。1973 年新村勋章（Saemaul Medal）成为政府奖励系统的一个单列奖项，从 1975 年开始，以内政部长的名义颁发新村指导者证书，每年召开一次全国新村指导者大会以增进荣誉感，为新村指导者提供了极高的社会威望和社会认同。20 世纪 80 年代，韩国成立全国性领导机构"新村运动木部"并在各直辖市和道、郡和市成立地方领导机构，为"新村运动"提供组织保障③。

"新村运动"实施志愿指导员制度，300 万指导员主要来自在校大学生。经由学生自愿报名，学科主任推荐，根据其能力和兴趣申请服务项目。政府号召指导老师带领大学生，利用寒暑假到社区担任志愿指导员，许多大学生在指导老师带领下深入偏远农村，利用所学知识为农村地区的发展贡献力量。

---

① 韩国行政区划单位。

② 卢先明，刘清泉，邓正华. 韩国、日本乡村振兴人才队伍建设的经验及对我国的启示 [J]. 湖南行政学院学报，2021（2）：106 - 114. DOI：10. 16480/j. cnki. cn43 - 1326/c. 2021. 02. 013.

③ 徐美银. 乡村振兴的国际经验与中国道路 [J]. 农业经济，2020（12）：30 - 32.

3. 德国：城乡等值化试验

第二次世界大战以后，德国大规模重建城市，城市再次成为工业与经济中心。乡村人口向城市集聚，而城市将工厂向乡村地区迁移，不断挤压乡村用地，导致城市与乡村发展差距加大，农业总面积不断减少（图 2.3）。为实现乡村与城市均衡发展，1950 年德国赛德尔基金会首次提出了城乡等值化的发展理念。1960 年，《联邦建设法》的出台并未解决国家与州区域之间的矛盾，空间规划显得更加急迫。1963 年，《联邦空间规划法（草案）》被提交到政府参议院进行审议，并于 1965 年正式通过。在此基础上，巴伐利亚州将联邦规划与州区域规划目标相结合，制定了《城乡空间发展规划》，从法律层面将城乡等值化作为区域规划的核心理念和战略目标[①]。

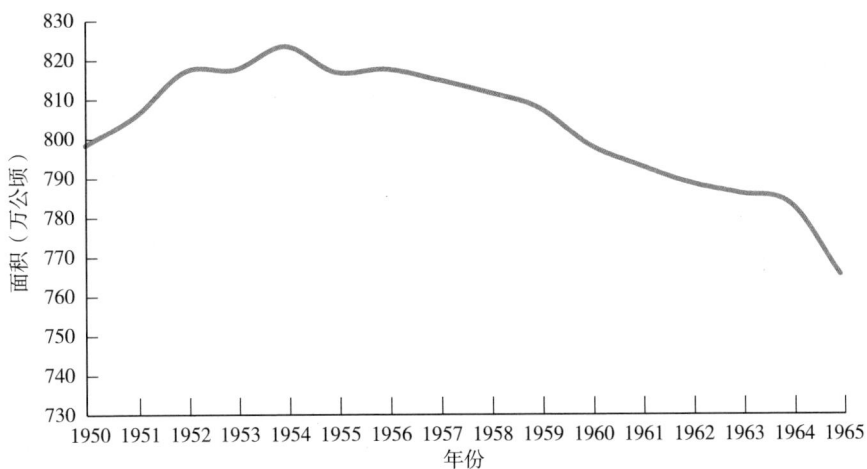

图 2.3　1950—1965 年德国农业总面积变化情况
资料来源：德国统计局（https：//www. destatis. de）。

该目标要求城乡居民具有相同的生活条件、工作条件、交通条件，保持和建立同等的公共服务，保护水、空气、土地等自然资源。通过空间发

① 高启杰，张沐. 德国城乡等值化的发展理念及其对中国的启示 [J]. 古今农业，2021（4）：15-24.

展规划，统一相同的生活质量和公用设施、劳动就业、居住等条件，落实城乡协调发展理念。巴伐利亚州城乡等值化发展不是城乡差别、产业结构、经济生产方式、文化、空间景观等消失，也不是社会区域由非均质空间演变为一种绝对的均质空间，而是逐渐缩小城乡社会经济发展差距，提高生态基础设施享用水平，从而加强城乡相互依存关系，促进城乡发展更趋协调①，即"不同类但等值"。

德国的城乡等值化以"可持续发展原则、因地制宜原则、系统化原则、治理原则"为基本原则，以"促进社会公平、发展城乡经济、保护自然资源"为三大工作目标，旨在增加农村地区的休闲、生活、文化、生态功能，保障农村地区作为生活区和经济区的吸引力。由图 2.4 可见，1965年后，德国谷物总量出现较大增长。

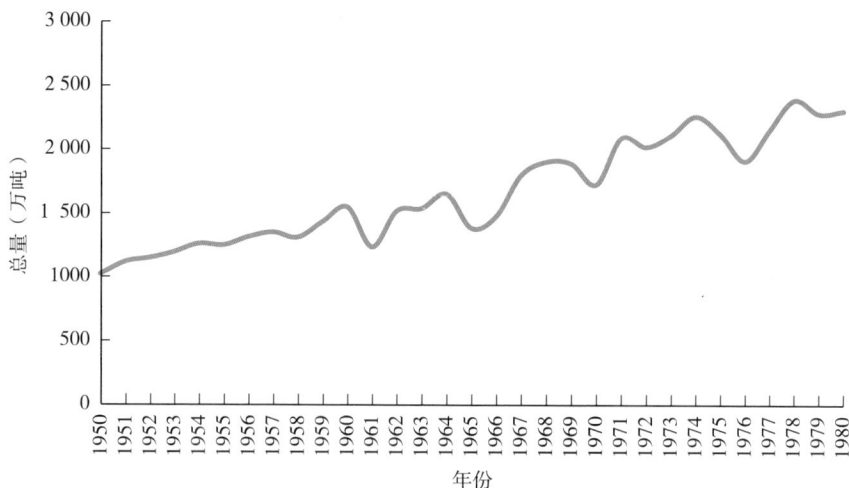

图 2.4　1950—1980 年德国谷物总量变化情况
资料来源：德国统计局（https：//www.destatis.de）。

完善的乡村基础设施建设。"城乡等值化"要求使农村与城市居民平等地享有公共基础设施服务，20 世纪 70 年代，德国提出重塑乡村形象，

---

① 毕宇珠，苟天来，张骞之，等.战后德国城乡等值化发展模式及其启示——以巴伐利亚州为例［J］.生态经济，2012（5）：99-102，106。

对乡村建筑进行修复与完善。20世纪90年代，将乡村社区与整个乡村整治发展相连接，加大交通道路、供水系统、垃圾处理、雨水排水等公共基础设施建设力度，以保障农村居民的日常生活所需。随着乡村功能多元化的发展，农民需求日益丰富，娱乐文化体育等设施也得到建设完善。

有利的农村教育培训。巴伐利亚州政府先后组建三所农村发展培训学校，对申请村庄更新项目的乡镇领导和村民代表，进行旨在提高公众参与意识和能力的培训、研讨会等活动，使村民认知村庄改造目标、内容和意义，增强其对家乡发展规划的认同感和责任感[1]。推广"双元制"教学[2]，将传统的学徒培训与职业教育相结合，农民在学习培训之前，与相关的具备培训资质的农场签订从事实践生产的劳动合同，并在农场师傅的指导下从事农业劳动，在此模式下，学员才能做到理论与实际相结合，在实践中学习到真正的农业技能[3]。

有效的财政资金支持。首先，德国财政支持政策内容丰富多样，德国联邦政府根据不同目标制定不同的财政优惠政策。例如，在土地流转上，积极鼓励农户土地转移，给予奖励与补偿；在保障从事农业企业工作的雇员安全方面，政府社会保险资金中的30%用于农业事故保险；对于有扩大生产经营规模需求的农户，实行提供低息贷款的投资政策。

其次，联邦政府的财政支持政策几乎覆盖所有农村居民，同时根据农户的身份或需求进行多层次划分。例如，对需要投资的农户提供贴息与优惠政策，有关企业可通过直接申请或者减免税收的形式得到财政优惠；对所有居民提供相关社会保障，保障农民的基本生活。

合理的产业结构调整。德国通过土地整治对土地进行整合和改良，优

---

① 毕宇珠，苟天来，张骞之，等.战后德国城乡等值化发展模式及其启示——以巴伐利亚州为例[J].生态经济，2012（5）：99-102，106.

② 乌裕尔.德国的城乡等值化[N]经济日报（农村版），2006-12-22.

③ 李慧静.现代农业发展中的职业农民培育研究[D].哈尔滨：东北林业大学，2015.

化农业生产基础设施，培养新型农业经营主体，农场规模不断扩大。政府通过补贴、信贷等优惠政策鼓励农业土地流动、帮助农户就业。同时，农民种植结构和养殖结构发生变化，农业生产活动更加多元化，农户收益增多，也降低单一化农业经营的风险。此外，由于土地规模化经营、农业生产结构调整促使农业生产所需劳动力减少，推动农户从农业就业向非农就业转型。部分工厂从城市向乡村地区迁移，增加乡村就业岗位，就业压力得到缓解[1]。

德国的人才发展所面临的挑战主要有：第二次世界大战后大量农村人口涌入城市，导致农村空心化问题凸显；第二次世界大战后从事农业劳动的农民数量大幅下降；边远地区农村的大企业进驻不足，发展机会相对缺乏，年轻人留不住，农业从业者老龄化现象严重[2]。德国的城乡等值化试验的经验启示主要如下：

发展壮大农村经济是实现城乡等值化的基础。选择适宜当地生存和发展的项目，支撑当地企业的发展，壮大农村经济是实现城乡等值化的基础。只有农村经济发展壮大起来，农民收入提高，才能真正留住农民，也才能有更充足的资金用于改善教育、环境、交通等公共事业，从而保证农民的公共服务水平、社会保障水平、生活便利程度与城里人大体相等，真正实现"城乡等值"。

充足的资金投入是实现城乡等值化的保障。产业结构调整，完善农村基础设施，发展农村教育、改善农村环境，城乡之间的互动都需要大量的资金投入。完善农民的社会保障体系，提高农民的福利水平，都需要大量的资金支持。引入资金需要有要素匹配，农村最大的匹配要素就是土地，

---

① 高启杰，张沐．德国城乡等值化的发展理念及其对中国的启示 [J]．古今农业，2021 (4)：15-24.

② 刘荣志．德国乡村发展的做法及启示——赴德乡村建设规划标准体系培训情况报告 [J]．农村工作通讯，2019 (6)：61-64.

应该提高农地非农化在土地资产配置上的效率。

4. 加拿大：农村协作伙伴计划

自 1996 年开始，加拿大对农村发展滞后问题的重视力度逐渐加大，在 1996 年的政府工作报告中，加拿大政府宣布了复苏农村经济，并且要以符合农村需求的方式解决所面临问题的承诺。根据加拿大国会自然资源委员会 1997 年提供的研究报告《考虑农村》，制约加拿大农村发展的主要因素包括基础教育和技能的缺乏，以及基础设施和投资资金不足，相比于城市，农村能够得到的教育和培训、基础设施、资金、基本的政府服务和决策十分有限。该报告将加拿大农村发展所面临的需求总结为七方面：更好地获得教育和更加有效的培训；改善基础设施；加强资源开发；发展更多的资源增值产业；有效地促进旅游业发展；发展农村小企业；建立处理乡村发展的合理结构。并就农村所面临的这些基本问题，提出采取综合性农村政策、提供更有效的政府服务、提供教育、培训机会、改善基础设施、接入信息高速公路、改善能源结构、改善投资环境、研发、可持续发展等 37 项建议①。

1998 年，加拿大政府出台实施"加拿大农村协作伙伴计划"，此计划确定了促进农村发展的具体措施，帮助农民获得政府项目和服务、金融资源和医疗保健，加强基础设施建设以及增加农村青年就业和教育机会。1999 年加政府发布了加拿大农村联邦行动框架，明确政府促进农村发展的 11 个优先领域：获得政府的计划和服务；获得金融资源；农村青年的机会；人力资源领导能力开发和社区能力建设；农村基础设施；农村通信和对信息高速公路的利用；经济多样化；获得医疗保健；获得教育；社区

---

① 魏华，李海涛. 加拿大促进欠发达农村发展的举措 [J]. 全球科技经济瞭望，2001（8）：21-23.

发展合作伙伴关系；推动农村发展①。由图 2.5 可见，在实施"农村协作伙伴计划"之后，加拿大农场的现金总收入有了明显提高。

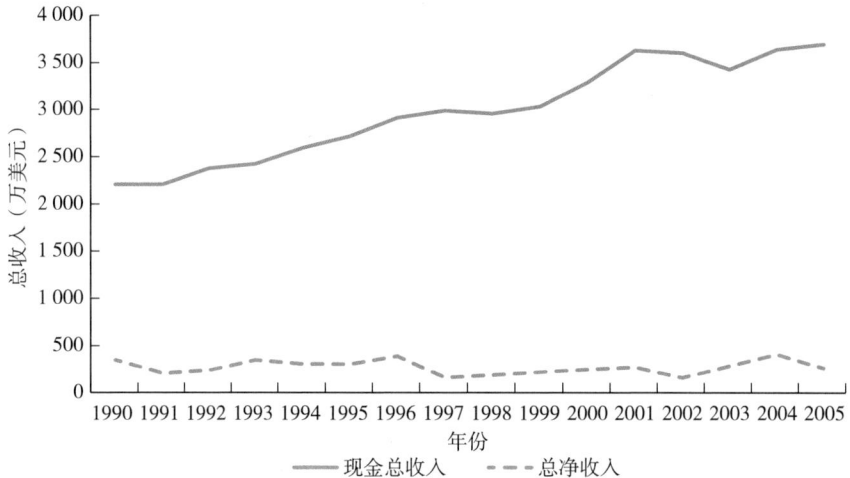

图 2.5　1990—2005 年加拿大农场收入变化情况

资料来源：加拿大统计局（https：//www150. statcan. gc. ca）。

为农村青年提供发展机会，培养农村人力资源。加拿大人力资源部将帮助雇主雇佣农村和边远地区青年作为青年就业计划的一部分，这些雇主包括工商企业，非营利机构，公共卫生和教育机构，乐团和民族委员会，以及市政府。在人力资源、领导人才培养和社区能力建设方面，联邦政府通过在社区举办培训班，培养专业人才的同时，促进农村经济产业发展。此外，加拿大国家教育普及秘书处资助了向 28 个萨斯卡通北部社区提供远程教育的项目，还资助了北部边远社区文字普及工作人员培训计划。

建立跨部门农业工作组。由农业部牵头，32 个联邦政府部门组成协调各部门在农村发展问题的跨部门工作小组，定期召开会议交流信息，保证联邦各政府部门在加拿大农村合作伙伴计划中进行合作。省市一级政府也建立由政府农村事务官员组成的"农村工作组"，与其他各级政府和机

---

① 魏华，李海涛. 加拿大促进欠发达农村发展的举措［J］. 全球科技经济瞭望，2001（8）：21－23.

构、组织商讨解决重大的农村问题。同时，加拿大还设立了农村事务协调部长，由农业部长兼任，并在农业部设立农村秘书处，负责协调和推动农村协作伙伴关系的建立和相互联系，促进农村居民与联邦政府的对话和沟通①。

直接资助农村发展项目，鼓励个人或组织到农村发展创业。农村秘书处每年根据"农村对话"②的结果，推出和资助不同主题的农村发展项目。例如 1998—2002 年开展的"试验创业项目"，围绕帮助农村居民融资、增加农村青年就业机会等主题开展。此项目投资近 1 200 万加元，分 4 批共资助了全国 307 个项目。

建立和完善面向农村居民的信息服务体系。在广大农村地区建立社区信息接入站点，方便当地居民进入各级政府的电子政务网站和其他商业和服务信息网络。在 2000 年的预算报告中，政府宣布两年拿出 1.6 亿加元规划和启动向加拿大人提供在线政府服务和促进使用电子商务的计划。农村居民通过这些网上资源一方面可以获得一般性的咨询服务，包括农村儿童保健、农村旅游、农村青年的项目和服务以及在农村地区经商创业等；另一方面，还可以就一些具体问题寻求相关信息，或向有关专家直接咨询。

加拿大的人才发展所面临的挑战主要有以下几个方面：城市化发展导致乡村人口外流问题严重；乡村青年比重低，老龄人口比例大且人口老龄化速度较快；市场推动大量乡村人口非农就业的同时，也导致低技能劳动力滞留乡村；农村缺乏对下一代领导人才的培养，领导干部数量在减少，农村居民发展领导能力的手段很少，继续活跃在农村的领导人面临越来越

---

① 赵青，杨士龙.国外经验对我国新农村建设的启示 加拿大政府成为农民发展的伙伴［J］. 北京农业，2006（7）：44.

② "农村对话"：加拿大为及时了解农村的民意和发展状况，通过定期举行的全国农村会议、农村青年对话、在线讨论、民意调查和农村工作组汇报等不同形式的活动，吸引来自农村，特别是偏远北部地区的居民同联邦政府官员进行"开放式双向交流"。讨论农村发展面临的问题、挑战和机遇，并确定需要政府优先解决的问题。

大的压力；加拿大的现代农业发展也造成了多数农民无法适应迅速变化的农业技术与市场，特别是由于缺乏必要的资源与资本，单个农民在应对农业市场化的过程中处于明显的弱势地位[①]；在教育方面，农村难以向青年提供高质量教育、缺少资金、对实用技术和知识缺乏重视。

（二）金砖国家的政策措施

1. 巴西：职业农民培育

巴西农业在国内生产总值中的比重较大，以政府主导为主，巴西在不同时期制定了不同的农业农民支持政策，相关政策发展主要可以分为3个阶段：第一阶段（1965—1985年），农业补贴阶段。此阶段农业政策资金投入累计为2 191亿美元，分别用于农业补贴和其他投资于市场的支持。第二阶段（1985—1995年），减少对农业的补贴，转向以农产品价格支持政策为主。第三阶段（1995年开始），鉴于WTO和农业总协议的签订，提高了农业市场的开放程度。此阶段出台了产品售空计划和期权合约补贴两个价格支持政策。目前，巴西农民培育相关政策包括取消"进口替代"政策、生产者支持政策、生态补贴模式、农村保险体系、信贷政策和农村基础设施建设等，其宗旨都是保护和鼓励农民的生产积极性[②]。

完善的职业农民培育组织体系。巴西成立了由农业部、教育部、人力资源部以及全国农民联盟等多个部门组成的管理委员会，负责整个巴西的职业农民培育。1991年，巴西政府成立由国家行业协会管理的私营教育机构，农业职业教育服务机构（SENAR），在管理委员会的监管下，负责在全国范围内组织、管理和实施针对农业地区青年和成年人的农村专业培

---

① 毛丹，彭兵. 市场推动、政府干预与农民行动——加拿大乡村的兴衰及启示 [J]. 浙江大学学报（人文社会科学版），2010，40（6）：33-40.

② 李逸波，周瑾，赵邦宏，等. 金砖国家职业农民培育的经验 [J]. 世界农业，2015（1）：173-176. DOI：10.13856/j. cn11-1097/s. 2015.01.037.

训和社会促进计划①。其主要职能包括：①组织、管理和实施全国农民的农村职业培训和农村社会发展。②支持雇主单位组织和制订工作场所的培训计划。③建立和传播农村职业培训和农村社会发展技术。④协调、指导和管理农村职业培训和农村社会发展计划和项目。⑤支持联邦政府农村职业培训和农村社会发展工作②。

1995 年，巴西"员工继续培训计划"（National Plan for the Further Training of Workers）开始实施，其资金来源主要依靠雇员税，由高等农业教育机构负责授课，培训对象涵盖农业企业员工、非政府组织成员、工会组织成员以及普通农民。2001 年，在职业农民教育培训方面该计划总共支出 2.72 亿美元，占总支出的 8.2%，其中 12.3%的受训者来自农业部门③，该计划还培养了大批青年农民，为巴西农业注入新鲜动力的同时，也在很大程度上缓解了巴西农村人口外流问题。

此外，巴西还设有农牧研究公司，亦称为巴西农业科学研究院（The Brazilian Agricultural Research Corporation，Embrapa），成立于 1973 年，旨在为真正的热带农业和畜牧业模式奠定技术基础，也是世界上最大的农业研究公司之一。Embrapa 在全国各地设有 40 个研究中心，其中，有 11 个国家专业研究中心，14 个国家农产品研究中心，15 个生态区域或农用林业研究中心，另外，还有 3 个特别服务中心④。国家农牧研究公司的两千多名科研人员中博士学历达到 68%，硕士学历占 30%。

农牧业推广公司（E mater）成立于 1974 年，隶属于农业部，在管理

① Rodriguez Alberto，Dahlman Carl，Salmi Jamil. Knowledge and Innovation for Competitiveness in Brazil [M]. World Bank Publications，2008，1-268.

② 李逸波，周瑾，赵邦宏，等. 金砖国家职业农民培育的经验 [J]. 世界农业，2015（1）：173-176. DOI：10.13856/j. cn11-1097/s. 2015.01.037.

③ 刘志民，吴冰. "三化"进程中农民职业教育与培训政策的国际比较 [J]. 中国农业教育，2013（1）：1-6.

④ 岳德荣，王曙明，郭中校，等. 巴西农业生产与科研推广体系 [J]. 农业科技管理，2008（5）：5-7. DOI：10.16849/j. cnki. issn1001—8611.2008.05.002.

委员会的监管下负责巴西农业新技术的推广。巴西农牧业技术推广公司拥有 2.3 万名职工（其中，技术人员 1.3 万名），在全国设有 2 500 余个办事处，其主要任务是将农牧业新技术新成果直接传授给农业生产者[1]。

制定与经济社会发展相结合的培训措施。巴西在制定和执行农民职业培训政策时，会综合考虑与经济社会发展的协调发展。国家农业职业教育服务机构在成立之初，锚定提高农民技能水平、促进社会进步的目标，将农民培训与社会整体发展相联系。

政府主导，多方参与，密切合作。除了专门机构统筹协调农民职业培训，亦有全国农业联合会、农业企业协会及巴西农业合作社等组织，各组织与农业生产者之间合作紧密，向农民传授最新的技术和科技成果。这些组织作为政府与农民之间沟通的"桥梁"，不仅要监控全国农业发展动态，还需要收集农民对农业生产、贸易的意见和建议，为政府部门制定农业政策提供参考。不仅如此，政府、私人部门与市场机制有机结合。农业职业服务机构的资金来源于农产品销售获得的税收，培训质量对农业发展乃至经济稳定具有重要影响。将培训充分与市场机制挂钩，不仅可以提升培训的效果，还可以促进农业稳定发展[2]。

出台保障支持农业发展的合理政策。巴西作为农业大国，其发达的农业、高水平的职业农民与巴西现行农业支持政策密不可分，其农业支持途径主要包括农村信贷、市场营销、风险管理以及重点行业四种[3]。其中，在重点行业方面，巴西政府为节约农业成本，增加农民收入，不断加强物流运输网络建设，建立国家仓储单位认证系统（SNCUA），计划每年提供

① 岳德荣，王曙明，郭中校，等 . 巴西农业生产与科研推广体系［J］. 农业科技管理，2008（5）：5 - 7. DOI：10. 16849/j. cnki. issn1001—8611. 2008. 05. 002.

② 张亚玉 . 乡村振兴视域下新型职业农民培育研究［D］. 福州：福建师范大学，2019. DOI：10. 27019/d. cnki. gfjsu. 2019. 001365.

③ 罗屹，肖莺，武拉平 . 巴西现行农业支持政策及近年支持水平分析［J］. 世界农业，2018（6）：77 - 85.

50 亿雷亚尔支持国家仓储计划建设。而且，由于咖啡是巴西农业的主要引擎，为支持咖啡产业，巴西专门设立由咖啡经济保护基金和政府投资的经济保护基金（Funcafe），开展咖啡研究计划。此外，于 1997 年成立的咖啡研究联盟，包括了约 50 个农村教育、研究和推广机构。

巴西的人才发展所面临的挑战主要包括：农民综合素质有待提高；农业生产技术落后，生产效率低，资源利用率低。巴西的职业农民培育的经验启示主要如下：

政府主导，建立适农培育体系。重视发挥农业高等院校、职业教育以及农业基础教育等各层次教育机构的作用，提高农民科技素质，注重年轻高素质农业人才梯队的培育。此外，无论是农业教育和推广体系中的教育、组织和管理职能，还是教育体系运行款项的筹措、分配和使用，政府都发挥着主导作用。

农科教结合，发挥其培训作用。农业高等院校不仅担负着农业领域的科研任务，还为国家培养了大批农业人才。农业科研机构在农业技术的研发、推广和普及方面一直扮演着主力军的角色，在实际工作中，农、科、教三者彼此结合，互相支撑，只有将其有机结合，才能使得作用最大化。

注重职业农民培育的立法保护。制定相应的法律不仅有利于农业生产，而且对于规范农民教育培训、保障农业教育的实施、提高农业教育的效率具有显著作用。

2. 俄罗斯："农村地区综合发展"国家计划[①]

2021 年 1 月 1 日，俄罗斯联邦农村人口为 3 595.6 万人，相比 2020 年 1 月 1 日（3 637.5 万人）有所下降。近 5 年来，俄罗斯联邦农村人口比例持续减少，从 2016 年的 25.70％下降到 2022 年的 25.10％（表 2.1）。多年来，农村住区人口两极分化持续加剧，农村人口老龄化，农村地区出

---

① 俄罗斯联邦政府发布的《Комплексное развитие сельских территорий》http：//gov.garant.ru.

生率下降，劳动年龄人口减少，农村人口不断向城市迁移。农村人口的减少既是城镇化进程加快的结果，也是农村地区经济和基础设施发展不足的结果。2013—2020 年俄罗斯联邦按居住地分列的贫困人口分布情况见图 2.6。

表 2.1 2016—2022 年俄罗斯部分地区年末农村人口占总人口的比例

单位：%

地区	时间							2022 年与 2016 年相比
	2016 年	2017 年	2018 年	2019 年	2020 年	2021 年	2022 年	
俄罗斯联邦	25.70	25.60	25.41	25.30	25.26	25.20	25.10	−0.60
中央联邦区	17.90	17.80	17.70	17.70	17.60	17.60	17.80	−0.10
西北联邦区	15.70	15.60	15.50	15.10	15.02	15.00	15.00	−0.70
南部联邦区	37.60	37.40	37.30	37.20	37.04	36.90	36.80	−0.80
北高加索联邦区	50.90	50.20	49.90	49.70	49.57	49.60	49.40	−1.50
伏尔加河沿岸联邦区	28.30	28.10	27.91	27.80	27.71	27.60	27.70	−0.60
乌拉尔联邦区	18.80	18.60	18.50	18.41	18.28	18.10	17.90	−0.90
沃罗涅日州	32.70	32.50	32.20	32.00	32.04	31.91	31.50	−1.20
伊万诺沃州	18.60	18.50	18.41	18.30	18.21	18.10	17.90	−0.70
科斯特罗马州	28.10	27.80	27.60	27.30	26.95	26.60	25.91	−2.19
库尔斯克州	32.30	32.10	31.80	31.50	31.35	31.20	31.50	−0.80
斯摩棱斯克州	27.91	28.10	28.20	28.20	28.00	27.80	27.30	−0.61
特维尔州	24.41	24.20	24.00	23.91	23.73	23.70	23.70	−0.71
沃洛格达州	27.80	27.60	27.41	27.41	27.27	27.10	27.50	−0.30
列宁格勒州	36.00	36.20	35.70	32.80	32.68	32.80	32.91	−3.09
摩尔曼斯克州	7.60	7.70	7.80	7.80	7.87	7.90	7.00	−0.60
诺夫哥罗德州	29.20	29.00	28.80	28.50	28.33	28.10	26.91	−2.29
普斯科夫州	29.30	29.10	28.91	29.00	29.06	28.91	29.10	−0.20
伏尔加格勒州	23.20	23.00	22.91	22.70	22.59	22.41	22.41	−0.79
基洛夫州	23.70	23.20	22.70	22.20	21.81	21.41	21.70	−2.00

资料来源：俄罗斯联邦国家统计局（https：//showdata.gks.ru）。

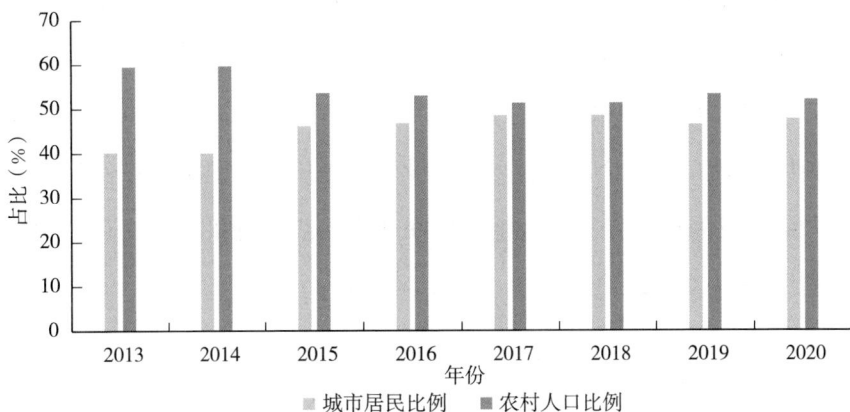

图 2.6 2013—2020 年俄罗斯联邦按居住地分列的贫困人口分布情况
资料来源：俄罗斯联邦国家统计局（https://showdata.gks.ru）。

据俄罗斯联邦部门统计，农村社会基础设施存在数量减少的趋势。例如，文化休闲类组织的数量从 2018 年底的 37 852 个减少到 2019 年底的 37 601 个。市政教育基础设施信息、医疗预防机构数量从 2018 年底的 38 083 个减少到 2019 年底的 37 961 个，体育设施从 2018 年底的 96 068 个减少到 2019 年底的 95 882 个。少年儿童体育学校从 2018 年底的 1 277 所减少到 2019 年底的 1 228 所。

2019 年 5 月 31 日，俄罗斯联邦政府审议通过《2020—2025 年乡村全面振兴国家纲要》，并于 2020 年开始实施。该计划的主要任务包括：为农村人口提供负担得起和舒适的住房，在农村地区建立和发展基础设施，在农村地区发展劳动力市场（人力资源），为农村地区综合发展提供分析、规范和方法支持，确保俄罗斯联邦"农村地区综合发展"国家计划实施，确保农民教育保障、医疗保健、文化服务以及满足居民的其他需求。

到 2025 年，该计划拟实现 3 个目标：①农村人口占俄罗斯联邦总人口的比例达到 25.2%；②城乡住户月均可支配资源比例提高至 72.8%；③农村地区舒适生活区总面积的比重达到 48%。

国家财政资金补助。"农村地区综合发展"国家计划的资金部分来源于俄罗斯联邦预算，资金补贴主要用于"保护人民、健康和福祉；发展人才；实现舒适和安全的生活环境"三方面，其中"发展人才"主要有以下措施：创建、重建（现代化）、改革学前教育和普通教育组织，文化发展中心和传统手工艺品发展中心，体育设施，提供初级卫生医疗；为实现农村地区综合发展提供专家，为俄罗斯联邦农业部教育机构以及有针对性的培训提供补贴（表 2.2）。

表 2.2 "农村地区综合发展"国家计划联邦财政支持情况

项目	部门目标计划、部门项目名称	2020—2025 年财政支持金额
农村地区综合发展的分析、规范和方法保障	确保国家对农村地区的监测	4 亿卢布（0.02%）
	农村综合发展的分析和信息支持	4 亿卢布（0.02%）
为农村人口提供负担得起和舒适的住房	发展农村地区住房建设，改善家庭居住条件	10 585 亿卢布（46.26%）
在农村地区发展劳动力市场（人力资源）	促进农村人口就业	3 179 亿卢布（13.89%）
在农村地区建立和发展基础设施	现代农村景观	6 900 亿卢布（30.16%）
	发展农村运输基础设施	900 亿卢布（3.93%）
	农村地区的改善	1 223 亿卢布（5.35%）
	农村地区工程基础设施的发展	82 亿卢布（0.36%）
确保实施俄罗斯联邦"农村地区综合发展"国家计划	—	—

资料来源：根据《Комплексное развитие сельских территорий》（http：//gov.garant.ru）的数据整理。

发展乡村人力资源。为促进生活在农村地区的人口就业，国家向在农村地区经营的企业家提供支持和帮助，与企业共同承担资助执行综合发展措施所产生的费用。对于学徒合同或实习，政府报销与俄罗斯农业部、联邦渔业署及联邦兽医和植物卫生监督局签订合同的大学学生的 90% 费用，报销与全俄教育专业分类相对应的农业专业学生合同下实际费用的 30%[①]。至 2026

---

① 俄罗斯联邦农业部.https：//xn-j1amde.xn-p1ai/.

年初，确保 70%的适龄劳动人口接受再培训，提高乡村就业率；将乡村劳动适龄人口的失业率降至 6.5%以下。

加强乡村基础设施建设及改造工作。至 2022 年，铺设天然气管网不低于 1 480 千米；自来水管铺设达到 1 300 千米；2020—2021 年为乡村人口聚集区落实至少 20 个基础设施项目。至 2026 年，确保乡村交通基础设施投入使用或维修纳入国家公路网的乡村公路，维修并投入使用的里程不少于 2 580 千米。至 2026 年，实施乡村基础设施改造项目 31 300 个。

俄罗斯的人才发展所面临的挑战主要包括：乡村人口流失，乡村人力资源短缺，农村失业率有待降低；俄罗斯农村劳动人口受教育程度普遍不高，据统计，当前俄罗斯全体就业人口中，受过高等教育者占 33.5%，受过中等职业教育者占 45.1%，而俄罗斯农业就业人口中，上述比例分别为 11.6%和 41.3%，在农业专业技术人员中，年轻专家所占比例也相对较低[①]；农业科技和教育的投入不足，造成农业科研机构和教育机构萎缩，世界水平的现代农业和高科技农业专业人员短缺。以 2013 年为例，俄罗斯的农业科研拨款仅为美国的 1/60。俄罗斯"农村地区综合发展"国家计划的经验启示主要如下：

有效的政府财政支持。俄罗斯大多数农村地区目前的社会经济发展水平仍然很低，农村居民的生活质量明显低于城市。几十年来，由于财政和经济基础不足，地方自治机构无法有效解决农村发展问题，而从联邦政府层面规定分配大量财政资金能够有力解决广泛的农村问题。

推进乡村人力资源及人才队伍建设。推进乡村基础设施建设，为农民技能培训提供保障。通过资助农村企业，为农民创造更多实习培训机会，促进农村劳动力就业。

---

① 中国农村研究网．http：//ccrs.ccnu.edu.cn/List/Details.aspx？tid=9243.

3. 中国：农村科技特派员

改革开放后，农业科技在农村经济发展和农民脱贫致富中所占的地位越发重要。然而，过去的农业技术推广体系远远无法满足广大农民对先进农业科技的迫切需求，也极大地限制了农村生产效率的提高和现代农业的发展①。1998 年，为破解闽北的"三农"问题，福建省南平市决定选派农业科技人员直接下乡为农民服务，向农民提供技术指导和技能培训服务。2002 年，时任福建省省长的习近平同志，对南平市向农村选派村党支部书记、科技特派员、乡镇流通助理的工作进行专题调研后，指出南平市的这种做法是"对市场经济条件下创新农村工作机制的有益探索，值得认真总结"。同年，科技部总结福建南平科技特派员实践经验，在宁夏、陕西、甘肃、青海、新疆等西北五省区开展科技特派员试点工作。

2009 年 6 月，科技部等部门联合出台《关于深入开展科技特派员农村科技创业行动的意见》，启动科技特派员农村科技创业行动，并明确提出双重任务，一是在农业产业发展上，鼓励科技特派员整合各类资源去创业；二是建立和完善农村社会化科技服务体系来支持创业，推动科技特派员农村科技创业行动在全国深入地开展。2016 年 5 月，国务院办公厅印发《国务院办公厅关于深入推行科技特派员制度的若干意见》，这是首次在国家层面对科技特派员工作作出制度安排，政策中明确指出农村科技特派员有三个重点任务：切实提升农业科技创新支撑水平、完善新型农业社会化科技服务体系、加快推动农村科技创业和精准扶贫②。在 2021 年，国务院办公厅印发《关于加快推进乡村人才振兴的意见》中再次指出，要"完善科技特派员工作机制，拓宽科技特派员来源渠道，逐步实现各级科

---

① 巫素芳，梁俊芬，罗伟雄，等. 广东农村科技特派员制度实施现状与发展对策 ［J］. 热带农业工程，2021，45（2）：109－113.

② 国务院办公厅关于深入推行科技特派员制度的若干意见 ［J］. 中华人民共和国国务院公报，2016（15）：22－25.

技特派员科技服务和创业带动全覆盖"。

所谓科技特派员，是指经地方党委和政府按照一定程序选派，围绕解决"三农"问题和农民看病难问题，按照市场需求和农民实际需要，从事科技成果转化、优势特色产业开发、农业科技园区和产业化基地建设以及医疗卫生服务的专业技术人员。

完善科技特派员选派政策[①]。普通高校、科研院所、职业学校等事业单位对开展农村科技公益服务的科技特派员，在 5 年时间内实行保留原单位工资福利、岗位、编制和优先晋升职务职称的政策，并将其工作业绩纳入科技人员考核体系；对深入农村开展科技创业的，在 5 年时间内保留其人事关系，与原单位其他在岗人员同等享有参加职称评聘、岗位等级晋升和社会保险等方面的权利，期满后可以根据本人意愿选择辞职创业或回原单位工作。结合实施大学生创业引领计划、离校未就业高校毕业生就业促进计划，动员金融机构、社会组织、行业协会、就业人才服务机构和企事业单位为大学生科技特派员创业提供支持，完善人事、劳动保障代理等服务，对符合规定的要及时纳入社会保险。

健全科技特派员支持机制[②]。鼓励高校、科研院所通过许可、转让、技术入股等方式支持科技特派员转化科技成果，开展农村科技创业，保障科技特派员取得合法收益。通过国家科技成果转化引导基金等，发挥财政资金的杠杆作用，以创投引导、贷款风险补偿等方式，推动形成多元化、多层次、多渠道的融资机制，加大对科技特派员创业企业的支持力度。引导政策性银行和商业银行等金融机构在业务范围内加大信贷支持力度，开展对科技特派员的授信业务和小额贷款业务，完善担保机制，分担创业风险。吸引社会资本参与农村科技创业，办好中国农业科技创新创业大赛、

---

①②　国务院办公厅关于深入推行科技特派员制度的若干意见 [J]. 中华人民共和国国务院公报，2016 (15)：22 - 25.

中国青年涉农产业创业创富大赛等赛事，鼓励银行与创业投资机构建立市场化、长期性合作机制，支持具有较强自主创新能力和高增长潜力的科技特派员企业进入资本市场融资。对农民专业合作社等农业经营主体，落实减税政策，积极开展创业培训、融资指导等服务。

为农民开展技术培训。农村科技特派员通过与村内进行有效沟通，根据对接村的不同需求，进而开展不同层次、面向不同人群的各类培训班，提高农民科学文化素质。通过技术培训，可以构建高效畅通的信息交流渠道，在与农户的交流过程中，特派员可发现一些农业生产中的技术问题，进而在日常科研工作中有针对性地探索、解决村民的技术问题。同时，农户可将获得的新技能、新技术、新理念运用到实际生产生活中，真正实现增产增收[1]。

中国农村的人才发展主要面临两方面的挑战：一是传统农业技术体系无法满足农民对先进农业科技的需求，极大限制了农村生产效率提高和现代农业发展[2]；二是农村发展缺乏科技服务支撑，阻碍农业产业发展的技术瓶颈有待突破。农村科技特派员制度的经验启示主要如下：

强化组织领导。发挥科技特派员农村科技创业行动协调指导小组作用，加强顶层设计、统筹协调和政策配套，形成部门协同、上下联动的组织体系和长效机制，为推行科技特派员制度提供组织保障。各地方要将科技特派员工作作为加强县市科技工作的重要抓手，建立健全多部门联合工作机制，结合实际制定本地区推动科技特派员创业的政策措施，抓好督查落实，推动科技特派员工作深入开展。

对接农村发展需求。科技人员和基层需求的有效对接是科技特派员工

---

[1] 许舒娴. 农村科技特派员助推乡村振兴的思考与对策 [J]. 现代农业研究，2022，28（8）：22-24.

[2] 巫素芳，梁俊芬，罗伟雄，等. 广东农村科技特派员制度实施现状与发展对策 [J]. 热带农业工程，2021，45（2）：109-113.

作成功与否的关键。为此，突出重点做好供需对接。一是挑选优秀人员。派出单位在组织发动的基础上，实行个人报名、部门推荐，提出专业特点和拟去县乡的意向，供组织挑选。二是乡镇提出要求。各乡镇根据当地产业特点和发展高效生态农业的需要，提出急需选派的科技人才要求。三是实行双向选择。科技特派员办公室根据派出单位和乡镇的意见，经过反复联系协商，确定科技特派员下派计划①。

加大政府扶持力度。农村科技特派员工作要取得成效，实现农民增收，需要科技的长期支持，更离不开大量的资金作保证。一方面政府部门要不断加大资金扶持力度，另一方面应充分引入市场机制和社会资源，发挥科技金融在农村科技特派员工作中的作用。

（三）欠发达国家和地区的政策措施

1. 斯里兰卡：弱势群体职业教育国家战略

2010 年，斯里兰卡持续了近 30 年的种族冲突逐渐得到和平解决，经济日益好转。斯里兰卡政府出台的"马欣达愿景"（Mahinda Chinthanaya）阐述了政府在减贫、改善人民福祉、加强社会资本形成以及保障弱势群体的重要关切，并强调了职业培训的重要性。对于斯里兰卡的青年，尤其是来自贫困家庭、种植园和贫困高发地区的青年，由于受教育程度低、职业培训中心位置障碍、流动性限制等原因，在接受职业培训方面受到影响。2010 年，斯里兰卡职业教育委员会等出台了《弱势群体职业教育国家战略行动计划》[National Strategy on TVET Provision for Vulnerable People in Sri Lanka（Strategies and Action Plans）]，面向"妇女、残疾人、童工、穷人、受战争影响者、外来人口"六类弱势群体提供技能培训

---

① 叶祥发. 浙江农村科技特派员制度 10 年实践与启示 [J]. 中国农村科技，2013（7）：64-67.

（表 2.3）。该战略认为弱势群体的培训是实现包容性经济社会发展的国家的优先事项，通过建立信息系统以协调行动和绩效评估，确保充足的资金、建立职业指导和咨询、扩大培训提供的覆盖范围和课程种类、采取灵活创新的培训方法、提供生计和生活技能培训、将培训与支持就业结合起来、在培训机构内部发展包容性文化等措施保障战略的实施推进。

表 2.3　斯里兰卡职业培训面向的六类弱势群体

弱势群体	"致贫"的主要原因
妇女（单亲家庭、失业妇女、非正规部门就业女性）	性别、家庭状况、经济社会限制、受教育程度低
残疾人	残疾（身体、精神）
童工、辍学/失业青年、非正规部门就业青年	年龄、失业、社会经济边缘化、受教育程度低
穷人（城市、农村、种植园地区的人）、非正规部门就业工人	地理限制、受教育程度低
流离失所者和受战争影响者	受战争和自然灾害影响、地理边缘化
外来人口	缺乏职业资格、能力不被承认

资料来源：TVEC. National Strategy on TVET Provision for Vulnerable People in Sri Lanka (Strategies and Action Plans) ［EB/OL］．（2016－07－13）［2023－06－20］．http：//www.tvec.gov.lk.

斯里兰卡人口普查和统计局数据表明，官方贫困线以下的人口达到总人口的 15%，而农村又是斯里兰卡贫困问题发生的重灾区，80% 以上的穷人生活在农村地区。由于职业培训中心的地理分布不均衡，贫困发生率越高，职业培训中心的数量就越少。位于贫困发生率较高地区的职业培训中心的课程种类也往往有限，这就导致临时就业/初级职业培训对减贫的影响较小。此外，经济困难也是学员退出职业培训课程的一个关键因素，由国家和私营职业培训中心开办的一些收入潜力较高的职业课程（如信息技术）是收费的，也直接限制了较贫困阶层的入学机会。所以，大多数穷人被排斥在初等和中等教育之外，受教育程度低。

增加农村职业培训中心数量。特别是经济落后地区，确保所有经济贫困地区都能获得职业培训。在有职业培训中心的情况下，引入与劳动力市场相关的课程并提高课程质量，并增加在周边地区寻找高收入工作的机会。

制度化培训扶贫方法。职业机构管理层和决策者需要在培训文化和方法上有所转变，不仅需要满足正规经济行业要求的特定培训需求，也要满足非正规劳动力市场需求。尤其是生计技能和创业发展服务，通过主流职业培训中心、商会以及非政府部门培训和创业企业之间的伙伴关系，帮助穷人在非正规部门和微小企业就业。

灵活创新针对种植业劳动力市场和受益群体的培训课程。通过学徒制、基于工作场所的培训等替代培训模式，特别是引入与种植园工作机械化相关的课程等，增加种植园青年参与职业技术培训的机会，以满足种植园职位空缺。为参与种植园职业培训的青年提供生活补贴，如交通、饮食、住宿等。

斯里兰卡的人才发展面临的挑战主要包括：贫困地区青年受教育程度亟待提高；职业培训机构数量及质量有待增加；早期的免费教育政策偏重基础教育，接受高等教育及专业技能的机会较少。其弱势群体职业教育国家战略的经验启示主要有如下几个方面：

全纳视角：职业教育对象厘定与战略制定。在职业教育对象厘定方面，斯里兰卡并未局限于国际通用的"人均年收入"标准，而是从相对宽泛的"弱势群体"视角对职业教育扶贫对象进行界定，由此扩大了职业教育的受众面，确保职业教育对象的全纳性。

发挥合力：职业教育相关机构的协同合作。斯里兰卡职业教育的协同机制可以概括为"多层级、跨部委"。所谓"多层级、跨部委"，是指由"国家协调委员会—项目管理委员会—专门工作小组"3个层级和主要部委组成的职业教育管理架构。其中，国家协调委员会处于管理架构的顶端，它负责统筹协调各个项目管理委员会，主要履行制定扶贫决策、批准项目规划、监管项目执行等几项职责。项目管理委员会通过建立资源共享网络，有效整合多个相关部委的资源，确保扶贫项目的协调推进。专门工作小组负责更加具体的扶贫事务，主要包括制定具体的职业教育方案，提供细致的项目执行建议，并将方案和建议提交国家协调委员会与项目管理委员会参阅。"多层级、跨部委"的协同机制使合力作用自上而下传导，在实施框架层面也得到了充分展现（表 2.4）。

表 2.4 斯里兰卡职业教育管理相关部门负责情况

部 门		项目管理委员会				
		妇女	残疾人	童工	穷人	外来人口
国际劳工组织	ILO	√	√	√	√	√
加拿大世界大学服务中心	World University Services of Canada	√	—	—	—	√
妇女研究中心	Centre for Women's Research	√	—	—	—	—
劳动关系和人力资源部	Ministry of Labour Relations and Manpower	—	√	—	—	√
国家学徒和工业培训局	National Apprentice and Industrial Training Authority	—	√	—	—	—
残疾组织联合阵线	Disability Organizations' Joint Front	—	√	—	—	—
社会事务和福利部	Ministry of Social Services and Social Welfare	—	√	—	—	—
国家儿童保护局	National Child Protection Authority	—	—	√	—	—
社区发展和消除社会不平等部门	Ministry of Community Development and Social Inequity Eradication	—	—	—	√	—
人道主义机构联合会	Consortium of Humanitarian Agencies	—	—	—	√	—
技术教育与培训部	Department of Technical Education and Training	—	—	—	√	—
移民和救灾事务部	Ministry of Resettlement and Disaster Relief Services	—	—	—	—	√
协调和平进程秘书处	Secretariat for Coordinating the Peace Process	—	—	—	—	√
职业训练局	Vocational Training Authority	—	—	—	—	√

资料来源：TVEC. National Strategy on TVET Provision for Vulnerable People in Sri Lanka (Strategies and Action Plans) ［EB/OL］．（2016 - 07 - 13）［2023 - 06 - 20］. http：//www. tvec. gov. lk.

2. 巴基斯坦：全民教育计划

巴基斯坦是一个发展中国家，正稳步从以农业为基础的经济转型为以工业和服务业为主导的发展模式。在过去的发展中，由于巴基斯坦大部分预算用于应对国家安全和贷款利息的挑战，导致在促进经济增长、满足人民基本需求，如教育、卫生、社会服务等方面基础设施建设的投资相对较少，由此引致一系列严重的发展问题。同时，快速增长的人口也加剧了公共资源的短缺，文盲、人口快速增长和经济发展缓慢加重了失业，阻碍经济社会正常运行。不同省份、城市与农村、男女之间的教育指标存在较大差异。1998 年，巴基斯坦农村地区 10 岁以上男性识字率 46.4%，女性仅有 20.1%（表 2.5）。

表 2.5　1998 年巴基斯坦 10 岁以上群体识字率

单位：%

	城市		农村		全国		
	男	女	男	女	男	女	两者
巴基斯坦	70.0	55.2	46.4	20.1	54.8	32.0	43.9
伊斯兰堡	83.2	69.7	75.1	48.8	80.6	62.4	72.4
旁遮普省	70.9	57.2	50.4	24.8	57.2	35.1	46.6
信德省	69.8	56.7	37.9	12.2	54.5	34.8	45.3
西北边境省	67.5	39.1	47.7	14.7	51.4	18.8	35.4
俾路支省	58.1	33.1	25.8	7.9	34	14.1	24.8

资料来源：根据 *Pakistan Population Census Report*（1998）的数据整理。

2000 年，由联合国教科文组织、美国国际开发署、联合国人口基金、联合国儿童基金会和世界银行召开的达喀尔世界教育论坛汇集了来自 182 个国家以及主要发展机构的与会者，承诺到 2015 年实现全民教育。为积极响应卡塔尔行动，巴基斯坦政府于 2003 年出台了《全民教育计划 2001—2015》，该计划主要目标有基础教育、成人扫盲、幼儿教育三个方面，具体内容为：帮助农村和城市地区的弱势群体，重点是失学女童、文盲女童和妇女；促进基层社区参加和拥有基础教育；以及提高儿童、青年和成人的学习成绩，提高基础教育的相关性和质量。该计划与巴基斯坦减贫和发展战略明确挂钩，从而在基础教育和注重技能发展的战略之间建立联系。

全面系统的教育政策。出于对现代教育新趋势和国家新需求的考虑，巴基斯坦政府颁布实施《国家教育政策（1998—2010）》（The Current National Education Policy），要求提高基础教育质量、有效利用及增加教育设施和服务来增加接受基础教育的机会、减少城乡不平衡、增加基础教育资金来源多样性、提高成人识字率、制度化小学教育等方面。2001 年，巴基斯坦国家经济委员会批准了《国家十年远景发展计划（2001—2011年）》，侧重于经济增长框架、减贫和人类发展、克服干旱振兴农业，以及公共部门投资四个领域。其中，减贫和人类发展是该计划的优先领域，并有针对性地制定了详细战略：减贫战略、就业政策、教育和培训、科学与技术、信息技术等。不仅如此，立足于国家客观条件，巴基斯坦还进行了教育部门改革（2001—2005 年），旨在增加各级教育机会、促进公平、提高质量。改革反映了教育部与跨部门利益相关者广泛协商的成果，产生了600 多个合作伙伴，并启动一个团队推进进程，以便充分调动各省级政府、联邦财政部、省级教育部、省级规划和发展部门、非政府组织，以及私营部门[①]。

免费教育和激励措施。2004 年，巴基斯坦开始取消学费，向公立学校（包括正规和非正规）的学生提供免费课本，此后所有省份（地区）也都遵循该方法；对少数几个选定农村地区的初高中女学生每月提供奖学金或补助；为高出勤率的女学生和他们的老师提供食用油，以激励她们接受教育；在特定学校提供免费午餐。

---

① Ministry of Education. National Plan of Action on Education for All（2001—2015）；Pakistan. https：//planipolis. iiep. unesco. org/2003/national-plan-action-education-all-2001—2015-pakistan-3617. 2003：7 - 13.

注重与相关部门合作。其他相关政府部门、民间组织和社区领袖的参与加强了不同部门之间的伙伴关系（表 2.6），为其他利益相关者的意见表达、检查新措施可行性创造机会。

表 2.6　巴基斯坦全民教育计划的利益相关者

	举　例
政府部门	妇女发展部、社会福利部、规划与发展部、财政部和省际协调部等相关部委等
民间组织	非政府组织、媒体和专家等
国际发展伙伴	全民教育国际发展伙伴论坛等

资料来源：Ministry of Education，Education for All 2015 National Review Report：Pakistan. https：//unesdoc. unesco. org/ark：/48223/pf0000229718. 2014：10 - 11.

提高教育公平性。首先，强调两性不平等问题，提高女性受教育机会，增加农村地区女子学校数量，并采取激励措施鼓励女性接受教育，由此也提高了教育工作者、民间组织和社区对女性教育的重视程度。其次，重视农村地区教育条件改善，通过增加教师数量、教育资金补贴、欠发达地区教育质量，加强教育监管等途径，增加农村受教育机会以及入学率。

巴基斯坦的人才发展面临的问题主要有以下几个方面：政府教育资金投入不足，农村教育设施和服务供应不足；受教育机会缺乏，农村地区对于高质量教育，尤其是技能教育需求大；消除学校入学性别不公；教师不足、工资低，大部分教师职前和在职培训不足。巴西的全民教育计划的经验启示主要如下：

免费初等教育权立法。通过宪法修正案，承认所有儿童免费义务接受初等教育是一项基本权利，这也是巴基斯坦倡导全民教育的一个重要成果。一些省份已经颁布法律来执行这一宪法规定，而其他省份正在制定过程中。这项立法有助于数百万失学儿童入学。

采取教育激励措施。巴基斯坦所有省份在 2000 年取消了收取学费，并开始向所有公立学校的学生免费分发教科书。这是巴基斯坦全民教育战略的一个重要里程碑和历史性成功，直接促进小学入学率的提高，因为贫困父母承担的直接上学费用减少了。在俾路支省、和信德省的贫困家庭和偏远地区的小学，食用油被作为一种提高女孩的入学率和出勤率的激励工具。

创建评估教育质量的组织。巴基斯坦同意建立国家教育评估系统（NEAS）与省级对口机构，即省级教育评估中心。2004 年成立的这个新机构进行了一系列调查研究，以衡量不同学科学生的学习质量及其在性别和不同地区的差异。

3. 肯尼亚：青年赋权项目

20 世纪 90 年代后期，世界银行发布《教育战略》，说明教育对减贫的重要性：发展中国家需要更多受过良好教育的人才，个人需要更多的技能和信息以应对竞争和发展，以便更好地满足不断变化的劳动力市场需求[1]。2005 年，世界银行推出了新的国际援助战略，提出教育是国家经济发展、创造就业和建立和谐社会的基础。世界银行应帮助发展中国家，尤其是极度贫困人口率较高的非洲国家，最大限度地发挥教育部门对经济增长和减贫的作用，同时还要加大教育对知识经济的支持力度[2]。2003—2007 年，肯尼亚经济开始好转，但仍有大量贫困和失业人口，且主要是青年问题，青年失业已经成为肯尼亚面临的一个重大挑战，如高失业率和就业不足率（图 2.7）。青年的总体失业率是成年人平均失业率的 2 倍，约21%。数据显示，2006 年，肯尼亚至少有一名失业青年的家庭的贫困率为55%，而所有家庭的贫困率为46%[3]。根据世界银行在 2005—2010 年对肯尼亚贫困和不平等评估调查结果发现：失业青年是肯尼亚的主要弱

① 闫温乐. 世界银行教育援助研究：特征、成因与影响 [D]. 上海：华东师范大学，2012：63.
② 殷敏. 世界银行对非洲教育援助政策研究 [D]. 金华：浙江师范大学，2011：25.
③ World Bank. Implementation Completion and Results Report [EB/OL]. https://documents.worldbank.org/curated/en/710301471883981006/pdf/ICR00003730 - 08042016.pdf/2018 - 12 - 12.

势群体之一，极度贫困人口中失业青年占很大比例①。由此，世界银行确定优先对肯尼亚青年群体进行援助。

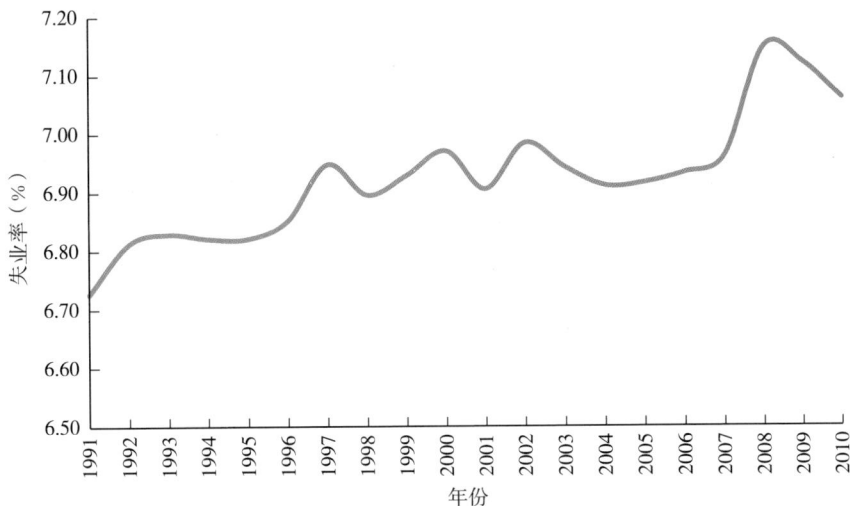

图 2.7　肯尼亚 1991—2010 年 15～24 岁青年失业率
资料来源：世界银行数据库（https：//databank. worldbank. org）。

2010 年 5 月 20 日，肯尼亚政府在世界银行 1 703 万美元专项资金的资助下，于内毕罗、蒙巴萨和基苏木三个城市相继实施肯尼亚青年赋权项目（Kenya Youth Empowerment Project，KYEP），这是一项肯尼亚政府为解决本国贫困和失业状况、努力改善青年就业环境、增加青年就业机会、满足青年在技能发展方面的需求、提高青年就业能力和适应能力而实施的职业教育培训项目。

数据表明，KYEP 项目惠及了 20 384 名（47％为女性）青年接受培训，到 2016 年培训结束时，78％的青年完成实习并被雇用或进行创业②。与没有进行 KYEP 培训的青年相比，参加了该项目青年就业增长

---

①② The World Bank. Implementation Completion and Results Report［EB/OL］. https：// documents. worldbank. org/curated/en/710301471883981006/pdf/ICR00003730 - 08042016. pdf/2018 - 12 - 12.

率高达 14.2%①，平均收入增加了 90%（表 2.7）。

表 2.7　肯尼亚 KYEP 指标完成情况

指标	初始目标值	实际完成值
指标 1	完成实习并立即被实习雇主或新雇主雇佣，或创业的比例	
数值	35%	78%
实现日期	2010/05/05	2016/02/28
注释	超额完成。男性的这一比例为 83%，女性为 74%，总体平均水平为 78%。实际完成值为初始目标值的 153%	
指标 2	实习结束 6 个月后受雇或自营职业的比例	
数值	50%	76%
实现日期	2010/05/05	2016/02/28
注释	超额完成。男性的这一比例为 82%，女性为 70%，总体平均水平为 76%。实际完成值高出初始目标值的 52%	

资料来源：Kenya-Youth Empowerment Project（English）. Washington, D. C.：World Bank Group. http://documents. worldbank. org/curated/en/710301471883981006/Kenya-Youth-Empowerment-Project.

　　面向青年开展技能培训。KYEP 的培训对象主要是 15～29 岁的失业青年、受过高等教育但长期处于失业状态的青年。培训在 2011—2016 年共实施 8 轮，每轮历时 6 个月，由 3 个月职业技能培训和 3 个月实习组成。其中的技能培训包括三个主要阶段：

　　第一阶段旨在加强生活技能培训，为期三周，包括使青年注重自我意识、自尊、决策、沟通、领导能力、人际交往能力、个人管理能力的体验培训和应对技能、职业健康、急救、面试、简历撰写技能、工作道德等的训练。

　　第二阶段重点加强核心业务技能培训，为期三到五周，共提供八个模块的学习内容，包括信息和通信技术、关怀客户、沟通、业务实习、礼仪、市场营销、人力资源管理和财务，通过核心业务技能培训，能使青年

---

① KEPSA：The Voice of Private Sector in Kenya——Kenya Youth Empowerment Project〔EB/OL〕. https：//kepsa. or. ke/kyep/2018 - 12 - 3.

具备商业、财务和管理技能，这些技能培训的重点在于培养青年对理论性知识熟练应用能力。

第三阶段致力于特定部门技能培训，在经历了生活技能和核心业务技能培训后，青年将获得为期五周的技术技能培训，其中包括为期两周的创业技能培训，包括商业计划发展、竞争和师徒制等内容，以使青年获得与劳动力市场和具体岗位相匹配的技术技能。培训结束后，青年要在正规和非正规部门获得为期 12 周的实习工作，以获得相关工作经验。实习生被安置在《肯尼亚愿景 2030》中提出的优先发展部门，如能源、金融、旅游、信息和通信技术、制造业和中小企业①。

出台相关政策保障计划有效实施。肯尼亚的国家青年政策和青年政策规划主要由青年事务和体育部负责，相关政策包括：一是为青年事务和体育部工作人员（特别是地方青年发展官员）制定和实施培训计划；二是发展和实施社会审计，以提高 KYEP 培训和实习部分的透明度和问责制；三是开展沟通活动，提高青年对 KYEP 的认识；四是通过向全国青年理事会提供技术援助并进行分析工作，支持青年政策的制定。2011 年 KYEP 进行重组后，增加了如下相关内容：一是加强对工匠大师的培训；二是通过增加官员参与项目管理，提高对私营部门联盟执行能力的支持力度；三是将由私营部门联盟执行的交流活动的预算从青年事务和体育部转移到私营部门联盟；四是青年事务和体育部承担了与整个项目有关的交流活动；五是社会审计被取消，因为培训和实习部分在实施过程中已经包含了一些额外的监督和评估活动；六是增加政策方面的研究②。

"国际组织—政府—专业组织"联合培训。KYEP 培训是由世界银

---

① The Kenya Youth Empowerment Project [EB/OL]. https：//kepsa. or. ke/kyep/2021 - 08 - 28.

② 乞佳 . "一带一路" 倡议下职业教育的历史发展与培训模式借鉴——基于世界银行 "肯尼亚青年赋权项目" 的研究 [J]. 天津商务职业学院学报，2021，9（6）：10 - 18. DOI：10.16130/j. cnki. 12 - 1434/f. 2021.06.002.

行—政府—专业组织合作的公私合作伙伴协同管理的。世界银行在培训项目评估、选定、准备、谈判、监督和鉴定几个方面对 KYEP 进行宏观管理；肯尼亚政府在 KYEP 实施和运行层面上进行宏观监督和调控，并将培训的实施与评估情况定期形成报告上报给世界银行；专业组织包括 KEPSA、NITA、第三方培训机构、私营企业雇主和工匠师傅。其中，由 KEPSA 具体负责整个培训与实习的组织、实施、管理和监控过程，包括选拔参与者、聘请合格的第三方培训机构、动员私营企业参与培训、监督管理以及每轮培训周期结束后的追踪评估。第三方培训机构主要负责实施为期三个月的职业技能课堂培训和培训执行报告。私营企业雇主主要为青年提供实习岗位①。

肯尼亚的人才发展所面临的问题很多，例如，农村地区青年失业现象普遍，就业机会不足，技能不足；农业人口老龄化严重；贫困加剧了农村教育和培训机会的不足；缺乏土地、资金和信息技术指导机会；支持青年农业创业的政策不足，既有政策较为零散且覆盖率低。其青年赋权项目的经验启示主要如下：

采用"国际组织—政府—专业组织"合作培训模式。对世界银行而言，一方面，帮助肯尼亚通过产教融合的职业教育培训模式解决青年失业问题，是推进其消除贫困，促进共同繁荣目标达成的重要实践。另一方面，KYEP 的成功为世界银行开创了一种新的模式，以便其日后在非洲乃至世界其他国家推行相类似的培训项目，以实现减贫目的。

对政府而言，一方面，解决青年就业问题是平衡社会与经济、文化均衡发展不可忽视的问题，也是现阶段以及今后政府的工作重点之一；另一方面，政府在制定政策方面，能够起到监督和指导的关键作用，政

---

① 乞佳．教育减贫视角下世界银行非洲青年职业技能培训模式研究［D］．长春：东北师范大学，2021．DOI：10.27011/d.cnki.gdbsu.2021.001649.

府有足够的领导力和调控能力，可以保证青年就业培训和实习的持续进行。

对私营企业而言，一方面，青年是劳动力市场的主力军，私营企业非常重视进入到劳动力市场的青年是否具备与工作岗位相匹配的素质与技能，也十分需要高素质青年进入劳动力市场，从而提高自身的信誉；另一方面，私营企业能够迅速适应不断变化的市场需求，明确市场需要人才应具备何种素质和技能，能够激励各行各业雇主加入青年培训与实习项目，愿意参与青年就业培训的实施，扩大培训和实习的影响，反馈青年就业培训与实习的结果。

注重项目的实施成效。首先，KYEP 启动前，世界银行就在肯尼亚对青年就业问题做了大量的分析和调查，得出了有关青年就业问题的大量数据，并与联合国开发计划署、国际劳工组织、美国国际开发署等一些活跃在肯尼亚的若干发展伙伴合作共同筹备青年就业培训项目。

其次，KYEP 设计吸取了其他国家和地区类似项目以及在肯尼亚国内实施项目方面的一些经验教训，如吸引雇主和私营部门界定技能是确保培训活动质量的关键；利用市场竞争机制灵活引进培训机构；在职业和技术技能方面引入生活技能是项目成功的关键等。再次，在项目实施过程中，肯尼亚政府协同私营部门联盟，将参加受训后青年的就业能力与企业自身偏好、条件相匹配，将市场就业信息及时传递给需要就业的青年，降低就业信息壁垒。最后，在项目结束后，总结实践经验，更加有效地为青年就业与发展提供政策服务。

4. 埃塞俄比亚：教育部门发展计划

1991 年，埃塞俄比亚结束了持续 13 年的内战，新政府立即启动了宏观经济改革计划，帮助稳定经济。此时埃塞俄比亚的教育面临诸多问题，如教育质量日益降低，辍学率和留级率高，教育管理效率低，教育经费不足，教育机会分配不均。1995 年，全国小学入学率为 26.2%，中学入学率仅有 7.4%，全国职业教育学校仅有 17 所①。为此，埃塞俄比亚政府出台了《教育和培训政策（1994—2016 年）》（Education and Training Policy，ETP），其目标侧重于增加教育公平和受教育机会，提高教育质量等。1997 年，为落实 ETP，政府出台了《教育部门发展计划》（Education Sector Development Program，ESDP），五年为一期，旨在到 2015 年实现初等教育普及，目前已经实施到 ESDP‑6。其战略包括：逐步采用新课程，以提高教育质量，强调在小学教育中发展读写、计算和使用母语交流的基本技能；将学校控制权下放到地区教育局，以提高应对能力和效率，并增加建设投资；对教学设施进行改善，重点是农村地区和初等教育，增加受教育机会，缓解区域不平衡问题；促进私营部门投资提供服务（表 2.8、表 2.9）。

表 2.8　埃塞俄比亚 1997—2002 年相关教育指标变化情况

单位：%

		1997 年（基准年）	1998 年	1999 年	2000 年	2001 年	2002 年
教育支出	教育占国家预算比重	16.7	19	19.3	19.6	19.9	20.2
入学机会	接受职业技术培训人数	94 592	137 625	243 009	265 044	304 058	312 826
	入学率（1~8）	79.8	87.7	94.6	100.2	105.5	109.7
质量和效率	合格教师比例（5~8）	55	63	69	74	87	95
	合格教师比例（9~12）	41	51	61	66	71	88
	学生/教师比例（1~8）	71	69	65	61	58	54
	一年级辍学率	22.4	19.1	15.9	12.7	9.5	6.3
	八年级毕业率	34.34	38.72	41.65	44.59	58.17	62.79
公平	服务最不足的两个地区小学毛入学率（1~8）						
	阿尔法	20.9	37.4	60	70	80	90
	索马里	23.3	38.6	60	70	80	90

资料来源：Ethiopia Ministry of Education. the Federal Democratic Republic of Ethiopia Education. Sector Development Program III（ESDP III）2005/2006—2010/2011（1998 EFY‑2002 EFY）［Z］. Addis Ababa：Ministry of Education. 2005：78‑79.

---

① 埃塞俄比亚发布的《埃塞俄比亚教育发展规划 I》（ESDP-I）。

增加并改善教育设施。增加受教育机会，提高入学率，增加农村和处境不利地区学校，并提供相应教学设施，减免部分年级学费，减轻农村家庭的经济负担。

加强教师能力建设。为教师提供暑期培训、远程教育培训等在职培训，也增加校长培训，提高教育质量和学校管理效率。

加大教育经费投入。增加政府拨款、国际援助和社会捐助，增加私人投资教育。

表 2.9　ESDP Ⅱ 有关年份开支

单位：百万美元

项目	2002 年	2003 年	2004 年	三年总计
初等教育	264.04	276.42	275.07	815.53
学前教育	234.54	245.15	253.03	732.73
成人及非正式教育	6.19	6.45	6.45	19.09
教师培训	13.04	14.54	10.20	37.77
特殊教育	2.21	2.34	2.29	6.84
远程教育	8.07	7.93	3.09	19.09
中等教育	41.01	42.43	39.42	122.86
职业技能技术培训	132.72	84.33	61.65	278.70
高等教育	119.26	131.06	151.71	402.03
能力建设	6.02	7.45	4.26	17.74
行政和其他	37.43	41.58	40.65	119.66
总计	600.48	583.28	572.77	1 756.53

资料来源：Federal Democratic Republic of Ethiopia（FDRE）and Ministry of Finance and Economic Development（MOFED）. Ethiopia：Sustainable Development and Poverty Reduction Program [EB/OL]. http：//www. imf. org/External/NP/prsp/2002/eth/01/073102. pdf. 2022：97 - 98.

政府主导。政府在学前教育政策制定、课程设置、标准设定和提供监督等方面起重要作用，例如，鼓励私营部门、非政府组织和社区组织参与学前教育；审查和修订课程及设施标准；提供技术援助和教师培训；进行密切监测，保障学前教育质量；为所有小学设立学前教育准备战略文件；建立经常性的交流平台等。

　　埃塞俄比亚的人才发展所面临的问题主要有：①缺乏切实可行的人才教育政策和目标，农民受教育水平低，文盲率高，掌握的农业技术水平低。②经济落后，教育经费严重短缺，教育质量和教育标准不断下降。多年内战导致国家财政紧张，在教育领域的投入严重不足，各类学校的办学条件差，校舍不足且异常简陋，基本教学设备设施不齐全。③教育资源分配不均，农村地区学校数量少，入学率低，辍学率高。埃塞俄比亚教育事业发展的不平衡性主要表现在城乡之间、地区之间和性别之间。1995年，阿法尔区（AFAR）符合小学教育年龄的孩子入学率仅有8%，相比之下，一些发达地区（如ADDIS）入学率能达到85%[①]。④教师资源短缺，工资待遇差。据统计，埃塞俄比亚小学教育的第一阶段（1~4年级），达到国家规定水平且获得资格的教师占97.06%，而在小学第二阶段（5~8年级），这一类型的教师仅占54.6%[②]。埃塞俄比亚实行的教育部门发展计划带来的经验启示主要如下：

　　有效的教育管理体系。构建科学有效的宏观质量管理体系是提高埃塞俄比亚农业职业教育质量的基础，对教学大纲、教材开发、教学模式、教学条件和教师素质等方面提出明确的要求，激发职业教育培训机构强化质量管理的动力。

　　有力的教育经费支持。虽然埃塞俄比亚政府财政能力有限，但仍然注重教育领域财政资助，同时，ESDP计划的实施资金也有较大部分来自国际援助。

　　5. 委内瑞拉：美洲农村教育中心[③]

　　20世纪30年代，委内瑞拉逐渐重视其教育发展，尤其是教师培训。

---

① 埃塞俄比亚教育部. https://moe.gov.et.
② 埃塞俄比亚发布的《埃塞俄比亚教育发展规划 Ⅲ》（ESDP-Ⅲ）。
③ Mora García, J. P., (2019). La historia de la Educación Rural en Venezuela. Caso：Centro Interamericano de Educación Rural (CIER). Educere, 23 (76)，811-829.

1940 年，委内瑞拉出台的《教育法》对教师培训进行立法，使得师范教育正规化，并将其分为城市和农村，分别针对两个地区的教师进行培训。美洲农村师范学校（Escuela Normal Rural Intermericana，ENRI）的总部，即美洲农村教育中心（Centro Interamericano de Educación Rural，CIER）被设立在委内瑞拉。

1954 年，美洲国家组织和联合国教科文组织开始在拉丁美洲地区设立美洲农村师范学校，旨在为农村教师提供专业化的培训和改进。1967 年，CIER 和 Gervasio Rubio 师范学校、Carlos Rangel Lamus 中学、农业技术学院等机构合并，CIER 在中等和高等教育领域提供师范教育、农业、工业技术培训以及教师培训和发展，成为委内瑞拉农村教育者的专业发展计划。1972 年，这个教育综合体正式命名为 CIER 教育单位。

为乡村提供师资培训。CIER 模式具有如下特征：①农村生活方式的发展和进步，特别是土地改革所刺激的生活方式的发展和进步，需要一所专门培训教师的学校，以便有效地协助这一进展。②农村教育计划和推动该计划的学校需要教师除了掌握其专业的具体技术和知识外，还需要了解农村工作的技术，并对农村居民的生活方式持同情和赞赏的态度。③培训一名优秀的农村教师需要一个拥有与其目的相称的设施、组织、方案和运作的教师培训机构。④农村师范生必须有一切机会在教学中继续接受高等教育。⑤国家必须制定一项建立足够的农村师范学校的方案，为农民提供教学所需的专业人员。⑥农村教师的培训必须与在农村工作的其他中级专业人员的培训联系起来。

CIER 的教育机构主要负责培养以下几类人才：专业技术人员、农村中心主任、示范教师，以及农场学校和农村高级学校的校长。此外，还提供针对以下人员的进修培训：农村单一学校、集中型和高级农村学校的教师；农场学校的多方面活动指导教师；专业教师和讲师；农村师范学校的管理人员和教师；以及教育教材生产人员，包括教材的生产、印刷、分发和使用等环节。

委内瑞拉的人才发展所面临的问题主要有：教师培训不足，教学质量差，教师工资待遇差；学生辍学率高。其实行的美洲农村教育中心行动的经验启示主要如下：

师资教学生产贴近农业。受经济、地理、历史等因素制约，乡村师资培养供给侧呈现出供给结构、制度和管理等方面困境。委内瑞拉的农村师范教育注重农村教师培养，在一定程度上缓解城乡教学质量差距，同时，农村教师要求了解农业工作，贴近农业生产和农民生活，使得教学能够服务于农村农业农民。

部门合作进行师资培训。乡村资源有限常常是乡村教师发展困境之一，委内瑞拉 CIER 与其他师范学校、中学、农业技术学院等机构合并，整合教育资源，为农村提供专业的师范教育、农业、工业培训和发展条件。

三、乡村人才发展的经验与启示

在前两部分政策研究和实践案例研究的基础上，总结世界主要地区人才发展的异同点、特点和成果，通过横向和纵向比较分析，以经济的发展时期为轴，整理和总结具有一般性乡村人才发展的经验、趋势和启示。

（一）各国乡村人才发展制度体系对比

1. 不同经济体政策类型对比

（1）通过法律实现政策的相似性

发达国家构建的政策法规体系成效显著。如何实施有效的乡村振兴政策，持续为乡村发展赋能，带动农业的可持续发展，对于各国来说都至为关键。在政策制定过程中，通过制定法律来强化政策的有效性，取得了各国一致的认可。在这一点上，最先进行法制化政策引导的发达国家进行了诸多示范。德国持续探索注重法制保障和政策支持，营造良好的乡村人才发展环境。德国的《农业法》《林业法》《土地改革法》等，都对农业生产经营活动进行了有效规范，并在这一过程中通过立法确定农民权益，使乡村人才在农业就业过程中具有极大的获得感和成就感。德国还通过实施一系列政策措施，如《城乡等值化计划》《农业结构改革计划》《乡村发展计划》等，为乡村人才提供资金、技术、培训等方面的支持，提高职业农民的就业保护和支持。

日本注重通过法律政策导向与信息技术支撑深度结合，采取政策—技术联动型发展模式。自日本 20 世纪 60 年代开始进入高速增长阶段，工农业收入差距拉大，农业剩余劳动力向非农产业转移，导致农户数量减少；消费需求增长和消费需求结构改变对农业发展和农产品供给提出新要求。1961 年日本出台《农业基本法》，旨在农业劳动力向外转移背景下，促使耕地集中和农业经营者规模扩大，从而提升农业生产率。并通过培育农业经营人才，通过农业发展提升收入水平，缩小农业与其他产业的收入差距。此后，日本还出台了《农业结构改善计划》《农业综合开发计划》等政策文件，注重提高农业生产率，稳定农产品价，提高农业生产者的收入，并极大程度上扩大农业的生产经营范围，带动建立了现代农业发展。此外，伴随着日本信息技术的进步，日本政府还将技术深刻运用到支持农业发展的过程中，建立了"农业信息网""农业人才网""农业卫星"等信息服务系统，为乡村人才提供了从生产到销售再到管理的全过程的信息支撑。

此外，世界上其他发达经济体也不断通过法制保障和规划支持，帮助乡村振兴和乡村人才发展不断稳定。俄罗斯政府通过制定和实施一系列法律法规和政策措施，如《土地改革法》《农业发展战略》《农业结构改善计划》等，为乡村人才提供了从培养到引进再到留用的全方位的政策支持。

俄罗斯政府还通过实施一系列规划项目，如《农民返乡计划》《农民就业计划》《新农村建设计划》等，为乡村人才提供了从城市到农村或从农村到农村的迁移和就业的规划支持。俄罗斯政府还通过加强乡村产业和基础设施建设，为乡村人才提供了改善的生产条件和生活水平。通过实施《休闲农业发展计划》，鼓励乡村人才开发与旅游相关的休闲农业项目，并通过基础设施建设、公共服务提供、市场推广等措施，为其提供了稳定的收入来源。

发展中国家不断建立健全法律法规体系。发展中国家也在乡村人才发展的探索中，不断注意到法律的重要作用，通过政府主导，实现政策在乡村人才培养、发展中的关键作用。巴西出台的《农业信贷计划》《农业保险计划》《农业质量管理法》等，为乡村人才提供了保障产品质量和提高产品附加值的标准和指导。在政府主导下，建立健全的市场信息系统，为乡村人才提供了及时准确的市场信息和信号。巴西政府还通过加强产品质量监管和认证，为乡村人才提供了提升产品竞争力和满足消费者需求的保障和激励。例如，巴西通过实施《农业品牌计划》，鼓励乡村人才开发符合消费者需求的高品质农产品，并通过认证和宣传提高其市场占有率和利润率。除了在农业生产的各环节对乡村人才进行保障，许多国家还在人才培养过程中注重法制体系的健全，确保乡村人才的权益有法可依。中国出台的《农业法》《农业支持保护法》《农业科技促进法》等，激励乡村人才根据市场需求调整生产结构和方式，提高产品质量和效益。中国政府还通过实施《六次产业化战略》，持续加大科技投入，支持乡村人才开展科技创新和转化，推动农业现代化和多样化。鼓励乡村人才开发与农业相关的加工、服务、旅游等多元化产业，并通过科技创新和转化提高其附加值和竞争力。印度通过实施《国家农村就业保障计划》，鼓励乡村人才参与乡村的基础设施建设、生产方式改革、生活方式改善等活动，提高了乡村人才的主动性和创造性。

在亚非拉后发经济体中，大多数仍以农业为主要支柱产业，这是因为当地工业化进程缓慢，且无法形成有力的产业体系，更无法支持农业的联合发展。因此，如何通过政策法规的制定引导乡村人才的发展，就成为重要的手段。2005 年，非洲第二届科技部部长会议制定了《非洲科技共同行动计划》，力求通过区域联合形成科技发展进步的计划纲领。该计划旨在通过科技发展与合作，推动全域国家实现科技进步，并摆脱贫困。这些科技计划大多聚焦于农业科技，力求通过带动科学家进行生产技术指导，培养更多乡村人才，加大对农业生产的投入，并利用科学技术提高产量。但在非洲诸多国家的法律实施过程中，制度变迁的不合理性导致了乡村生产的二元性问题，即大量农民从事的较落后生计农业与少数外资或外侨掌控的较先进现代化商品农业的并存。生计农业以维持家庭生计为基本目标，规模小，资金、技术、设备、肥料等投入水平低，往往依靠增加土地面积和劳动力数量来实现扩大生产，它不仅效率低，还易产生土地浪费和环境破坏等问题。现代化商品农业则具有规模大、技术先进、集约程度高等特点，不仅生产效率高、农产品质量好，还有加工能力和销售渠道等方面的优势。而这些却没有通过有效的政策协调来实现生产的集约化、精细化，也无法对人才培养和发展提供完整有效的政策支持。由此可以看出，无论是出于怎样的发展历程，世界各国对于乡村人才的发展，都极为看重法律对政策实现的有效引导，并以此确保人才的发展权益，实现乡村振兴。但在法律制定和政策措施方面，全球各国依然存在差异。

（2）构建人才培养体系的差异性

发达国家高等教育专业化培养体系已趋完备。乡村人才专项培养有助于增强农村的造血功能，许多发达国家十分重视乡村人才的培养发展。但是必须承认的是，由于各国经济发展水平的差异较大，教育资源时空分布极不均衡。对于乡村人才发展的政策体系莫衷一是，如何构建适合本国发展实际的培养模型是乡村人才培养的关键所在。发达国家有着历史上较长阶段的工业化进程，基本建有完备的工业生产体系，对于资源的开采和利用已经处于较高的水平。特别是在农业发展领域，农业机械化程度高，生产技术领先。有些发达国家还兼具资源型国家与发达国家的特点，如澳大利亚和加拿大，它们在农业发展过程中已经经历了较快的发展历程，对于乡村人才的培养十分完备。来自发达国家的经验显示，对于高等教育和职业培训的重视，能够极为有效地提高乡村人才的专业化水平，为乡村人才提供广泛的学习机会和资源。通过如农业实验站、农业合作社、农业咨询服务等各种形式的职业培训，以及覆盖从基础技能到专业技能再到创新技能的全方位继续教育和培训政策等。但这些都离不开发达国家经济发展高级化的特征，当地人均受教育年限较长，人力资本丰沛。特别是在城乡融合的过程中，形成了城乡联合、工农互促的特点。发达国家所面对的，是如何在既有水平上进行专业化教育的提升以及精细化培训。

发展中国家亟须构建多层次培养体系。发展中国家在中短期内处于经济追赶过程，经济发展基础薄弱，劳动力受教育程度低，以致他们多从事低回报的简单劳动。特别是许多发展中国家仍然是农业国，工业化程度较低，无法带动生产技术的进步，在农业生产领域自然也无法大面积推广机械化。这就要求当地政府在制定政策时更多考虑夯实生产基础，提高精细化劳作的现实需求。同时，还需要两条腿走路，即人才培养和实践应用紧密联合。那么，区别于发达国家对高等教育的改革和发展，发展中国家在考虑高等教育普及的同时还必须持续推动基础教育的广泛普及，并形成教育培训与社会参与的积极型发展特征。一个代表性的案例来自印度，政府通过制定和实施一系列的法律法规和政策措施，如《全民教育法》《萨尔沃·希克沙·阿比亚恩计划》等，为乡村人才提供了从基础教育到高等教育、从职业培训到继续教育的全方位教育培训服务。印度政府还通过建立和完善一系列的社会组织和民间团体，如自助小组、合作社、村委会等，为乡村人才提供了交流合作的平台和组织形式。印度政府还通过推动乡村人才参与社区建设、公共服务、环境保护等公益活动，提升了乡村人才的社会责任感和公民意识。斯里兰卡出台的《职业技术教育与培训国家发展计划（2023—2027 年）》（National Development Plan，NDP），强调了有质量又有针对性的熟练人力资源对于国家经济进步的重要作用。特别是在乡村振兴中最优先重视职业技术教育与培训（TVET）部门，将支持各个行业和服务部门的发展，减少失业和就业不足。该计划强调发展职业技术教育与培训部门将进一步解决非正规劳动力市场问题，并最终承认他们在正式认证过程中的技能。

（3）乡村人才引进及留用举措的差异性

发达国家：市场机制主导。面对工业化的发展，城乡二元体系逐渐成为各国发展中必须面对的问题。这得益于工业化和城市化的发展，许多国家都经历了乡村人力资源流入城市，满足工业生产需要的过程。这就导致乡村发展缺乏高质量的人才，因此如何引入人才资源服务乡村成为关键问题。在发达国家，引入人才资源到乡村地区服务发展，主要是通过强化市场导向和创新驱动，政府使用政策导向和信息支撑，增强乡村人才的竞争力和创造力。政策引导是吸引人才的重要方式之一，发达国家大多在税收政策、人才评价机制、科技成果转化等方面提供了优惠政策，降低人才尤其是高端人才移居农村的门槛。注重市场力量的作用，降低农民就业信息壁垒，提高社会就业基金资助。加强人事管理制度，对优秀人才给予特殊待遇、优先支持和激励。此外，这些国家普遍注重专业技术支持，将更多的技术人才引进到乡村中。农业技术人才主要包括大学教授、科研机构研究员、技术咨询师、工程师等。鼓励这些人才在农村地区设立科技示范点，带领农民进行科技实验和推广，提高农业生产效益和质量水平。同时，加强大学与农村经济的合作，加强科研成果的转化和推广，为农村农业发展提供更好的技术支持。在乡村范围开展的基础设施建设，既保留了乡村的自然风貌，还满足了人才对生活质量的需求，同时加强城乡间的道路、交通设施建设网络，解决了乡村人才在发展过程中的后顾之忧。

发展中国家：政策主导带动人才服务乡村。对于发展中国家来说，乡村发展的滞后严重影响了人才进入乡村的意愿，同时专业技术的落后也急需通过人才引进实现跨越式发展。这就驱使更多国家采用政策激励的方式，直接引导更多人才进入乡村。例如，巴西的《农业信贷计划》《农业保险计划》等政策，中国不断完善健全的户籍制度、社会保障制度、劳动力市场等机制，为乡村人才提供了从农村到城市或从城市到农村的迁移和就业的市场机会，提供更多的乡村人才就业支持。为了加强人才对乡村振兴的有力支持，中国还推出了"干部下乡""对口支援"等政策措施，实现发达地区对欠发达地区的结对帮扶。包括从普通高校、科研院所、职业学校等事业单位专门选派开展农村科技公益服务的科技特派员。通过满足人才的生活需要，结合有效的政策举措，解决人才的后顾之忧的同时，也为乡村振兴注入了强大的动力。也就是说，区别于发达国家通过自由市场机制建立来实现人才引进的方法，发展中国家更多选择通过政策主导，实现人才引进。

（4）乡村人才激励方式的差异性

发达国家：倡导人才参与乡村治理。如前所述，乡村人才激励对于乡村人才扎根乡村、服务乡村、造福乡村有着极强的动力驱动作用。发达国家大多离不开自由市场发展的特征，特别是在经济发展中强调自由的市场机制和有效的政府引导，同时将治理民主化深入到各个环节。对于乡村人才的激励，也从人才的政治诉求入手，进行了较多的探索。通过倡导社会参与和乡村自治，使得人才在乡村建设过程中更多拥有了主人翁的参与感。第二次世界大战之后，法国城市化进程不断深入。法国著名经济学家Jean Fourasti 将法国 1945—1975 年描述为"光辉三十年"，在此期间，法国的城市化率从 1946 年的 53.2%迅速增至 1975 年的 72.9%，成为世界工业发达国家。然而，大量农民持续外迁，农村空心化、人口老龄化、城乡人口失衡的问题越来越严峻。自此，法国通过各种政策干预实现了乡村可持续发展之路。在此过程中，法国还通过推行乡村自治与人才发展进行联结，形成了双向协同的政策保障机制，不仅能将农场专业化生产与企业经营结合形成产业优势，还更多通过乡村自治，实现了人才在乡村的治理参与。此外，诸多亚洲发达国家更多注重了乡村文化与人才情怀相结合。

发展中国家：政府主导实现有效激励。借鉴发达国家的成功经验，许多发展中国家也在人才激励过程中进行了模仿。印度通过建立各种形式的社区组织，如自助小组、合作社、村委会等，发挥乡村社区的主体作用。巴基斯坦《国家技能战略愿景（2008—2012 年）》（Skilling Pakistan）在乡村人才的技能培训过程中也极具激励特色，在广泛借鉴国际经验的基础上，强调行业、私营和公共培训提供者、政府以及公众间的协商合作，以促进人才服务乡村。中国在人才激励方式的探索过程中，更加凸显了政策主导的成功经验，例如科技特派员制度。这些切实的政策倾斜和引导机制，对于乡村人才合法创收与知识产权保护有着极大的帮扶，也进一步提高了对该群体服务乡村的根本保障。

2. 不同国家政策模式对比

根据各国乡村人才发展案例，可以总结出主要有政策保障型、政府主导型、经济激励型、技术培育型、设施改善型五种政策模式（表 2.10）。

表 2.10　各国人才政策模式比较

	政策保障型	政府主导型	经济激励型	技术培育型	设施改善型
日本		明确政府定位，政策科学引导	设立推进基金，激励人才培养；资金补贴支持农业人才发展	举办培训活动，培养后备人才	

（续）

	政策保障型	政府主导型	经济激励型	技术培育型	设施改善型
韩国		发挥政府的组织作用		强化精英人才培训机制	兴建村民会馆
德国			有效的财政资金支持	有利的农村教育培训	完善的乡村基础设施建设
加拿大			直接资助农村发展项目，鼓励个人或组织到农村发展创业	为农村青年提供发展机会	建立和完善面向农村居民的信息服务体系
中国	科技特派员选派政策；健全科技特派员支持机制			开展农民技术培训；培养农村人才，提升内生人力资源	
巴西	出台保障支持农业发展的合理政策	政府主导，多方参与，密切合作		完善的职业农民培育组织体系	
俄罗斯			国家财政资金补助	发展乡村人力资源	加强乡村基础设施建设及改造
斯里兰卡	制度化培训扶贫方法			灵活创新针对种植业劳动力市场和受益群体的培训课程	增加农村职业培训中心数量
巴基斯坦	全面系统的教育政策		免费教育和激励措施		
肯尼亚	出台相关政策保障计划有效实施			面向青年开展技能培训	
埃塞俄比亚		政府主导	加大教育经费投入	加强教师能力建设	增加并改善教育设施
委内瑞拉				乡村师资培训	

资料来源：笔者根据相关文献整理。

政策保障型。不同国家为发展乡村人才而制定的政策具有一定的相似处，比如，肯尼亚、巴基斯坦和斯里兰卡都注重农村教育和农民技能培训，尤其是肯尼亚还强调教育质量、教育监督管理、培训宣传等方面。此外，中国采取的独特的科技特派员制度，也有相关农村科技特派员选派政策和支持机制；巴西政策更加侧重农村信贷、市场营销、风险管理以及重点行业四个方面的农业支持，来促进职业农民发展、农业现代化建设。

政府主导型。部分国家在乡村人才建设过程中发挥着明显的引导、组织作用。如韩国、日本、巴西都强调政府间、不同部门间、政府与市场间的紧密合作，为农民提供农业生产技术指导、科技指导的同时，也提高了管理效率。除此之外，埃塞俄比亚的模式也表明，政府在教育政策制定、课程设置、教学标准设定以及教育管理监督等方面也发挥着重要作用。

经济激励型。用于激励乡村人才发展的资金来源较广，如政府财政、社会捐款、国际援助等。部分国家的资金直接以奖学金、补助、基金等形式用于鼓励农村居民接受教育、培训或授予表彰，例如俄罗斯、巴基斯坦和日本。或者将资金用于农村教育设施改善、增加农村青年就业机会、为农户提供财政优惠政策，如德国和加拿大。

技术培育型。技术培育型是五种政策模式中最为广泛使用的，政府及相关部门通过举办培训班、研讨会等活动，提高农民农业生产技术，尤其是日本和德国不仅强调理论知识，还注重实践技能训练。除了直接面向农民的技术教育之外，韩国、巴西、中国和德国还重视对农村领导者、农业技术研究人员的培养建设，而埃塞俄比亚和委内瑞拉还重视对乡村师资能力的培训。

设施改善型。通过改善农村教育设施及服务的做法较为普遍，常见的有增加农村学校、相应的教育设施、引入就业相关课程等，从而提高农村居民受教育机会、提高入学率以及就业机会，比如德国、俄罗斯、斯里兰卡和埃塞俄比亚。此外，加拿大还建立和完善面向农村居民的信息服务体系，帮助农民获得农村青年项目和服务、农村创业经商等方面的信息及咨询渠道，降低农民就业信息壁垒。

（二）国家与地区乡村人才发展趋势

1. 乡村人才培养体系构建注重实际需求

人才是实现乡村振兴的主要保障，关键是对于人才资源的培养和教育。既有经验表明，各国需要建立完整的乡村人才培养体系，包括相关的职业培训、定期的专项培养计划。能够实现农业理论和生产实践的有机结合，利用科学的手段培养高素质农民，带动乡村人才知识化、科学化、专业化。而对比不同类型国家的人才培养手段，可以发现较大的异质性决定着未来发展的走向。发达国家致力于农业高等院校、职业教育以及农业基础教育等各层次教育机构的作用，对于提高农民科技素质，尤其是注重年轻的高素质农业人才梯队的培育有着极为关键的驱动作用。农民不仅要学习农业生产理论，更要进行实践教学。其中，做法较为成熟的有日本和德国。日本在"一村一品"运动中开展的人才培训讲习班，包括一年理论教学和一年实践教学；德国的"双元制"教学体系，则要求学校教育和企业实践联合，以市场为导向，培养既具宽广农业知识技能面，也具备从业技能的职业农民。而欠发达国家和发展中国家的乡村人才培养，则更多应聚焦于夯实农业基础教育和素质教育。

2. 政策激励与市场机制不断融合

对全球各类经济体的乡村人才发展策略进行梳理不难发现，大致可以分为两类：构建完备的政策体系和发挥市场的主体地位。但在实际的发展过程中，这二者的作用并不可能完全分割，而是越发强调相互融合。如何实现乡村人才的培养、引进、留用与激励，要考虑人才的发展需求，并非政府主导采取一元化的公共政策类型就可以达到的。特别是随着经济发展的多元化，人才对美好生活的向往也带来了需求的多元化和多样化，单凭政府自身的力量极有可能陷入"致命的自负"境地。广泛的社会参与已经成为各国在乡村振兴过程中共同的治理经验，建立政府—社会—企业—个人的协同治理机制，能够有效促进乡村人才发展需求和劳动供给的较好契合。此外，自由灵活的市场机制一直是经济全球化背景下不断深度显现的发展要求。但在全球范围内，不同的经济体经济发展程度各异，发达国家采取的市场导向和创新导向，离不开长期的前沿技术累积和高人力资本特征。而这些先进经验显然无法在发展中国家完全适用。那么，在这些国家中，就更多要发挥政府政策引导的主要力量。强有力的政策体系，结合多元有效的落实举措，对于发展中国家快速实现农业现代化和乡村振兴有着极为重要的主导作用。同时，将二者结合，更能够在国家和地区范围内实现资源优化配置，最大限度释放要素价值。聚焦于全球各国来说，一个关键的路径是深度构建乡村人才发展的"人类命运共同体"。各国在乡村振兴过程中应更多加强合作，建立广泛的乡村发展协同治理机制，有效实现人才资源的有效配置。

3. 注重教育公平性

整体而言，不同发展时期的国家都注重教育公平性，一是两性受教育公平性，二是城乡教育公平性。欠发达国家在关注农村教育设施、服务及条件改善的同时，也十分强调女性受教育机会问题，比如斯里兰卡、巴基斯坦和埃塞俄比亚。这些国家通过增加农村女子学校和课程数量、鼓励女性接受教育等方法，提高女性素质教育水平。发达国家除了通过培训妇女，增加女性教育知识，还强调女性在农村发展建设中的地位。比如日本成立妇女商业小组或俱乐部，用于相互交流探讨，改善生产和经营质量；韩国更是强调女性和男性在新村领导中的同等地位。

4. 教学质量监管

欠发达国家的农村经济更为落后，导致教学设施及服务不足，教师待遇差，进而引致农村教学质量低下，因此，欠发达国家尤其重视教学质量监管，例如巴基斯坦、肯尼亚和埃塞俄比亚。这些国家在提高教学质量的同时，还注重教学质量监管。例如，巴基斯坦设立的教育质量评估组织、肯尼亚受到世界银行对于培训的监管、埃塞俄比亚由政府监督管理教育政策制定与课程设置等。

（三）对全球乡村人才未来发展的政策启示

1. 制定相关法律，保障激励农村人才发展工作推进

无论是加拿大、德国等农业生产发展先进的发达国家，还是巴西、俄罗斯等金砖国家，抑或是斯里兰卡、巴基斯坦和肯尼亚等欠发达国家，都制定了相关的农民教育培训法律或政策，保障农村人才培养工作的顺利进行。因此，中国也应该尽快出台针对农民教育培训的法律法规，构建起完善的法律体系及相应的配套政策，例如人才培养、人才引进、人才留用和人才激励等类型，通过法律政策的引导推进乡村人才发展工作。其中，人才激励可以采用政治激励、荣誉激励、薪酬激励、资金激励、职称评审激励等手段，激励人才投身于乡村建设，提升乡村人才的自豪感和荣誉感。

2. 注重新农人的培养引进，增强农村内生发展动力

从各国实践来看，一方面，国外通过增加农村基础教育设施及服务，提高农民素质教育水平，培养提高农民基本读、写、算等能力；另一方面，通过开展农业技能培训等课程，培养农民农业知识与生活技能，尤其是农业实践生产能力的培养。随着乡村振兴战略的提出，新农人的发展为农业农村发展增添了活力。因此，中国需要构建起新型农业人才观来推进农村人才发展事业。一是要提高农村基础教育机会、质量和效率，合理采取激励措施鼓励农村居民接受教育；二是重视对农民的职业化培训，在加大农业领域人才引进力度的同时，也需重视本土职业农民的培养，提高农村发展自身造血能力。

3. 构建多元综合农民培训体系，政府引导多方合作

纵观发达国家农村人才培养的经验，制度化、规范化的农民教育培训体系起到了至关重要的作用。彼此隔离的部门管理模式容易降低农村人才培养的效率，导致与劳动力市场的脱节。因此，中国需加大农民培训力度，构建起由政府统筹规划，农业院校、农民合作社、农业企业等社会组织协调，目标多层次、功能多元化的农民教育培训体系。政府要发挥好在农村人才培养工作中的统筹规划、协调监管、财政支持等职能；各培训主体则需发挥各自比较优势，做到责权分明、目标明确；以及发展多元化的培育方式，因地制宜、因材施教。

4. 优化乡村人才发展环境，提高公共设施服务质量

一是为乡村人才提供良好的生活工作环境，增强乡村引才和留才软实力，加快乡村公共基础设施建设，推进乡村人居环境整治，提升乡村地区宜居性，缩小城乡生活差距；二是提升乡村人才对乡村公共服务的满意度，完善乡村教育、交通、医疗等基本公共服务，同时在薪酬待遇、岗位编制、职称评定等方面给予乡村更多的福利待遇，让人才能够安心留在乡村工作和生活，更好地为乡村振兴事业做贡献。

5. 提供适配乡村人才技能和需求的就业岗位和机会

人才能够在乡村长期发展，前提是有更多的就业岗位和机会。推动乡村资源的合理配置和优势组合，对乡村的产业进行价值链构建和重组。将过去落后农耕生产方式改造为农业现代化生产模式的升级过程需要大量技能人才，农业升级的速度和质量更是需要专业人才作保障，而且产业结构升级能够催生出产业新业态，提供更多就业岗位，让更多乡村人才"好就业"和"就好业"。

◎ 第三章　国际乡村文化振兴

本章要点

　　乡村文化振兴是乡村振兴的重要内容和有力支撑。做好农业文化遗产保护利用，能够激发乡土文化活力。中国农村公共文化建设为农村基层社会发展奠定了良好厚重的人文环境与文化基础。各地依托重点村建设，实现了乡村优质文化资源创造性转化、创新性发展，带动乡村产业融合，成为引领乡村旅游提质升级发展的典型示范。多地加大力度建设独具特色的农村公共文化空间，农民精神风貌不断改善，村子的凝聚力和吸引力持续提升。乡村节庆活动是展示农业文明和民俗文化的有效载体，也是发展乡村旅游、繁荣农村经济的助推器。深化乡风文明建设，要充分调动广大农民群众参与的积极性、主动性，从思想上形成自觉、制度上形成规范、风气上形成氛围，让文明新风尚不断滋养乡亲们的幸福生活。结合各国在乡村文化振兴上的实践，可以得到启示：培育壮大乡村文化主体、建立多元联结机制、加强项目建设和金融支持、统筹乡村文化资源保护、加强乡村文化艺术教育和培训。

一、乡村文化振兴现状

　　乡村文化振兴是乡村振兴的重要内容和有力支撑。推动乡村振兴，既要塑形，也要铸魂，不断丰富人民精神世界、增强人民精神力量，更好培育文明乡风、良好家风、淳朴民风，提高乡村社会文明程度，焕发乡村文明新气象。因此按照国际乡村文化治理不同领域，梳理分析全球主要国家乡村文化振兴现状和特征，对国际乡村文化振兴实践发展具有重要意义。

（一）重要农业文化遗产保护利用情况

全球重要农业文化遗产（Globally Important Agricultural Heritage Systems，简称 GIAHS），在概念上等同于世界文化遗产，联合国粮食及农业组织（FAO）将其定义为："农村与其所处环境长期协同进化和动态适应下所形成的独特的土地利用系统和农业景观，这种系统与景观具有丰富的生物多样性，而且可以满足当地社会经济与文化发展的需要，有利于促进区域可持续发展"。做好农业文化遗产保护利用，能够激发乡土文化活力，将乡村文化资源转化为文化红利，促进乡村文化和旅游深度融合，推动乡村文明建设和生态文明建设，以及维护粮食安全、食品安全，保护物种、粮食品种和文化的多样性，进而为尽快实现乡村全面振兴提供强大助力。

近年来，我国在农业文化遗产保护利用的顶层设计方面取得了极大进展。2014 年《中国重要农业文化遗产管理办法（试行）》正式实施，2016 年中央 1 号文件明确提出"开展农业文化遗产普查与保护"，2022 年《关于推动文化产业赋能乡村振兴的意见》提出"支持有条件的中国重要农业文化遗产地建设农耕文化体验场所"。2022 年，我国被认定的全球重要农业文化遗产数量位列世界首位，农业农村部已认定的中国重要农业文化遗产达到了六批总计 138 项。GIAHS 各遗产地充分利用这个"金字招牌"，在有效保护的基础上，充分挖掘 GIAHS 的生物资源、文化底蕴、景观优势等，将 GIAHS 拥有的"绿水青山"转化为当地居民脱贫增收的"金山银山"，取得了良好成效。甘肃迭部县加强农业文化遗产地的基础设施建设，开展扎尕那景区道路、观景台、厕所、栈道等旅游基础设施建设，建立 GIAHS 保护石碑、标识牌等，明确保护范围和内容。内蒙古敖汉旗大力发展旱作农业，形成了特色杂粮产业，同时依托巨大的谷草产量喂养肉驴，打造养驴产业。山东夏津深入探索桑树资源开发，研发生产了桑果酒、桑果干、椹叶茶等特色食品、保健品，吸引了一大批桑产品加工企业前来投资建厂。目前，国内 GIAHS 遗产各地已经围绕政策支持、品牌建设、产业发展、宣传推介、数字建设等多方面形成了各具特色的发展模式。

（二）乡村公共文化服务体系情况

放眼全球，中国共产党历来重视乡村文化建设，从社会主义新农村建设到乡村振兴战略的政策目标转换过程中，唯有"乡风文明"是一以贯之的要求与目标。在此背景下，党始终把农村公共文化建设放置于国家治理现代化发展的战略定位下给予高度重视。党的二十大报告指出，实施国家数字化战略，健全现代公共文化服务体系，创新实施文化惠民工程，提高公共服务水平，增强公共文化服务的均衡性和可及性。同时"十四五"规划指出要坚持农业农村优先发展，全面推进乡村振兴。

目前，在历年中央 1 号文件的文化建设政策指引下，中国农村公共文化建设得到持续发展，为农村基层社会发展奠定了良好厚重的人文环境与文化基础，厚植了农民的精神文化家园，丰富了农民群众的日常生活及其规范。同时使之成为国家整体文化建设的有机组成部分，为国家现代化提供了更好的现代乡村精神文化资源。第一，农村公共文化服务体系逐步完善。农村公共文化服务体系是由文化供给机构、文化惠民政策项目、文化服务机制等构成的综合体系。据对河南省多个乡镇的田野调查，经过文化扶贫政策、乡村文化振兴等一系列政策措施的持续建设，每个乡镇均建设了基层综合文化服务中心，能完成各级公共文化项目，提供展览、党员群众活动等公共文化服务。乡镇下辖的乡村也基本上建设有文化活动室以及文化广场可供村民娱乐活动。乡村两级基础公共文化服务体系的建设与完善，极大地丰富了村民的业余文化生活。第二，乡村公共文化服务创新丰富多元。一是在服务形式创新方面。群众点单、团队接单、政府买单的公共文化服务机制，通过文化数字化更有效地运行，并开始催生新的文化空间，乡村居民在家里通过网络即可获取各类文化资源；此外，服务的组织形式也有所变化，大量的群众文化组织在政府引导下逐步建立并提供公共文化服务。二是在服务内容创新方面。最明显地体现在公共文化与传统文化、乡土文化、民族文化等融合发展的创新探索，有效地破解了"泛意识形态化"的思维局限，既能弘扬主旋律，又能实现地方文化的深度挖掘。无论是形式还是内容的服务创新，都不同程度地丰富了乡村公共文化的服务内涵与社会价值，保障和实现了乡民的文化权益，同时也有效回应了乡村文化振兴的战略诉求与公序良俗的国家治理诉求[1]。

（三）乡村文化旅游产业发展情况

乡村文化旅游是乡村文化和旅游产业融合发展的农村产业新模式，改变了传统的增长机制与方式，实现了产业跨越式发展和创新，能够有效促进一二三产业融合，带动农村经济发展。推动乡村文化旅游高质量发展，是农村产业发展的内在要求，是实现乡村振兴发展的重要抓手。近年来，不少国家依托本土生态、农业、乡土文化等资源，开发特色产品与路线，不断提升乡村旅游的魅力。回归自然，体验风土人情，乡村正成为各国游客日益青睐的旅游空间。

国外乡村旅游从 20 世纪 60 年代开始发展到现在，已经趋于成熟并积累了成功的经验，许多国外发达国家已形成了较为丰富的乡村旅游类型体系，其乡村旅游产品涵盖的内容丰富，涉及范围广泛[2]。因小说《香水》

---

① 韩晓静．乡村公共文化服务的发展现状与优化路径［J］．农村・农业・农民（A 版），2022（4）：63 - 64.

② 田洪国．国内外乡村旅游发展实践研究［J］．科技资讯，2014（1）：242 - 243.

而得名的法国香水之都——格拉斯小镇，香水产业发达，有花宫娜最古老的香水加工厂，还有莫利纳尔、嘉利玛等知名香水加工厂，是法国香水的重要产地和原料供应地。原产地购物体验、特殊定制服务，为格拉斯打造深度香水体验路线奠定了基础；香水博物馆和香水工厂将格拉斯打造成了真正的香水体验中心。韩国旌善郡大酱村，将韩国泡菜、大酱拌饭作为核心招牌突出乡土气息。利用当地原生材料，并采用传统手艺制作养生食品的方式制造大酱，符合现代人的养生学，还能让游客亲临大酱村原初的生活状态，传承民俗文化特色。法国普罗旺斯将农业生产与生态农业建设以及旅游休闲观光有机结合起来，建立了集生产、加工、商贸、观光、娱乐、文化、度假等多功能于一体的旅游区，旅游核心项目及旅游产品包括田园风光观光游、葡萄酒酒坊体验游、香水作坊体验游等。

在国内，乡村旅游也日渐广受游客青睐并成为消费热点，有力带动了各地村民致富增收，也成为拉动乡村振兴的一大支柱产业。一方面，乡村游客量和旅游收入快速增长，山清水秀、生态优美的乡村吸引力逐渐增强；另一方面，依托丰富的乡村文化资源，各类乡村旅游品牌不断涌现，一幅幅火热生动的乡村旅游画卷正在徐徐展开。国内乡村旅游已进入"法制化"时代，规划在乡村旅游发展中的引领作用得到高度重视，已形成了包括引导发展方向、解决瓶颈问题、推动脱贫攻坚等多个维度的政策体系；同时乡村旅游中"乡村性"与"本土性"的意义逐渐凸显，强调准确把握当地特色元素，充分挖掘以居住地、服饰、饮食、礼仪、游艺等为主的民俗文化，基于此推陈出新，增加伴生产品和衍生产品，打造地域特色浓郁的旅游品牌，确保乡村旅游"形""神"兼备。实际上，全国乡村旅游重点村中涵盖了大量传统村落、历史名村、特色民族村寨等资源。各地依托重点村建设，实现了乡村优质文化资源创造性转化创新性发展，带动乡村产业融合，成为引领乡村旅游提质升级发展的典型示范。

（四）国际乡村特色文化空间建设情况

文化和旅游部、国家发展改革委、财政部联合印发的《关于推动公共文化服务高质量发展的意见》提出："立足城乡特点，打造有特色、有品位的公共文化空间，扩大公共文化服务覆盖面，增强实效性。"多地加大力度建设独具特色的农村公共文化空间，农民精神风貌不断改善，村子的凝聚力和吸引力持续提升。

在我国许多农村地区，革命文化、民族文化、历史文化富集，这些正是公共文化空间提档升级的重要资源。不论是河南孟州市的老苗书馆，还是浙江温州市的龙溪艺术馆，都为记住乡愁打造了全新的文化载体，文化和历史在此浓缩，空间承载了故事，建筑也能够被阅读。同时，特色鲜明的公共文化空间发挥"以文促旅"的功效，能够为乡村旅游、红色旅游、传统文化体验等充实丰富内容。不同地区因地制宜，做法也不尽相同。一些地区将农村濒临消失的农耕器具、民间技艺、民俗礼仪、风土人情挖掘出来，以活态化的方式进行传承和创新，既产生可观的经济效益，又保护、传承和复兴了传统文化；一些地区统筹规划公共文化空间主题，不同空间的内容既有所区分又贯穿内在联系，从而串珠成链打造乡村旅游、红色旅游路线；一些地区针对留守儿童照护等痛点，开展"四点半课堂"、寒暑假托管班等服务，等等。各地在立足自身特点的基础上积极推动农村公共空间的提档升级，将有颜值有内涵的公共文化空间作为村子的文化地标和精神家园，赓续着文脉，培育着文明乡风、良好家风、淳朴民风。

在德国，乡村文化生活较为活跃，文化的多样性、丰富性随处可见。乡村地区拥有自己的手工艺、工业和服务业，也可以提供自然风光和文化娱乐的空间，其聚落特征和文化景观塑造了独特的德国形象。德国政府通过多种方式支持乡村文化发展、丰富文化产品供给。德国文化和媒体事务委员会于2019年推出"文化在乡村"促进项目，对设在人口2万以下社区内的文化基础设施予以资金支持，把文化场所作为聚会、互动的公共空间。新冠疫情发生后，该机构又通过紧急援助计划支持乡村电影院、图书馆、民俗博物馆、文化中心运营。此外，开发移动模式，令文化供给能抵达乡村人群，如柏林的州立博物馆系统通过提供服务，拉近了周边的勃兰登堡州乡村与大城市博物馆的距离。

日本则通过"造町运动"进一步完善乡村文化建设。在"造町运动"中，一是注重弘扬传统文化。比如建筑，要坚持传统建筑特色，不允许有反传统或奇形怪状的建筑。所以，日本每个村庄的房屋建筑都有着浓厚的传统味道。同时，几乎每个乡村都有几座或十几座古老的民居被政府认定为文化保护单位，由政府提供资助进行修缮保护。二是注重公共文化服务。在日本，每个町都有一个公民馆，相当于公共文化服务中心，这里提供大量的公共文化和教育服务。此外，现在多数乡村都建有自己的乡村博物馆。三是注重不同层次的文化供给。在"造町运动"中，将农村社会养老从单纯经济供养型转变为照料服务型，使农村老人不仅仅领到养老金，更能得到全方位生活护理和精神文化上的慰藉，生活护理更加专业化，文化服务更有针对性。"造町运动"推动了日本乡村在环境、产业、公共服务、精神文化等多层面的改善升级。

（五）国际乡村特色文化节庆活动建设情况

乡村节庆活动已逐渐成为乡村旅游中不可或缺的部分，可以说乡村节庆活动是乡村旅游中的调味剂，是游客感受乡村生活、乡村文化最直观的方式。乡村节庆是以田园风光和传统文化为基础，适度开发娱乐项目，将娱乐、休闲、观光融为一体而产生新的旅游项目，通过节庆活动推动乡村振兴，传承乡村传统文化，其地方性特色显著。

乡村节庆活动是展示农业文明和民俗文化的有效载体，也是发展乡村旅游、繁荣农村经济的助推器。山东滨州冬枣节已成为闻名省内外的"金牌节会"，在节庆旅游的成功举办下，既提升了山东冬枣知名度，也提高了滨州在国内外的关注度，同时带动了整个地区的旅游业发展。浙江西瓜灯节是平湖的传统民俗文化庆典，为庆祝当地西瓜丰收，每年九月底十月初都要举行大型西瓜灯文化旅游节。西瓜灯文化旅游节期间不仅会设置传统观赏项目，还举办"千人刻瓜灯大赛"、西瓜创意"美宴赛"、文创展、表演秀等活动，吸引大量游客前来观赏游玩。国外同样也有诸多专门庆祝丰收的活动和节庆，而通过这些乡村节庆活动也为目的地引来大量的游客，带动了当地的旅游发展，比如墨西哥的红萝卜节、波兰丰收节、法国柠檬节等。除了以农业创意开发的节庆活动之外，也有许多依托地方特色文化资源而开发的节庆活动，进一步发挥当地特色资源的优势，吸引更多游客。

（六）国际乡风乡俗建设情况

乡村振兴，乡风文明是保障。深化乡风文明建设，要充分调动广大农民群众参与的积极性、主动性，从思想上形成自觉、制度上形成规范、风气上形成氛围，让文明新风尚不断滋养乡亲们的幸福生活。

在国内，近年来随着农村移风易俗建设文明乡风工作扎实推进，各地乡村文明风尚日渐浓厚。如今，不少乡村里杂乱的违章建筑、废弃栏圈变成了精心设计的微花园、微菜园、微果园；乡村舞台把一部部好戏"送"到乡间、"种"进乡亲们心田；农家书屋以知识育民、惠民、富民，丰实乡村文化"粮仓"；"文明家庭""十星级文明户""十大孝星"等评选让先进典型频频涌现，文明乡风不断焕发新气象。河北省邯郸市肥乡区，各村都制定了细致明确的村规民约，对于获得星级文明户等荣誉的村民可以享受免费体检、创业贷款等多项优惠政策，这样的村规民约标准清晰、操作性强，有效提高了农民群众参与文明乡风建设的积极性。甘肃省合水县关注农民的现实需求，通过组织青年联谊会等方式，帮助适龄农村青年拓宽朋友圈，受到年轻人的广泛欢迎。瞄准乡亲们生活中的现实难题，持续采取务实有效的办法，办实事、促改革、补短板，逐步解除他们的后顾之忧，推动他们更主动地参与到文明乡风建设之中。

二、乡村文化振兴典型模式

（一）文化旅游赋能乡村振兴模式

1. 葡萄牙新城堡村——守护传统村落　传承文化遗产

新城堡村位于葡萄牙布朗库堡区丰当市，地处加尔杜尼亚山脉。从郁郁葱葱的山顶俯瞰村庄，诸多由花岗岩建造而成的哥特式建筑绘就一幅静谧而又美丽的画卷。2022 年新城堡村入选联合国世界旅游组织公布的"最佳旅游乡村"，这一殊荣是对该村大力发展旅游业的认可，也是对村庄保护建筑、自然和文化遗产的肯定。

近年来，葡萄牙大力发展乡村旅游业，葡萄牙历史村庄网络在其中扮演了重要角色。2007 年，葡萄牙历史村庄网络成立，由葡萄牙历史村庄旅游发展协会管理，包含了贝拉地区的 12 个具有独特历史和文化遗产的古老村庄，旨在恢复和推广该地区的历史遗迹，促进旅游基础设施投资，开发具有当地特色的旅游产品，并提升村庄居民的生活水平。因为拥有两个重要的考古遗址——古罗马浴场和从青铜时代遗留下来的防御工事，新城堡村也被纳入葡萄牙历史村庄网络。

在葡萄牙历史村庄网络以及丰当市政府的支持下，新城堡村于 2014 年发起一个名为"创意故事"的社会、文化和教育项目，成立创意工作室，既帮助当地儿童了解村庄的历史，也吸引更多游客探访。2022 年 4 月，葡萄牙历史村庄网络在新城堡村发起"包容与可持续交通"试点项目，这也让该村成为葡萄牙第一个实现 100％交通零排放的村庄。项目启动后，村里安装了电动汽车充电桩，组建了电动汽车车队，为游客和居民提供火车站接驳和出行服务。

2. 英国威尔士——因地制宜 发展特色农场旅游

英国威尔士地区"好日子"农场的旅游体验项目结合当地特色，开发了牧羊、给动物洗澡、编柳条筐等乡村活动体验项目，受到了诸多游客好评。在受到疫情影响时，农场还开发了新的线上业务——可以根据客户需求，远程展现农场里的动物生活场景。

在英国，乡村旅游大多依托农场资源，有的主打观光农业，有的主打深度体验。20世纪六七十年代起，农场就成为英国城市居民旅游度假、放松身心的重要选择。20世纪80年代后，英国乡村的基础设施和公共服务逐步完善，乡村旅游向规范化、专业化发展。20世纪90年代中期，有1/4的英国农场开展旅游业务或提供与旅游相关的服务，农业景点与主题公园、工业景点并列成为当时英国人气最高的三大类景点。为了更好地实现乡村旅游的可持续发展，近年来一些乡村的自然景区采取了限流措施，划定自然保护区并定期检查修复，当地还计划进一步投入新能源交通工具以减少环境污染。

3. 印度尼西亚巴厘岛——自然人文有机结合

乌布是巴厘岛绘画和艺术重镇。小镇拥有独具风格的建筑，分布着各种类型的艺术品商店和博物馆。比如，开创巴厘岛油画流派的西班牙画家马里奥·布兰科，就曾在这里长期生活，他早年的画室和陈列室已被改建成油画博物馆。小镇四周都是稻田，绿油油的禾苗、古朴的村舍错落有致。各国游客或徒步、或骑车，自得其乐。安静的田园风光和无处不在的艺术气息使这里成为很多游客和艺术家向往的地方。不仅是乌布，巴厘岛作为一个以旅游业和农业为主的岛屿，很多地方都较好地保留了乡村风貌和历史文化古迹，这也是各国游客中意巴厘岛的一个重要原因。

20世纪90年代起，当地政府启动了"可持续发展计划"，加大乡村旅游的推广力度，强调保留文化特色是实现可持续发展的基础。政府通过开发画家村、蜡染村、木雕村等特色村庄，吸引游客走进乡村感受当地文化。目前，巴厘岛已经有 146 个村庄开发了乡村旅游。

（二）乡村节庆活动引爆模式

1. 日本插秧节

在日本，稻作文化深入人心。插秧是水稻种植的重要农事活动。一直以来，日本各地在插秧季节都会举行隆重的仪式，迎接谷神，祈求丰收。在 12 世纪初这种仪式演变为当地的重要节日——插秧节。如今，每年的插秧季节日本多地都会举办插秧节（又称"御植田节"），尽管各地的节日庆典内容不尽相同，但大体上都有迎接谷神和插秧的环节。日本三重县志摩市的插秧节、大阪住吉大社的插秧节和千叶县香取神宫的插秧节合称为日本的三大插秧节，最为著名，被列入了日本重要非物质文化遗产名录。

日本南部山区志摩市的插秧节在每年的 6 月份举行。共分四个庆祝环节：

第一个环节是迎接米神，村民身穿日本传统服装，头戴遮面花冠帽，跳着传统的民间舞蹈，以古老的仪式迎接米神；第二个环节是盛大的牛队游行，牛背上装饰着代表各家各户的彩旗，牛群列队慢步穿过主要街市；第三个环节也是志摩市插秧节的最大看点，是插秧之前的"取竹神事"，男人们赤膊在稻田中展开泥巴大战、学蛙跳，抢夺竹竿上的团扇，热闹非凡；滑稽的泥巴战结束之后接下来是优雅、庄重的插秧仪式。在鼓乐声中村民们点燃水田中的稻秸，耕牛开始拉犁耕田，人们一边高声祷告谷神降临，一边下田插秧；插完秧后齐声送神，祈求谷神保佑丰年。

插秧节是将乡村传统的农事活动开发为农业节庆，在保留仪式原汁原味的基础上，又融入了幽默的表演成分，使得节庆更具观赏性，从而达到吸引游客的目的。

2. 加利福尼亚州草莓节

美国加利福尼亚州坐拥得天独厚的海岸气候和沙壤土质，被认为是全球最适宜种植草莓的地区，美国全国所生产的草莓，高达90％是来自该州。早在1983年，为促进该地区发展并展示地区独特风貌，奥克斯纳德市议员提议在奥克斯纳德举办草莓节，并组织团队共同策划了音乐节，设计了徽标，将其命名为"加利福尼亚"草莓节，以反映加利福尼亚州日益增长的声誉。1984年，新的加利福尼亚草莓节在海峡群岛港口首次亮相。而举办活动目标很简单，就是通过邀请公众参加庆祝活动，纪念当地盛产的草莓，产生收益以确保明年的音乐节，并尽可能多地回馈社区。首次举办就得到了很好的反响，第一年的收益就使30个非营利组织受益。此后，加州音乐节变成了当地的传统，一年一次，规模逐渐扩大，活动也逐渐丰富。1991年，音乐节从海峡群岛海港移至大学公园的草莓园，为不断增加的宾客提供了更多的空间。2001年，加州音乐节发展成为拥有全自愿董事会的公益非营利组织，一个专门为社会、教育、娱乐或慈善目的而成立的组织。这个公益组织是一群志趣相投的人，他们来自各行各业，为每一届的草莓节不断地输出创意。

如今，加州草莓节已成为全美十大活动之一，每年于5月18、19日举行。50多个饮食摊位，200多个工艺品及各种表演、烹饪展示展位，让你享尽有关草莓的一切饮食及艺术。每年都会吸引5万多人前往参加，截至2019年，已举办了36届，为当地的慈善机构募捐活动超过450万美元的善款，使20多个南部地区组织受益。

（三）创意设计赋能乡村振兴模式

近年来，艺术助力乡村振兴的方式，正从"输血式"向"造血式"转变，优质文化资源不断转化为乡村永续发展的动能。

1. 改造美丽宜居空间

植根于乡土传统、交融于乡村生活，近年来，艺术设计助力乡村振兴的理念不断成熟，实践更加丰富，推动乡村成为文明和谐、物心俱丰、美丽宜居的空间。

系统化的设计改造，让传统村落"活"了起来、"火"了起来。经过系统性梳理、修复、改建或新建，贵州省黔西南布依族苗族自治州册亨县板万村，如今成为全省乡村旅游重点村。错落有致的吊脚楼，与青山相融，如诗如画；凉亭、小广场等新公共空间，增进着村民之间的交流；布依戏文化传承基地、戏台、土陶窑等，传承乡土文脉，丰富乡村文化生活……设计师的改造，激发了古村落的活力。这样的精彩，在越来越多的古村落上演。像浙江省丽水市松阳县的"拯救老屋行动"、重庆市渝北区洛碛镇杨家槽传统村落保护发展项目等，使古村落一跃成为宜居宜游的新农村，村民的生活质量大为提升。

2. 激发乡土文化活力

振兴传统工艺步伐加快，"乡土制造"创新风尚形成。随着"生产性保护"理念不断深化，上百个"国家级非物质文化遗产生产性保护示范基地"应运而生，10 余个传统工艺工作站陆续设立，乡村技艺得到更好的保护和传承。同时，非遗项目代表性传承人发挥领军作用，不仅推动传统工艺实现创造性转化、创新性发展，还积极助力乡村建设。还有一些地区制定有关政策、采取积极措施，推动非遗对接现代生活，彰显非遗新魅力。在贵州，有的企业采取"公司＋农户"运作模式，以农民为创作主体，让苗绣、蜡染等传统手工艺成为生活时尚，部分产品还登上时装舞台，带动了当地就业。在 2022 年北京国际设计周"中国传统工艺振兴主题设计展"、"连接现代生活，绽放迷人光彩"主题非遗宣传展示等活动中，处处展现着传统技艺、传统图案融入生活的精彩。

（四）乡村手工艺振兴模式

1. 日本水上町——"一村一品"的工匠之乡

水上町位于日本群马县，群山环绕的地理环境给了它绝美的风景，却也给农耕带来了困难，集约型农业无法在这里开展。1990年，水上町政府提出了"农村公园构想"。整个水上町将成为一个广域的公园，将当地观光资源最大化，将农业与旅游休闲融为一体。

水上町在规划建设"工匠之乡"之初制定了保存史迹、继承手工艺传统、发扬日本饮食文化的基本方针。并根据当地特征，对旅游项目进行划分，将展示乡村文化、传承乡村传统工艺的旅游体验区统一起来，打造出了"工匠之乡"，继承和发扬当地传统手工艺文化，建立了胡桃雕刻彩绘、草编、木织、陶艺等20余个传统手工艺作坊。

将农业与观光紧密结合的水上町，在传统农业萎缩的情况下走出了一条自主发展的新路，主打体验式旅游的"工匠之乡"更是广受好评，赢得了日本政府的认可，先后获得了日本国土厅举行的"舒适型农村竞赛优秀奖"、建设省评选的"手工艺制作优秀奖"等各项表彰。

（五）数字文化赋能乡村振兴模式

1. 天津市蓟州区——让乡村文旅走上云端

这些年来，天津市蓟州区乡村特色文旅产业持续做强，中国联通充分发挥自身网络、技术、产品和服务优势，助力数字乡村建设，为蓟州区文旅产业发展打造新质生产力，贡献乡村振兴数智力量，点亮智慧文旅小城新名片。

天津市蓟州区历史悠久，文脉悠长，有着"千年古县、山水之城、京津花园"的美誉。春日赏景，逛田野、住民宿、去采摘……乡村游已成为蓟州旅游的重头戏。而回顾早些年，蓟州的乡村旅游，还存在推广手段单

一、管理平台低效、服务能力薄弱等问题。中国联通协助蓟州搭建了数字乡村平台，夯实农业农村发展的信息基础，并于 2022 年正式推出了"云尚蓟州"项目，助力解决蓟州乡村发展中的痛点问题，为蓟州打造了一张智慧旅游名片。

"云尚蓟州"基于中国联通自主设计的边缘智能业务平台，全面整合乡村旅游文化及其相关产业资源，建设旅游产业数据库，实现多维度、立体式、高精准的推广，为游客提供专业化的旅游资讯、个性化的产品服务和前沿化的科技感知，打造"吃、住、行、游、购、娱"一条龙、全方位的智慧旅游服务。该平台不仅为游客提供便利，同时也为入驻商户提供了数字化、智能化的管理工具，涵盖了景区、酒店、文创、精品民宿、农家院、采摘园、农产品销售、蓟州特产等领域。目前，"云尚蓟州"本地生活模块已经涵盖各行业的 500 多家商铺，为本地乡村经济的振兴和农民的增收作出了积极贡献。

2. 山东——数字技术助力乡村非遗闯市场

包括线上直播在内的新兴数字业态，正为山东乡村非遗带来巨大的关注度与可观的经济效益。顺应数字技术发展的趋势，山东文化和旅游部门一方面做好非遗资源的挖掘整理，另一方面搭建平台、畅通销路、扩大影响，让非遗成为乡村文化振兴的重要帮手。

2019 年以来，山东省文化馆（山东省非遗保护中心）升级"山东公共文化云"平台，将乡村非遗的展播作为平台的重要板块。近年来，山东进行了多次大范围的非遗资源普查，发现很多在乡村的非遗项目市场关注度很高，但宣传推广不到位，与数字创意的结合力度不够。为此，"山东公共文化云"整合多方面资源，联动全省的市、县级文化馆，推动地方具有代表性的非遗项目入驻平台，定期展播并策划线上体验活动，效果非常好。

枣庄市文化馆的老馆区，近两年经过设计和布展，已成为当地乡村非遗的对外传播窗口。在枣庄市文化馆的数字直播平台的助力下，桃核微雕非物质文化遗产传承人张永所经营的非遗工坊取得了显著成效。不仅工坊的订单量逐年攀升，而且成功吸引了来自全国各地的学员加入学习。数字技术的发展，是非遗资源实现创造性转化、创新性发展的重要契机。当前，数字技术在非物质文化遗产领域的应用主要集中在传播和推广层面，有效拓宽了非遗文化的影响力和认知度。随着技术的不断进步和创新，数字技术或将更深层次地融入非遗保护与传承的各个环节。特别是，它将在非遗文创产品的研发设计以及非遗资源的普查、记录与数字化存档等方面，扮演越来越关键的角色。这不仅能够为非遗文化的创造性转化和创新性发展提供强有力的技术支持，也将为全面保护和传承人类珍贵的文化遗产开辟新的可能性。

（六）乡村农耕文化复兴模式

1. 阿尔及利亚瓦德绿洲农业系统——保持乡村原生态属性

杜德村，位于非洲撒哈拉沙漠南部地区，杜德村人建起的绿洲被称为阿尔及利亚瓦德绿洲农业系统，从 15 世纪起，该农业系统就已经出现。当时，沙漠中的游牧民族因地制宜，将独特的水资源管理方法与沙漠知识相结合，在地下水源较浅的区域，挖掘 10 多米的深沟环绕四周，沟里种植枣椰树。牧民在高达 30 米的枣椰树下种植果树、蔬菜、药材和灌木等，逐渐形成了多层结构的农业生态系统。研究人员发现，瓦德绿洲农业系统不仅解决了当地民众的生活需求，而且在保护当地生物多样性方面，发挥着重要作用。

自 2011 年联合国粮农组织将阿尔及利亚瓦德绿洲农业系统正式列入全球重要农业文化遗产名录以来，阿尔及利亚政府加大了保护力度。一方面扶持当地农业、商业和旅游业发展，稳定绿洲居民的生计，避免绿洲被过度开发；另一方面采取措施保持绿洲内生产、生活的原生态属性。政府派出农业专家长期驻扎在人造绿洲，对绿洲内的生活、生产活动进行科学指导，如杜绝使用化肥、农药，限定饲养动物数量等，避免对绿洲的生态环境造成破坏。

2. 西班牙农业文化遗产开发利用

西班牙农业文化遗产涉及盐业、葡萄种植、橄榄产业、灌溉和农林牧复合系统，种类多样。西班牙政府为了发展农业文化遗产旅游，进一步保护农业文化遗产和发展当地经济，采取了多项措施。一是加强政策法规建设和资金保障，制定通过了《自然遗产名录》《生物多样性、自然遗产和生物多样性战略计划》《自然资源管理指南》《奥尔塔保护法》等多项法规，通过成立基金会等措施提供资金支持。二是因地制宜制定旅游路线，为了让人们能够拥有丰富的旅行体验，西班牙管理部门根据当地特点，设计了各种旅行路线，包括生态之旅、文化之旅和农业之旅。三是通过地理标志提升产品附加值，西班牙安达卢西亚地区农业、渔业和农村发展部申请对"马拉加葡萄干"进行"原产地保护"，并获得成功。此外，"马拉加"地理标志还被用于当地出产的利口酒和葡萄酒。莱昂山脉农林牧复合系统涉及 16 种优质食品认证，为当地以美食为重点发展旅游业提供了助力[①]。

三、乡村文化振兴经验与启示

（一）培育壮大乡村文化主体

加强乡村文化产业人才建设。在政策支持上，培育壮大市场主体，支持各地培育和引进骨干文化企业，扶持乡村小微文化企业和工作室、个体创作者等发展，鼓励其他行业企业和民间资本通过多种形式投资乡村文化

---

① 张煜. 西班牙重视农业文化遗产开发利用［N］. 中国社会科学报，2023 - 04 - 17 (7).

产业。同时，各级文化和旅游行政部门要建立有效机制，引导文化产业从业人员、企业家、文化工作者、文化志愿者、开办艺术类专业的院校师生等深入乡村对接帮扶和投资兴业，带动文化下乡、资本下乡、产业下乡。鼓励各地结合实际，探索实施文化产业特派员制度，建设文化产业赋能乡村振兴人才库。实施文化和旅游创客行动，营造良好创新创业环境，支持文化和旅游从业者、相关院校毕业生、返乡创业人员、乡土人才等创新创业。注重发挥乡村文化和旅游能人、产业带头人、非物质文化遗产代表性传承人、工艺美术师、民间艺人等领头作用，挖掘培养乡土文化人才，培育高素质农民队伍。鼓励普通高等学校、职业学校、研究机构在乡村设立文化和旅游类实习实践实训基地。

（二）建立多元联结机制

坚持"联农带农"融合发展原则，因地制宜探索建立多元利益联结机制，助推农业产业融合发展，有效带动农户增收致富，为乡村振兴聚力添彩。坚持把发展产业带动群众增收作为脱贫的根本之策，大力实施产业扶贫，构建多元利益联结机制，将贫困群众牢牢绑在产业链上。

构建折资入股分红联结机制促增收。建立健全产业扶贫资金使用管理制度，探索符合国家产业扶贫发展实际的利益联结机制。

构建带动就业联结机制促增收。鼓励企业优先吸纳建档立卡人口参与产业建设，并结合产业发展实际为建档立卡人口开发长期就业岗位，使建档立卡人口变身产业工人。

构建订单收购联结机制促增收。通过大力推进种植业、养殖业、加工业等扶贫产业建设，引导企业与群众签订订单式原材料收购协议，并用最低保护价进行收购。

构建土地流转联结机制促增收。大力推进和深化农村综合改革，加快推进农村土地"三权"分置、林权改革，通过土地入股、抵押贷款、流转经营等多种方式，盘活土地、林地资源，将农村资产推向市场。

（三）加强项目建设和金融支持

直面现实，乡村振兴必须得解决"钱"的问题，科学、长远地解决"钱"的问题。创设乡村金融体系，从体制机制上解决乡村振兴缺"钱"的问题。

加强项目建设和金融支持。按照自愿申报、动态管理、重点扶持的原则，遴选一批文化产业赋能乡村振兴重点项目，加大支持和服务力度，促进项目落地实施。国家开发银行在符合国家政策法规、信贷政策并遵循市场化运作的前提下，按照"保本微利"的原则，对乡村文化和旅游项目提供包括长周期、低成本资金在内的综合性优质金融服务支持。鼓励金融机构因地制宜、创新产品，通过上门签约、灵活担保、主动让利等多种方式，为乡村文化和旅游经营主体提供信贷支持。引导各类投资机构投资乡村文化和旅游项目。鼓励保险机构开展针对乡村文化和旅游项目的保险业务。

（四）统筹乡村文化资源保护

中国作为传统农业大国，农业文化资源存量丰富、分布广泛，这是建设农业强国的重要优势资源。但是，长期的传统农业经济的单一性，使得大量农业文化资源处于休眠状态。当务之急，是要唤醒这些乡村文化资源，并使其文化促进功能得到合理利用，促进乡村文化振兴。

全面挖掘、系统整理，做好农业文化资源活起来的基础性工作。从总体上来看，农耕文化资源可以概括为三个方面：一是农业生产形态文化资源。主要包括在长期农业生产中形成的一些复合农业生态系统，包括农业种养系统、水利灌溉系统、生产工具系统等。二是乡村生活形态文化遗产。主要包括农村长期生活中形成的一些综合生活方式，比如乡风民俗、乡土文艺、思想观念等。三是一些与农业生产、农民生活息息相关的文化景观和人文环境符号系统，包括与农业生产、农村生活相关的一些文化印记，这些都属于农业文化遗产内容。渐进式、综合性开发是让农业文化资源活起来的重点所在。以农业文化遗产产业化推动经济文化发展，是实现农业文化遗产时代价值的路径。保护为先、科学规划，加强顶层设计是让农业文化资源活起来的根本保障。统筹农业文化资源的挖掘、整理、保护、开发、利用，做好顶层设计，搞好科学规划，建立一套完备的农业文化资源综合利用机制，形成政府主导、社会参与、以村为单元的保护利用格局。在科学规划的指引下，建立分级农业文化遗产保护名录，编制各层级重要农业文化遗产地地理图表，做到分阶段、有步骤、成系列整体性保护利用。

（五）加强乡村文化艺术教育和培训

因地制宜地利用艺术改变乡村，促进乡村振兴，需要结合当地的文化、资源和实际情况，采取有针对性的措施。开展艺术教育和培训活动，提高当地村民的艺术素质和创作能力。可以通过举办艺术培训班、引进艺术人才、开展艺术交流等方式，提高当地村民的艺术素养和创作能力。打造当地艺术品牌，结合当地特色文化和艺术资源，打造具有特色的艺术品牌，提高当地艺术的知名度和影响力。通过举办艺术节、展览、比赛等活动，展示当地艺术的独特魅力和活力。结合当地的资源发展艺术产业，例如手工艺品制作、艺术品展览、文化旅游等，提高当地艺术的产业化水平，促进乡村经济的发展。保护当地传统文化，乡村拥有丰富的传统文化和艺术资源，保护和传承这些文化是利用艺术改变乡村的重要前提。可以通过制定传统文化保护规划、建立传统文化展示馆、开展传统文化传承活动等方式，保护和传承当地传统文化。

◎ 第四章　国际乡村生态治理

本章要点

　　乡村生态是整个生态系统的重要组成部分，乡村生态环境的保护和改善是实现乡村振兴和可持续发展的重要前提和保障。全球贫困人口主要集中在乡村，贫困地区基本上位于生态环境质量相对较好，但环境治理和保护能力较弱的区域，深入分析国际乡村资源与环境状况，有助于更好地应对气候变化，与此同时这些地区的生态治理和保护对乡村振兴至关重要。乡村资源禀赋存在地域差异，受自然因素及人为因素等影响，大部分国家和地区出现不同程度的乡村生态问题。乡村生态治理在全球范围内受到越来越多的关注，由于其涉及问题众多，包括气候变化、生物多样性丧失和污染等，使乡村生态治理变得异常复杂。国际乡村生态治理是一个复杂而又迫切的任务，需要全球各国政府、企业和公众的共同努力。国际乡村生态治理政策逐渐从局部的环境管理转变为全面的生态系统管理，从单一的农业环境向包括森林、湿地、水域等在内的整个乡村环境转变，从单一的政府管理转变为政府、市场、社会和科技等多种力量共同参与的多元化治理。展望未来：国际乡村生态治理政策将更加注重科技创新和绿色发展，推动乡村产业升级和转型，促进乡村生态环境和经济发展的协调统一。

一、国际乡村生态现状

(一) 乡村自然资源丰富

自然资源既是乡村自然地理系统的构成要素，又是乡村地区人类赖以生存的环境条件和社会经济发展的物质基础。乡村自然资源具有多种功能、多种用途，既可用于农业生产，又可以为工业生产所利用；既可用于发展乡村旅游业，又可以改善乡村生活环境。

1. 土地是乡村发展的重要载体

全球农业用地占比趋于稳定。1988 年之前全球农业用地占比稳步上升，1988—1991 年间突然下降，之后农业用地占比进入稳定阶段，一直维持在 37% 上下小幅波动 (图 4.1)。其变化的原因与全球农业发展阶段息息相关。19 世纪中叶，由于生产工具的快速进步，全球进入近代农业阶段，农业生产效率大大提高，农业用地需求随之不断增加。1990 年左

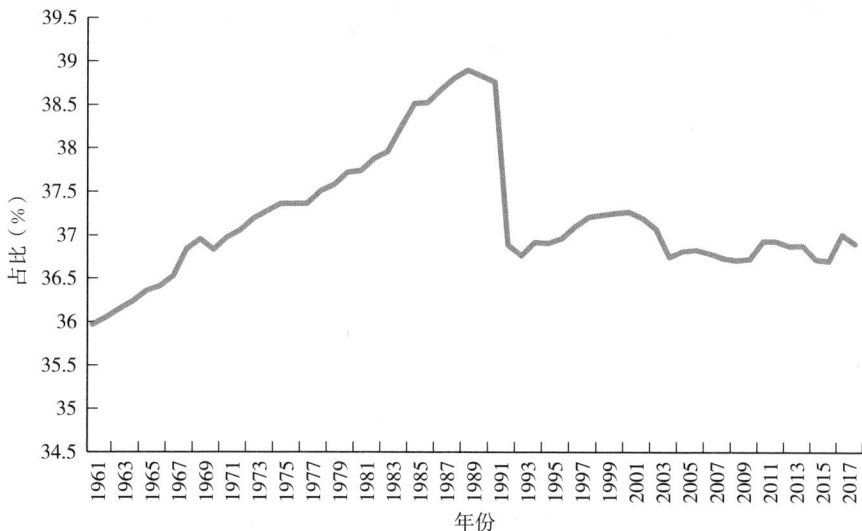

图 4.1 全球农业用地占比
资料来源：世界银行。

右全球农业用地占比下降可能与三次厄尔尼诺事件有关，这导致南半球的非洲与大洋洲出现长时间干旱，而北半球出现大规模洪灾与台风，影响和制约了农业生产。现代农业阶段是通过运用现代科学技术和科学管理方法的社会化农业阶段，实现了较高的综合生产力，与此同时注重科学规划。

收入越高的国家耕地占土地面积的比重越低。从 2001 年起，全球高收入国家耕地面积占比呈下降趋势，截至 2018 年，占比约为 35％。随着国家经济发展和技术进步，高收入国家第一产业所占比重逐渐降低，资源配置不断优化，投入乡村土地的资源逐渐转向效益好的第三产业。分收入组来看，中等偏下收入国家耕地面积占土地面积的比重最高，近年来一直维持在 42％ 左右；低收入国家、中等收入国家的耕地所占比重缓慢上升（图 4.2）。绝大多数发展中国家农业生产仍相对落后，需要大力发展农业为国民经济其他部门提供支持。

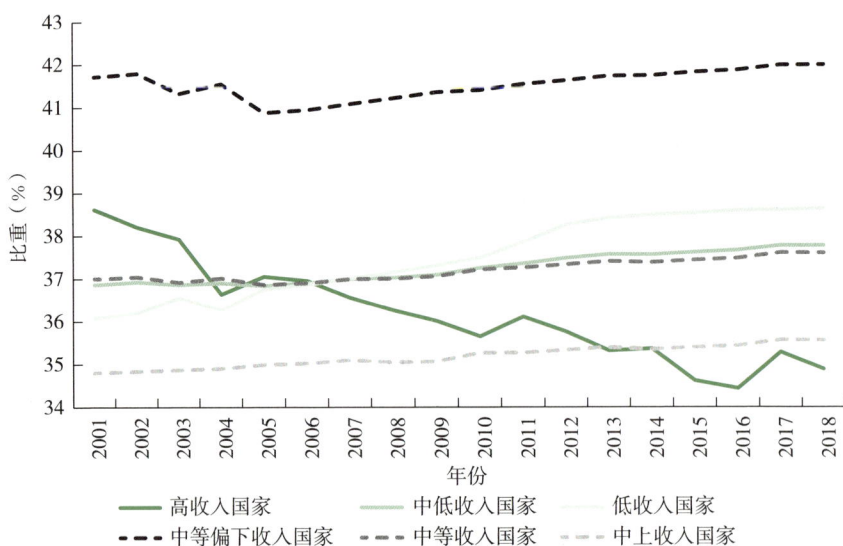

图 4.2　全球不同收入国家耕地占土地面积的比重
资料来源：世界银行。

人均耕地面积越大，乡村资源和环境压力越小。全球人均耕地面积排名前十的国家在全球人口主要聚集地—亚洲、欧洲、非洲、北美洲、南美洲以及大洋洲均有分布，而这些国家的共同特点是人口数量相对较少（图4.3）。地狭人稠的地区往往在快速发展时可能遇到土地供给不足，进而引发地价高企等问题。较大的人均耕地面积是一种资源优势，有利于一个国家未来的可持续发展。保护好乡村耕地资源有助于发展中国家农业的稳步发展，通过管数量、提质量、控用途等刚性约束，严格保护耕地，提高耕地质量，加快建设旱涝保收、高产稳产的高标准农田，确保农田不仅是农田，而且是良田。同时做好耕地生态保护工作，采取高效、可持续耕作方法，让有限的耕地能持续地高效高产。

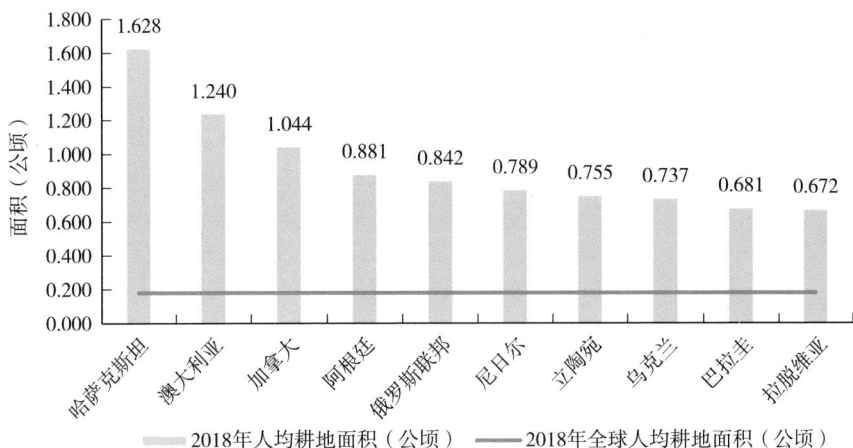

图4.3　2018年全球人均耕地面积排名前十的国家
资料来源：世界银行。

2. 水对农业生产和农民生活至关重要

全球淡水提取量中农业用水占比最大。人类和环境用水需求在空间和文化上各不相同，如农村和城市。虽然全世界平均70%的取水量用于农业生产，但各区域和国家之间差别较大（Hoekstra和Mekonnen，2012；联合国粮食及农业组织，2016；联合国水机制，2017）。亚洲因其人口众多、耕地面积大，从而淡水提取量远远高于其他大洲，年淡水总提取量约为其他各大洲的6倍（图4.4），由于亚洲的东部和南部气候条件适合发展水稻种植业，农业灌溉用水量大。中国和印度这两个人口大国均位于亚洲，家庭用水量也高于其他大洲。迄今为止，农业仍是亚洲经济最重要的一部分，而工业部门的淡水提取量仅占 10%，其总量甚至略小于北美洲的工业部门提取量。东南亚 80% 以上的可用淡水用于农业（联合国粮食及农业组织，2016）。北美洲作为工业基础雄厚、工业生产力巨大的地区，其工业部门淡水提取量达到了 40% 左右。另一方面，从各大洲淡水开采来看，亚洲占全球开采量的半壁江山还多（64.5%），北美洲和欧洲紧随其后，占比分别为 15.5% 和 7.1%。

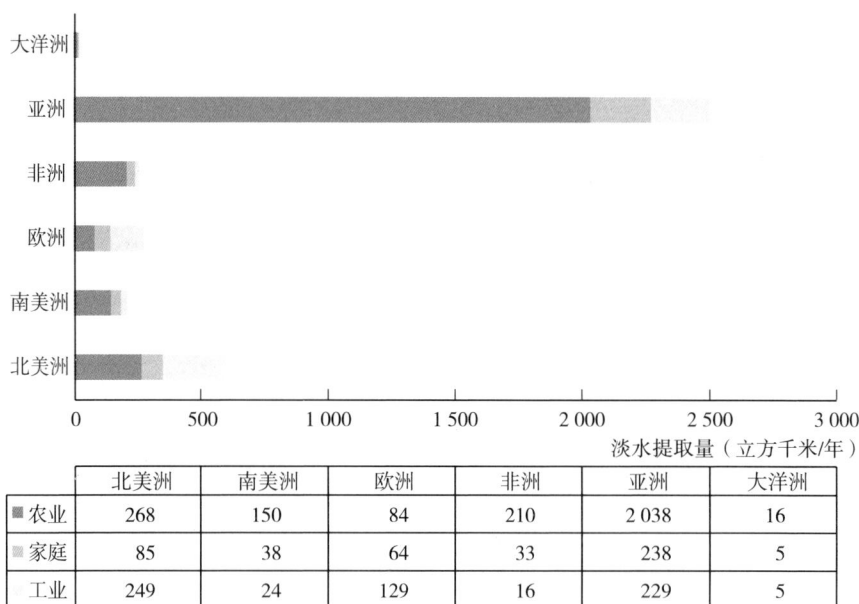

	北美洲	南美洲	欧洲	非洲	亚洲	大洋洲
农业	268	150	84	210	2 038	16
家庭	85	38	64	33	238	5
工业	249	24	129	16	229	5

图 4.4　2017 年全球各大洲的淡水提取量及其分部门使用情况

资料来源：《联合国世界水发展报告 2022》。

全球农村饮用水使用情况逐年好转。2001—2020 年，农村至少使用基本饮用水服务的人口占比以及使用安全管理饮用水服务的人口占比都逐年上升（图 4.5）。随着全球各国大力推进农村饮用水安全保障，2020 年农村安全管理饮用水普及率达到了 60% 左右，困扰众多农村居民祖祖辈辈的吃水难问题历史性地得到缓解。然而，全球农村人口饮水问题依然需要持续巩固，确保农村居民长期稳定地喝上安全水、放心水。各国农村安全饮水工程的发展保证了农村居民的生活用水需求，有效解决了农村人口和农业生产所遇到的缺水问题，与此同时还可优化调整产业结构，提高农业生产经济效益，促进人民精神文化建设，改善乡村生态环境。但贫困地区无论是从工程技术还是用水理念，传统观念仍占主导地位，先进的管理技术发展缓慢，缺乏统一技术标准和规范等。加强水利行业相关技术推广应用是发展的主导力量，保证足够的资金投入是基础，坚持以人为本加大宣传和推行力度是手段。

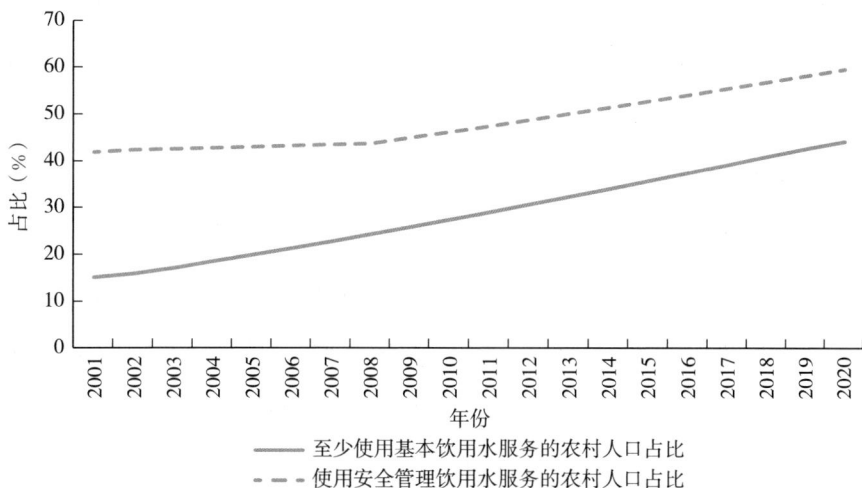

图 4.5 全球农村饮用水服务的人口占比
资料来源：世界银行。

3. 森林既是重要的生态屏障，也是农民的重要生产资料

森林是生态系统中非常重要的组成部分，可以涵养水源、防止水土流失、防止气候干旱，还具有防风，减少沙尘暴，提高负氧离子，改善空气质量，调节局部小气候等作用。此外，森林中除了树木之外，还有草本、藤本等其他植物和动物，可以提高生物多样性。绝大多数森林位于乡村地区，提高森林覆盖率无疑对改善乡村的生态环境具有显著的积极意义。同时，提高乡村森林覆盖率对乡村农业生产也具有较强的促进作用，对森林生态系统加以合理规划，对其生物资源加以合理开发将能够积极改善乡村的产业结构。此外，以森林为题材的休闲、运动、休养、旅游项目也备受游客推崇，以森林为题材的相关产业发展也将有利于乡村经济发展，带动农民脱贫致富。

全球森林资源分布存在区域差异。根据《2020 年全球森林资源评估》，目前森林占全球土地面积的 30.8%，森林总面积 40.6 亿公顷，人均森林面积约 0.52 公顷。在全球范围内，天然林占 93%，人工林占 7%。1990 年以来，天然林的面积持续减少，但流失速度下降，与此同时人工林的面积增加了 1.23 亿公顷[①]。从森林资源的分布情况来看，全球一半以上（54%）的森林分布在俄罗斯、巴西、加拿大、美国与中国五个国家；同时，有 60 余个国家森林面积占国土面积的比例小于 10%，其中有些国家甚至不足 0.5%。

森林面积减少，但速度放缓。森林占地球陆地面积的 31%（40.6 亿公顷），面积不断缩小（图 4.6）。由于人类活动，森林大量砍伐，草原开垦，湿地干涸，生物多样性遭到极大破坏。森林是地球生物圈的重要组成部分，是陆上最大生态系统，是人类赖以生存的基础。森林不仅提供木材和林副产品，更重要的是它具有涵养水源、保持水土、防风固沙、调节气候、保障农牧业生产、保存森林生物物种、维持生态平衡和净化环境等生态功能。1990—2020 年，有 4.2 亿公顷的森林因砍伐而消失。虽然毁林速度正在减缓，但在 2015—2020 年，毁林面积仍达到每年 1 000 万公顷。2000—2020 年，约有 4 700 万公顷的原始森林消失。人工林有 2.94 亿公顷（占全球森林面积的 7%）。2015—2020 年，人工林面积以每年略低于 1% 的速度增长，而 2010—2015 年的增长速度为 1.4%。2000—2020 年，其他林地面积下降了近 1%；但 1990—2020 年，其他有树木覆盖（包括城

---

① 联合国粮食及农业组织（FAO）发布的《2020 年全球森林资源评估》。

市中的树木、果园、棕榈树和农林业景观）的土地面积增加了三分之一以上。农林业用地至少有 4 500 万公顷，并呈增长趋势①。

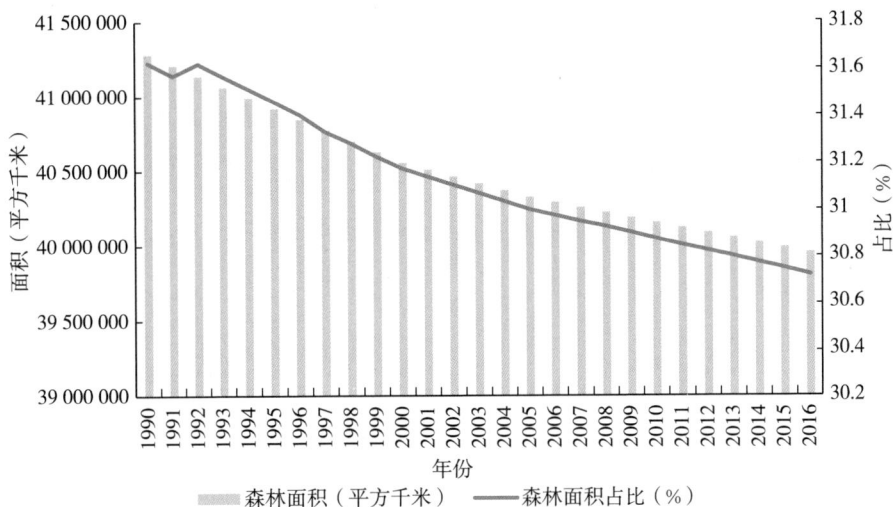

图 4.6　1990—2016 年世界森林面积及占比

资料来源：根据世界银行世界发展指标数据库的数据绘制。

（二）乡村生态面临多重挑战

受自然因素和人为因素等影响，全球大部分国家和地区出现不同程度的环境问题，特别是近半个世纪以来，随着全球城镇化水平的提高，全球环境尤其是乡村环境问题凸显，环境治理和保护形势日益严峻，影响人类及其他生物的正常生存和可持续发展。

1. 气候变化风险加剧，大气污染威胁全球气候和生态系统安全

政府间气候变化专门委员会（IPCC）于 2022 年 2 月 28 日正式发布第六次评估报告（AR6）第二工作组报告《气候变化 2022：影响、适应和脆弱性》指出，人类正面临显著的气候变化风险，气候变化影响农牧业、

---

① 联合国粮食及农业组织发布的《2022 年世界森林状况：有助于促进绿色复苏和建设包容、有韧性的可持续经济的森林途径》。

林业、渔业和水产养殖业的生产能力。全球有 33 亿～36 亿人生活在气候变化高度脆弱环境中，虽然区域间和区域内不同群体的脆弱性存在差异，但是大部分物种都展现出其响应的脆弱性。

2022 年 9 月 7 日，世界气象组织发布《2022 年空气质量与气候公报》指出，空气污染和气候变化的交互作用将使数亿人面临额外的"气候惩罚"。按照世界卫生组织（WHO）的定义，空气污染是任何改变大气自然特征的化学、物理或生物制剂对室内或室外环境的污染。主要污染物包括颗粒物（$PM_{2.5}$ 等）、一氧化碳、臭氧、二氧化氮和二氧化硫。

各国的 $PM_{2.5}$ 标准不同（表 4.1）。中国实施标准采用世卫组织设定的最宽限值，与 WHO 过渡期目标-1 相同，标准中 $PM_{2.5}$ 年平均和 24 小时平均浓度限值分别定为 35 微克/米^3 和 75 微克/米^3。美国和日本的标准一样，与 WHO 过渡期目标-3 基本一致。欧盟的标准略微宽松，与 WHO 过渡期目标-2 一致，澳大利亚的标准最为严格，年均标准比 WHO 的准则值还低。标准的宽严程度基本反映了各国的空气质量情况，空气质量越好的国家就越有能力制定和实施更为严格的标准。

表 4.1　典型国家/组织 $PM_{2.5}$ 相关标准

国家/组织	年平均	24 小时平均	发布及实施时间
WHO 过渡期目标-1	35	75	
WHO 过渡期目标-2	25	50	2005 年发布
WHO 过渡期目标-3	15	37.5	
WHO 准则值	10	25	
澳大利亚	8	25	2003 年发布，非强制标准
美国	12	35	2012 年 12 月 13 日最新标准，比 2006 年发布的标准更严格
日本	15	35	2009 年 9 月 9 日发布
欧盟	25	无	2010 年 1 月 1 日发表目标值 2015 年 1 月 1 日强制标准生效
中国	35	75	2012 年 2 月发表目标值，2016 年实施

空气污染将导致呼吸道和其他疾病。2022年9月，世界卫生组织、国际自然保护联盟、世界气象组织和联合国环境规划署的首席科学家联合发表声明指出，现在只有不到1％的人呼吸着符合世界卫生组织最严格空气质量指南的空气。根据世卫组织的估计，每年有700万人因空气污染而过早死亡，其中包括大约60万名15岁以下的儿童，此外数百万人患有与空气污染相关的慢性疾病。据世界银行世界发展指标对全球243个国家和地区中暴露于$PM_{2.5}$超过世卫组织指导值水平的人口占比的统计，1990年仅有21个国家和地区低于90％，到2017年已增至45个，全球大气治理初见成效。

空气质量与全球气候和生态系统密切相关。许多空气污染的驱动因素（比如，化石燃料的燃烧）也是温室气体排放的来源。因此，减少空气污染的政策为气候和健康提供了双赢战略，降低了由空气污染引起的疾病负担，并有助于近期和长期减缓气候变化。

2. 生物多样性丧失是三大环境危机之一

生物多样性是维护自然生态平衡及人类赖以生存和发展的生态基础。生物多样性包括遗传多样性、物种多样性和生态多样性。自地球出现生命以来，经历了三四十亿年漫长进化的进程，并已出现过类似恐龙灭绝的事件6次，使52％的海洋动物家族、78％的两栖动物家族和81％的爬行动物家族消失。地球上现存的生物种数为500万～3 000万种，其中哺乳动物4 300多种，爬行动物6 000多种，两栖动物3 500多种，鸟类约9 000种，鱼类23 000多种；而海洋生物和热带雨林生物就有可能超过3 000万种。

生物多样性丧失是三大环境危机之一。环境恶化压缩了生物生存环境，多种生物濒临灭绝。2000年以来有110多种兽类和130多种鸟类已经灭绝；全世界约有25 000种植物和1 000多种脊椎动物处于灭绝的边缘（图4.7）。近来，生物物种消失加速，生态系统趋于简化，每天有50～

100 种物种灭绝，这是自恐龙消失以来最快的物种灭绝时代，而地球上现存的野生生物种类一旦灭绝，就没有再出现的可能。世界银行世界发展指标数据库统计了 2018 年濒危生物（包括植物、哺乳动物、鱼类及鸟类）的数量，生态环境状况不容乐观。

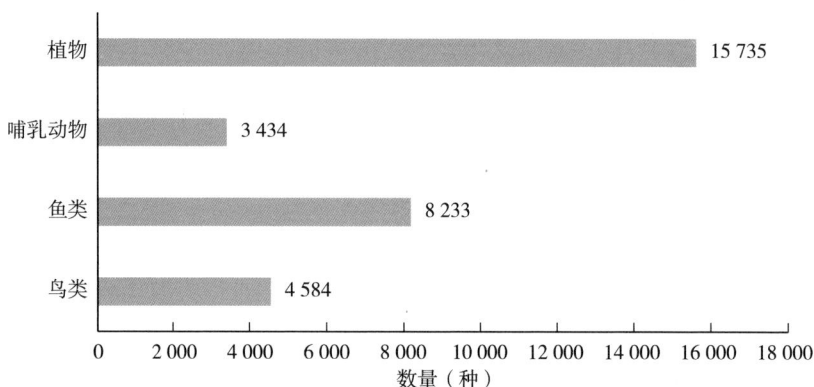

图 4.7   2018 年世界濒危物种数量
资料来源：根据世界银行世界发展指标数据库的数据绘制。

地球上所有主要的生物群落都在经历生物多样性的丧失。生物多样性的丧失，降低了生态系统面对气候变化等负面影响威胁时的恢复力，增加了其脆弱性，影响着人类的健康和公平。《生物多样性公约》是近几十年来关于生物多样性的重要全球公约，它有三个核心目标：保护生物多样性，可持续地利用其组成部分，公平公正地分享利用遗传资源带来的惠益。2018 年，共有 196 个缔约方参加确立了国际准则，为各国开展合作、共享信息、协调政策提供了平台。2020 年联合国发布第五版《全球生物多样性展望》（GBO‐5）指出，全球在 2020 年截止日期前"部分实现"了 2010 年设定的 20 个"爱知生物多样性目标"中的 6 个。2022 年 12 月，联合国《生物多样性公约》第十五次缔约方大会（COP15）上"2020 年后全球生物多样性框架"磋商取得积极进展。

3. 污染制约乡村发展、影响生态安全

土壤污染威胁乡村发展。化肥使用是造成土壤污染的主要原因。化肥

是指用化学或物理方法制成的含有一种或几种农作物生长需要的营养元素的肥料。化肥，是粮食的"粮食"，包含氮、磷、钾等能够帮助农作物生长的元素。20世纪50年代以来，化肥得到了大规模应用。在各种农业增产措施中，化肥的作用大约占30%。

全球化肥消耗量波动上升。随着时间推移，全球化肥消耗量呈现一定的变化规律（图4.8）。20世纪50—90年代，受工业革命影响各国化肥消耗量呈现井喷式增长，长期大量使用化肥不仅会缩减农作物的产量，还会对土壤造成影响，过量施肥、盲目施肥不仅增加农业生产成本、浪费资源，也造成耕地板结、土壤酸化。20世纪90年代以来，各国也逐渐意识到了化肥滥用带来的环境污染问题，化肥消耗量呈现下降态势。自20世纪50年代以来，欧美等发达国家致力于开发绿色高效化肥产品，肥料利用率不断提高，化肥引起的土壤污染不断降低，随着施肥新技术、新产品和新机具的推广，科学施肥水平不断提升，化肥消耗量有所回升（表4.2）。

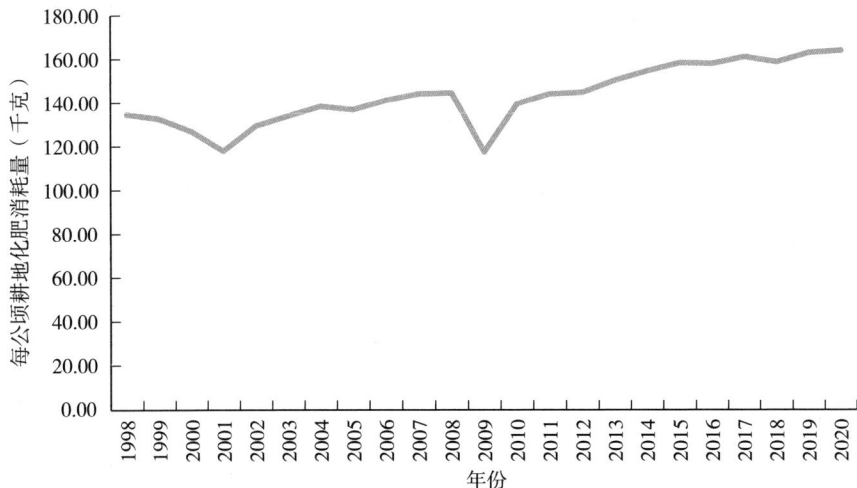

图4.8　1998—2020年全球化肥消耗量变化

资料来源：根据世界银行世界发展指标数据库的数据绘制。

表 4.2　2020 年典型国家农业用地与化肥消耗量

国家	农业用地占比（%）	农业用地占比世界排名	每公顷耕地化肥消耗量（千克）	化肥消耗量世界排名
马来西亚	26.09	189	1 952.09	1
爱尔兰	65.50	30	1 563.35	3
中国	56.08	49	383.32	10
英国	71.34	16	233.17	23
印度	60.22	35	209.41	27
美国	44.36	94	126.16	65
南非	79.42	4	63.49	93

资料来源：根据世界银行世界发展指标数据库的数据整理。

土壤污染备受关注，部分地区已初见成效。土壤健康对生命、粮食安全和生态系统至关重要。许多来自工业、城市和农业的化学物质最终污染了土壤。在大多数发达国家，地块污染的主要直接原因是工业和商业活动。在许多亚洲国家，微量元素对农业土壤和农作物造成了污染（Thangavel 和 Sridevi，2017）。在拉丁美洲的许多地区，农业资源的密集使用是造成土壤污染的原因。在非洲，农药、采矿、溢漏和废物处理不当已经给土壤造成污染（Gzik 等，2003；Kneebone 和 Short，2010）。在中东和北非，土壤污染主要是石油生产和重型采矿活动造成的。

中国是化肥生产和使用大国。2017 年，为推进化肥减量提效、农药减量控害，积极探索产出高效、产品安全、资源节约、环境友好的现代农业发展之路，中国农业部制定了《到 2020 年化肥使用量零增长行动方案》①，紧盯土壤污染治理工作。目前，中国的土壤污染治理工作初见成效但仍有较大提升空间，根据农业农村部于 2020 年 5 月 6 日发的《2019 年全国耕地质量等级情况公报》，以全国 20.23 亿亩耕地为基数，将全国耕地分为十等，其中 1 到 3 等耕地共 6.32 亿亩，占耕地总面积的 31.24%，与 2014

---

① http：//www.moa.gov.cn/nybgb/2015/san/201711/t20171129_5923401.htm.

年首次定级相比，增长了 3.94 个百分点；4 到 6 等耕地共 9.47 亿亩，占耕地总面积的 46.81%，比 2014 年增长 2.02 个百分点；7 到 10 等耕地共 4.44 亿亩，占耕地总面积的 21.95%，比 2014 年下降 5.95 个百分点。

水污染威胁地球生态，淡水污染加剧水资源危机。地表水是指陆地表面上动态水和静态水的总称，亦称陆地水，包括各种液态和固态的水体，主要有河流、湖泊、沼泽、冰川、冰盖等。它是人类生活用水的重要来源之一，也是各国水资源的主要组成部分。地表水由经年累月自然的降水累积而成，最终自然地流入海洋、经由蒸发消逝或渗流至地下。虽然任何地表水系统的自然水来源仅来自该集水区的降水，但仍有其他许多因素影响此系统的总水量。这些因素包括湖泊、湿地、水库的蓄水量、土壤的渗流性、此集水区中地表径流的特性。人类活动对这些特性有着重大的影响。人类为了增加存水量而兴建水库，为了减少存水量而释放湿地的水分。人类的开垦活动以及兴建沟渠则增加径流的水量与强度。安全的淡水是维持地球生命的基本要素。全球淡水储量约 3.5×10^8 亿立方米，占地球水储量的 2.53%。与人类生活关系密切的河流、湖泊和浅层地下水只有 104.6×10^8 亿立方米，占全部淡水储量的 0.34%。70%～80% 的淡水资源用于灌溉，不足 20% 用于工业，6% 用于家庭。

由于淡水资源分布不均，随着人口激增和工业、农业生产的发展，缺水已成为世界性问题。全世界有 10 多个国家缺水，严重缺水的达 40 多个，占全球陆地面积的 60%。发展中国家至少有 3/4 的农村人口和 1/5 的城市人口得不到安全卫生的饮用水；有 80% 的疾病和 1/3 的死亡率与受污染的水有关。

依照世界银行世界发展指标数据库的分类，本书将全球划分为拉丁美洲、欧洲和中亚、中东和北非、东亚和太平洋、南亚、撒哈拉以南非洲和北美等七个区域。1962—2018 年，各区域人均可再生内部淡水资源均呈现明显下降趋势，地表水形势严峻（图 4.9）。

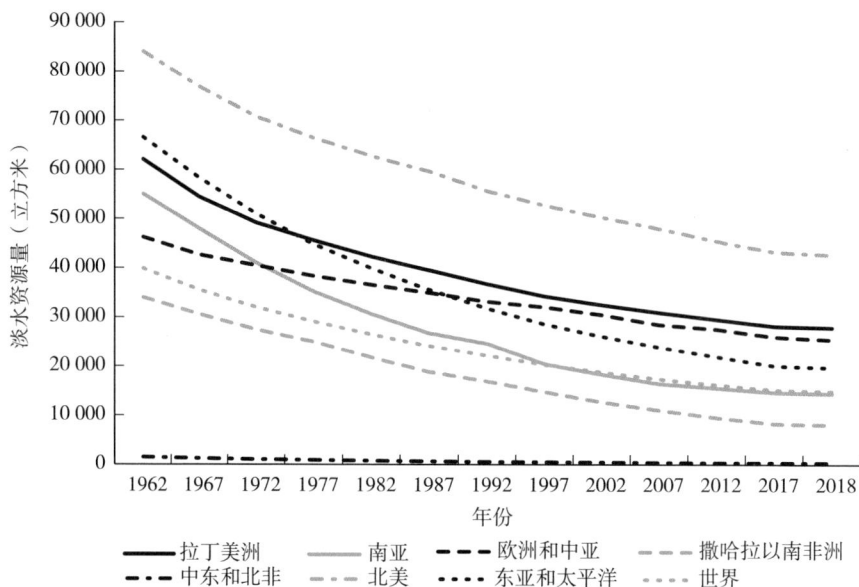

图 4.9 1962—2018 年全球人均可再生内部淡水资源
资料来源：根据世界银行世界发展指标数据库的数据绘制。

水污染加重了水资源危机。水污染不仅影响人类对淡水的使用，而且还会严重影响自然生态系统，并且对生物造成危害。全世界每年向江河湖泊排放各类污水约 4 260 亿吨，造成 55 000 亿立方米的水体被污染，占全球径流总量的 14％以上；全世界河流稳定流量的 40％受到污染，并呈日益恶化的趋势。

海洋污染阻碍乡村渔业发展。地球上海洋面积为 3.62 亿平方千米，占地球表面的 70.9％；海水体积为 13.7 亿立方千米，占地球表面总水量的 97％以上。全球 60％的人生活在 60 平方千米宽的沿岸线上。海洋拥有地球上最丰富的生物资源、矿物资源、化学资源和动力资源。随着全球人口的增长、工业化的发展，越来越多的废物和有害物质直接或间接流入海洋。海洋健康与乡村渔业发展密切相关，不容忽视。

全球海洋环境不容乐观。辽阔的海洋历来被认为是污染物质的天然处理厂，因为海水的不断流动及海洋生物、化学和物理过程的作用，进入海洋的污染物质在海洋环境的稀释、氧化、还原、生物降解等综合作用下可以被分解为无害物质，海洋总体上是可以保持清洁的。但海洋的这种自我净化能力并不是无限的，而且这一过程的实现也需要一定的时间。如果污染物质进入海洋的数量和速度超过了海洋的自我净化能力，就会造成海洋环境污染。按照《联合国海洋法公约》规定，海洋环境污染是指把物质或能量引入海洋环境包括河口湾在内以致发生或可能发生损害生物资源和海洋生物、危害人类健康、妨碍包括捕鱼和海洋的其他正当用途在内的各种海洋活动、损害海水使用质量和减损环境优美等有害影响。可持续发展报告（SDR）数据库将各国的海洋健康程度量化为 0～100 的指数，得分越高表示海洋健康程度越高，从各区域的平均值可以看出，全球海洋健康不容乐观，其中大洋洲的海洋健康指数最高，而东亚和南亚最低，海洋环境亟须改善（图 4.10）。

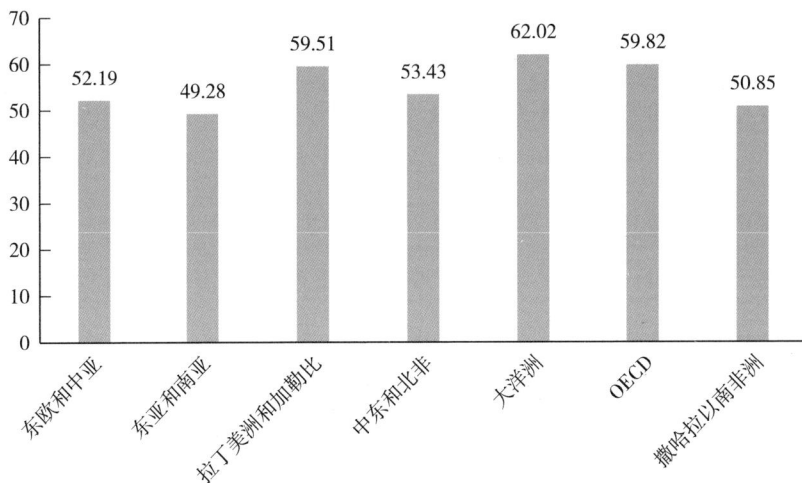

图 4.10　2020 年全球各区域海洋健康指数（最低 0 至最高 100）
资料来源：根据可持续发展报告（SDR）的数据绘制。

海洋污染不容忽视，海洋对于全球经济发展和繁荣至关重要。海洋污染，特别是沿岸海域的污染，已直接影响海洋生态和人类生活。海洋生态环境的破坏源自人类对海洋生态施加的各种压力，海洋垃圾倾倒是海洋生态环境破坏的首要原因。海洋对全球经济的贡献估计每年 30 亿~60 亿美元，2010 年，全球海洋渔业共提供 1.28 亿吨鱼，与渔业相关的产业包括包装、造船与维修等，估计吸纳 6.6 亿~8.2 亿劳动力。渔业为全球 43 亿人提供了食物，占人类动物蛋白消费量的 15%；全球贸易中 90% 的商品通过海路运输；世界各国的沿海地区在地区经济发展中占据重要地位。人类社会越来越认识到，海洋对于人类社会的发展意义重大。

1992 年，联合国可持续发展《21 世纪议程》就强调海洋可持续发展和环境问题，然而，海洋环境问题在国际上一直没有取得与陆地同等的重视，世界自然保护联盟（International Union for Conservation of Nature，IUCN）综合各种统计数据，得出"海洋生态环境保护落后于陆地保护"的结论。在应对海洋环境恶化的挑战中，一个重要且有效的方式是建立海洋保护区（Marine Protected Areas，MPAs），IUCN 将海洋保护区定义为：任何通过法律或者其他有效方式设立的，有地理空间上明确定义的，对其中部分或全部的封闭环境进行保护的潮间带或潮下带陆架区域，包括其上所覆之水体及相关的动植物群落、历史及文化属性。联合国粮农组织则将其简单定义为：任何海洋地理区域，为了生物多样性和渔业管理的目的而提供比其周边区域更为有力的保护，即可称为"海洋保护区"。根据世界银行世界发展指标数据库的统计，2016—2021 年全球海洋保护区占领海面积的占比从7.42% 上升至 9.50%，海洋环境有所提升但总体情况仍不容乐观（表 4.3）。

表 4.3　2016—2021 年典型国家海洋保护区占领海面积的比例

单位：%

国家	2016 年	2017 年	2018 年	2019 年	2020 年	2021 年
中国	3.77	5.41	5.41	5.41	5.48	5.48
美国	41.08	41.06	41.06	41.06	37.37	19.05
加拿大	0.87	0.87	0.87	2.91	8.78	8.86
澳大利亚	40.65	40.56	40.56	40.56	40.84	44.34
英国	20.24	28.87	28.87	29.16	44.20	44.20

资料来源：根据世界银行世界发展指标数据库的数据绘制。

此外，乡村生态环境治理往往需要大量的资金投入，但很多地区由于经济基础较差、财政资源有限，难以承担治理成本。目前，生态环境保护与修复的融资渠道比较单一，规模也相应比较小，主要依赖于政府的财政支出。与此同时，生态保护和修复工程周期很长，规模很大。投入大、收益慢导致很难吸引到社会资本。

根据联合国环境规划署（UNEP）和世界经济论坛（WEF）联合发布的《自然融资状况报告》，为有效应对全球环境危机，到 2050 年，全球对自然界的投资总额需达到 8.4 万亿美元。这意味着每年的年度投资额需达到 5 360 亿美元。然而，目前的投资水平远低于这一需求，显示了全球乡村生态环境治理资金总量的严重不足。根据 OECD 的数据，发达国家在 2019 年筹集到的气候基金只有 796 亿美元，这与其一年千亿美元的承诺相去甚远；另外，在所有资助中，有 71％是由多边发展银行提供的，而直接资助只有 27％，这在某种程度上增加了发展中国家的债务负担。

融资在国际乡村生态环境治理中确实扮演着至关重要的角色。乡村生态环境治理涉及诸多方面，如污水处理、垃圾处理、土壤修复、植被恢复等，这些都需要大量的资金投入。融资能够为这些项目提供必要的资金支持，推动乡村生态环境治理工作的顺利进行。

二、国际乡村生态治理政策

《与自然和平相处》指出当前地球面临着气候变化、生物多样性遭破坏及污染问题三大危机，人类必须改变与自然的关系。自然资源既是乡村自然地理系统的构成要素，又是乡村地区人类赖以生存的环境条件和社会经济发展的物质基础。全球为应对乡村生态治理制定的政策如图 4.11 所示。

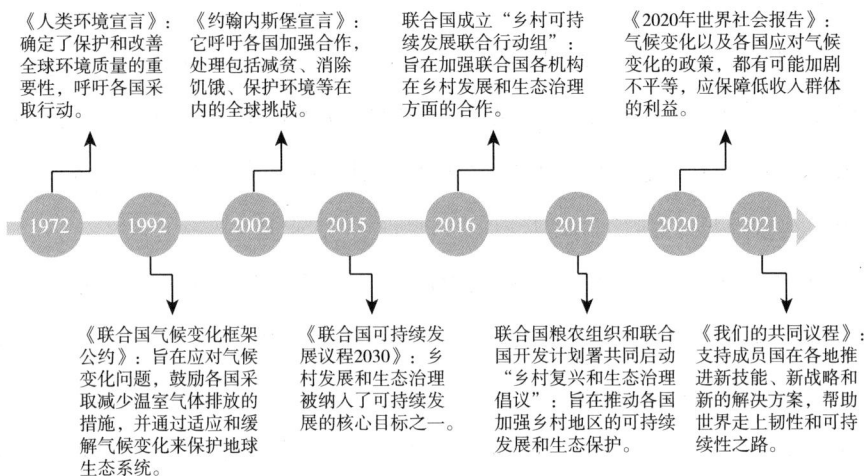

《人类环境宣言》：确定了保护和改善全球环境质量的重要性，呼吁各国采取行动。

《约翰内斯堡宣言》：它呼吁各国加强合作，处理包括减贫、消除饥饿、保护环境等在内的全球挑战。

联合国成立"乡村可持续发展联合行动组"：旨在加强联合国各机构在乡村发展和生态治理方面的合作。

《2020年世界社会报告》：气候变化以及各国应对气候变化的政策，都有可能加剧不平等，应保障低收入群体的利益。

《联合国气候变化框架公约》：旨在应对气候变化问题，鼓励各国采取减少温室气体排放的措施，并通过适应和缓解气候变化来保护地球生态系统。

《联合国可持续发展议程2030》：乡村发展和生态治理被纳入了可持续发展的核心目标之一。

联合国粮农组织和联合国开发计划署共同启动"乡村复兴和生态治理倡议"：旨在推动各国加强乡村地区的可持续发展和生态保护。

《我们的共同议程》：支持成员国在各地推进新技能、新战略和新的解决方案，帮助世界走上韧性和可持续性之路。

图 4.11 全球应对生态治理政策脉络图

资料来源：根据全球应对乡村生态治理的相关资料整理绘制。

（一）气候变化应对政策

气候变化是全人类面临的共同挑战，事关人类可持续发展。根据《全球风险报告2022》，气候风险是 2022 年全球主要风险之一。全球平均气温逐年升高（图 4.12）。联合国等国际机构，东盟、欧盟和非盟等区域组织，以及中国、美国、日本、印度等国家都高度重视并积极应对气候变

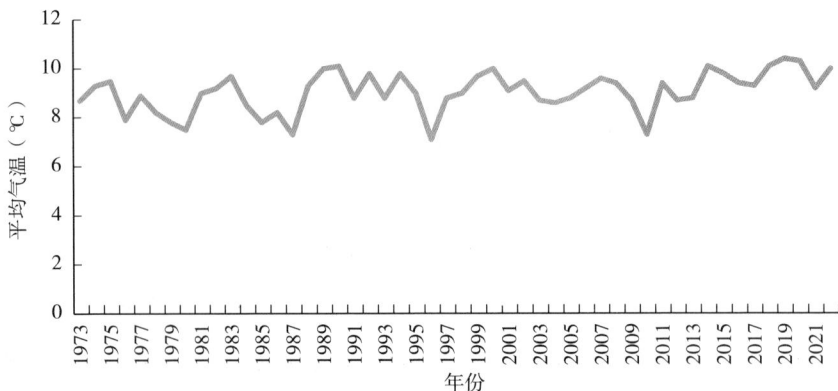

图 4.12 全球年平均气温

资料来源：根据美国国家海洋和大气管理局绘制。

化。根据 IPCC 第六次评估报告第二工作组（IPCC AR6WGⅡ）的评估报告《气候变化 2022：影响、适应和脆弱性》（IPCC，2022），从 2014 年第五次综合影响评估报告以来，气候风险显现的速度更快并变得更严重，全球有 33 亿～36 亿人生活在高脆弱地区，特别在西非、中非和东非、南亚、中美洲和南美洲、小岛屿发展中国家及北极。

减缓气候变化和适应气候变化是应对气候变化挑战的两个方面。减缓气候变化是指通过能源、工业等经济系统和自然生态系统较长时间的调整，减少温室气体排放，增加碳汇，以稳定和降低大气温室气体浓度，减缓气候变化速率。适应气候变化则是指通过加强自然生态系统和经济社会系统的风险识别与管理，采取调整措施，充分利用有利因素、防范不利因素，以减轻气候变化产生的不利影响和潜在风险。减缓气候变化和适应气候变化相互关联、相辅相成。减缓气候变化是应对气候变化的基础，而适应气候变化则是应对气候变化的重要手段。全球在应对气候变化方面的主要行动历程见图 4.13。

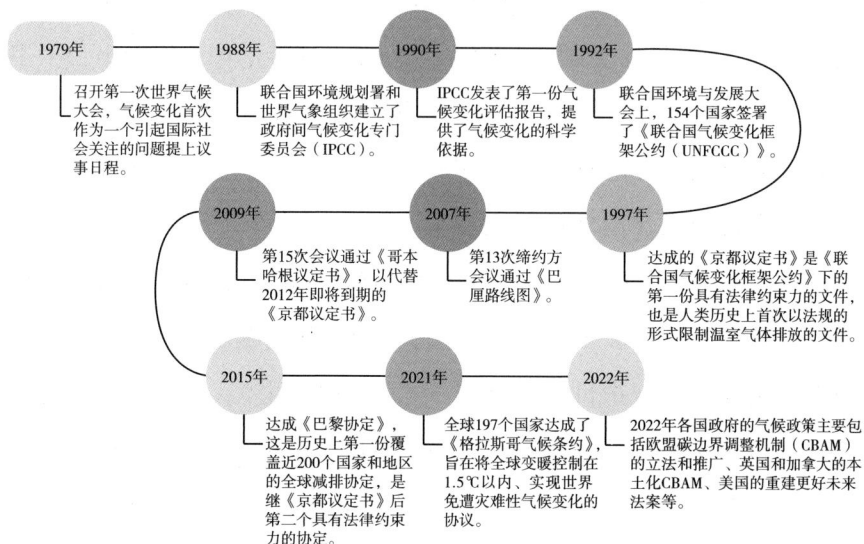

图 4.13 全球应对气候变化的行动

资料来源：根据全球应对气候变化的相关资料整理绘制。

1. 减缓气候变化

为应对气候变化，国际机构、区域组织和全球多个国家都出台了多项减缓气候变化的政策。主要集中于五个方面：第一，减少碳排放。许多国家已经实施了减少温室气体排放的计划，并发布了更加严格的排放限制法规，以遏制全球气温上升，并防止地球对人类生命及其栖息地的进一步威胁。第二，提高能源效率。推动能源转型，减少对化石燃料的依赖，并转向更清洁的能源，如太阳能、风能和水能。第三，推广可再生能源。许多国家正在推广太阳能、风能和水能等可再生能源，以替代传统的化石燃料，从而减少温室气体排放。第四，森林碳汇。森林能够吸收并储存二氧化碳，保护现有森林，植树造林和恢复退化土地是减少温室气体排放的重要措施。第五，绿色低碳生活。推动绿色低碳生活，例如节能减排、绿色出行、绿色消费等，减少温室气体排放。

20 世纪 80 年代以来，人类逐渐认识并日益重视气候变化问题，联合国环境规划署（UNEP）、政府间气候变化专门委员会（IPCC）、国际能源署（IEA）和国际可再生能源机构（IRENA）等国际机构致力于减缓气候变化，应对气候变化。以联合国环境规划署为代表的国际机构出台了多项减缓气候变化的政策。第一、《联合国气候变化框架公约》（简称《公约》），是应对气候变化的第一份国际协议，于 1992 年 5 月 9 日在巴西里约热内卢举行的联合国环境与发展大会上通过，于 1994 年 3 月 21 日生效，截至 2023 年 7 月，共有 198 个缔约方，是世界上第一个为全面控制二氧化碳等温室气体排放，以应对全球气候变化问题的国际法律文本，但它没有设定强制性减排目标。第二，《京都议定书》，为加强《公约》实施，1997 年《公约》第三次缔约方会议通过《京都议定书》（简称《议定书》），《议定书》于 2005 年 2 月 16 日生效，截至 2023 年 7 月，共有 192 个缔约方，建立了旨在减排温室气体的三个灵活合作机制——国际排放贸易机制、联合履行机制和清洁发展机制，这是人类历史上首次以法规的形式限制温室气体排放。第三，《巴黎协定》，是 2015 年在《公约》第 21 次缔约方大会暨《议定书》第 11 次缔约方大会（气候变化巴黎大会）通过的一项全球气候协议，对 2020 年后应对气候变化国际机制作出安排，标志着全球应对气候变化进入新阶段，截至 2023 年 7 月，《巴黎协定》签署方达 195 个，缔约方达 195 个。联合国环境规划署通过实施各种减缓和适应气候变化的项目和计划，帮助各国减少温室气体排放、增强适应能力，并提供技术支持和资金援助。联合国环境规划署还通过开展教育和宣传活动，提高公众对气候变化的认识和理解，促进社会各方面的参与和行动，在减缓气候变化方面进行了广泛努力。

联合国还通过出台各种减缓和适应气候变化的项目和计划、教育和宣传活动等措施来应对气候变化。2010 年在墨西哥坎昆举行的《联合国气候变化框架公约》第十六次缔约方大会（COP16）上成立了绿色气候基金，是全球气候架构中发展中国家专用的融资工具，旨在支持发展中国家应对气候变化挑战，限制或减少发展中国家的温室气体排放量，促进气候资金流向低碳和气候适应性发展项目，在帮助发展中国家应对气候变化挑战方面具有重大影响力。联合国于 2019 年举办了全球气候行动峰会，旨在促进全球领袖和公众对气候变化的意识和行动。

此外，还有一些区域性组织和民间机构，如欧洲环境部长会议、非盟等非洲联盟委员会、石油输出国组织以及绿色和平等，主权国家如中国、美国、英国、日本和韩国等也成立了相关的国家机构，致力于推动减缓气候变化的政策研究和实施。

自 1992 年以来，欧盟就致力于通过联合解决方案，推动其应对全球气候变化的行动进展，在减缓气候变化方面出台了多项政策。第一，《欧洲绿色协议》：2019 年 12 月 11 日，欧盟委员会发布《欧洲绿色协议》，提出了欧盟迈向气候中立的行动路线图，旨在通过向清洁能源和循环经济转型，阻止气候变化，保护生物多样性及减少污染，进而提高资源的利用效率，以期使欧洲在 2050 年之前实现全球首个"气候中立"。第二，《欧洲气候法案》：2021 年 6 月 28 日，欧盟国家通过了《欧洲气候法案》，是欧洲的首部气候法，该法律设定了中期目标，即到 2030 年将温室气体净排放量比 1990 年的水平至少减少 55%。第三，"Fit for 55"（"适应 55"）的一揽子计划，是对《欧洲气候法案》的一种补充，《欧洲气候法案》规定，到 2030 年实现欧盟减排至少减少 55% 是一项法律义务，而"Fit for 55"则是通过一揽子计划旨在使欧盟立法同 2030 年目标保持一致，主要包括强化碳交易、实施碳边境调节机制、2035 年停止内燃机车销售、替代燃料基础设施、航运中的绿色燃料、社会气候基金等 12 个具体内容。第四，REPowerEU 计划（重新赋能欧盟）：为了摆脱对俄罗斯的化石燃料依赖并加速绿色能源转型，欧盟委员会于 2022 年 5 月 18 日正式公布了"REPowerEU"能源转型行动方案，该方案计划在 2030 年前投资 3 000 亿欧元，通过加快可再生能源产能部署、能源供应多样化、提高能效三大支柱措施实现欧洲能源独立和绿色转型。

气候变化日益成为严重制约非洲经济社会实现可持续、包容性发展的最主要威胁之一。为增强气候风险管控能力，非洲围绕推进气候适应，探索提出了系统的治理愿景。非盟以泛非主义和非洲复兴的理念为引导，推进非洲国家间在应对气候变化议题上加强合作、夯实共识，在 2015—2035 年逐步推动非洲实现"气候智能型"（climate smart）社会经济发展。2010 年，东非共同体发布《东共体气候变化政策》（EAC Climate Change Policy），就成员国如何应对干旱、洪灾、饥荒、污染等环境挑战给出了相应的指导性意见，并就定期评估在东非次区域内推动气候适应的成果给出了相应的机制与时间表。2011 年，东南非共同市场、南部非洲发展共同体共同发起《东南非洲气候适应与减缓计划》（Programme on Climate Change Adaptation and Mitigation in COMESA-EAC-SADC Region），就如何支持非盟的气候适应愿景、协调域内国家发展"气候韧性型"（climate resilient）经济，制订了每五年一个周期的行动计划。2021年11月，中国与53个非洲国家和非洲联盟委员会通过《中非应对气候变化合作宣言》，建立新时代中非应对气候变化战略合作伙伴关系，实施应对气候变化南南合作和三方合作项目，树立气候变化"南南合作"典范。2022年非盟发布《非洲联盟气候变化和弹性发展战略和行动计划（2022—2032年)》，为非洲气候治理和可持续发展确立行动纲领。

气候变化的加剧对东南亚地区的自然环境、人类健康和经济发展都产生了重大影响。1978年东南亚国家已经成立了东盟环境专家组，并于1989年将其升级为东盟环境高官会议。东盟环境高官会议下设多个工作组，其中2008年设立的东盟气候变化工作组是应对气候变化问题的专门机构。东盟环境部长级会议1992年首次提出要采取紧急措施应对气候变化；2006年会议通过的《可持续发展宿务决议》将气候变化议题列为环境宣言的组成部分；2012年会议通过了《东盟环境曼谷宣言》和《东盟共同应对气候变化行动计划》；2019年会议将气候变化和海洋垃圾污染等新出现的核心问题视为需要地区采取集体行动来解决的巨大挑战，并通过了《东盟气候变化联合声明》。其中，《东盟共同应对气候变化行动计划》是东南亚地区气候治理的行动指南，东盟国家共同采取适应行动、减排行动、基金投资、技术转移等综合措施来应对气候变化。

2. 适应气候变化

为提高应对气候变化的能力，促进自然和社会的可持续发展，降低气候变化对生态和社会的负面影响，全球适应气候变化的政策主要包括以下几方面：第一，设定净零排放目标，全球范围内，应对气候变化已成为各国政府的核心议题之一，设定净零排放目标就是其中一项重要举措；第二，碳中和行动计划，围绕碳中和出台行动计划也是应对气候变化的重要举措之一，比如中国制定的碳达峰和碳中和的目标，计划在2030年前使温室气体排放达到峰值，并在2060年前实现碳中和；第三，遏制甲烷排放，甲烷是一种强效的温室气体，会导致气候变暖，全球范围内的很多国家都在努力遏制甲烷的排放；第四，碳定价政策，包括碳税和碳排放权交易等手段，通过市场机制来推动低碳经济的发展；第五，节能改造，在建筑、交通、工业等领域实施节能改造，提高能源利用效率，减少碳排放。联合国环境规划署等国际机构，欧盟、东盟和非盟等区域组织，以及全球各国都正在逐步加强适应气候变化行动。

联合国及其分支机构致力于推动全球适应气候变化的政策和行动。UNEP 出台的适应气候变化的政策和举措主要有：第一，《国家适应计划》（National Adaptation Plans，简称 NAPs），旨在加强全球适应气候变化的能力，减少对气候变化影响的脆弱性，通过提供政策指导、技术支持和资金援助等方式，帮助各国制定和实施适应战略和计划；第二，《国家适应计划指南》（Guidelines for National Adaptation Plans），该指南提供了一套指导原则和方法，帮助国家制定适应气候变化的政策和计划，包括政策制定、规划、实施和监测等方面的建议；第三，《国家适应计划中生态系统适应指南》（Guidelines for Integrating Ecosystem-based Adaptation into National Adaptation Plans），该指南提供了适应气候变化的生态系统管理原则和方法，以保护和恢复生态系统的弹性和适应能力。这些政策和指南旨在提供指导和支持，帮助各国和各行业制定和实施。2023 年 8 月联合国环境规划署发布《为了人类和地球：联合国环境署 2022—2025 年应对气候变化、自然丧失和污染的战略》，该战略是联合国环境署为了应对当前面临的气候变化、自然丧失和污染等环境问题而提出的一项战略。该战略旨在通过加强《联合国 2030 年可持续发展议程》的环境层面，以及考虑 2050 年地球可持续性的前瞻视角，来支持各国建设能力以实现国际协定下的各项环境目标和承诺，将气候变化、生物多样性丧失和污染这三个环境危机置于其工作的核心，为"行动十年"的前五年指明了前进道路。

欧盟一直积极应对气候变化，在适应气候变化方面制定的政策和措施主要有：第一，2007 年 6 月 29 日，欧盟委员会发布有关适应气候变化的政策性绿皮书《欧洲适应气候变化——欧盟行动选择》，确立了欧盟适应行动的四大支柱。第二，2009 年 4 月 1 日，欧盟委员会发布《适应气候变化白皮书：面向一个欧洲的行动框架》，以提高欧盟应对气候变化影响的应变能力。第三，欧盟气候政策的核心是其碳排放交易体系（EU Emissions Trading System，ETS），从集中于 CO_2 的排放源到将航空、海洋运输和林业等所有的温室气体排放部门都纳入 ETS。

东盟在适应气候变化方面采取了一系列政策、战略和规划。2009 年以来，中国与东盟国家通过联合制定与共同实施《中国-东盟环境合作战略（2009—2015 年）》和《中国-东盟环境合作战略（2016—2020年）》及行动计划在政策对话、环境影响评价、气候变化、生物多样性保护、环境可持续城市等优先领域开展了多利益相关方参与的对话与合作。2021 年，双方共同批准了《中国-东盟环境合作战略及行动框架（2021—2025 年）》。

非洲是全球受气候变化影响最大的大陆。近几十年来，非洲气温上升速度加快，与天气和气候相关的自然灾害日趋严重。世界气象组织报告显示，2022 年非洲大陆有超过 1.1 亿人直接受到气候灾害影响，气候相关自然灾害造成的死亡人数高达 5 000 人以上，造成的经济损失超过 85 亿美元。气候变化对非洲经济社会的间接影响也在不断加剧。2006 年，非洲经济委员会（非洲经委会）启动建立非洲气候政策中心的进程，旨在为成员国提供气候政策指导，旨在通过成功减缓和适应非洲气候变化，以及提高非洲国家有效参与多边气候谈判的能力，最终推动减贫。非盟《2063年议程》将提升应对气候变化、实现可持续发展的能力作为重要目标之一。非洲适应气候变化战略（African Adaptation to Climate Change Strategy，AACS）于 2013 年通过非洲联盟峰会正式采纳，并于 2015 年在联合国气候变化大会上得到确认，是非洲联盟（African Union）制定的一项战略计划，旨在帮助非洲国家和社区应对气候变化的挑战，并提高其适应能力。这些政策、战略和规划旨在加强非洲国家在适应气候变化方面的合作和行动，提高适应能力并减少脆弱性。同时，非盟也与其他国际组织和伙伴进行合作，共同应对全球气候变化的挑战。

截至 2023 年，已有数十个国家和地区提出了"零碳"或"碳中和"的气候目标，Energy & Climate Intelligence Unit 的净零排放跟踪表统计了各个国家进展情况，包括：已实现的 2 个国家，已立法的 6 个国家，处于立法中状态的包括欧盟（作为整体）和其他 3 个国家。另外，有 15 个国家（包括欧盟国家）发布了政策宣示文档（表 4.4）。

表 4.4　气候目标进展

进展情况	国家和地区（承诺年）
已实现	苏里南共和国、不丹
已立法	瑞典（2045）、英国（2050）、法国（2050、丹麦（2050）、新西兰（2050）、匈牙利（2050）
立法中	欧盟（2050）、西班牙（2050）、智利（2050）、斐济（2050）
政策宣示	芬兰（2035）、奥地利（2040）、冰岛（2040）、德国（2050）、瑞士（2050）、挪威（2050）、爱尔兰（2050）、葡萄牙（2050）、哥斯达黎加（2050）、斯洛文尼亚（2050）、马绍尔群岛（2050）、南非（2050）、韩国（2050）、中国（2060）、日本（本世纪下半叶尽早实现）

资料来源：根据 Energy & Climate Intelligence Unit 的净零排放跟踪表整理得到。

（二）生物多样性保护与恢复政策

生物多样性是人类赖以生存和发展的重要基础，然而全球生物多样性丧失的情况正面临严峻的挑战。根据世界自然基金会 2022 年 10 月发布的《地球生命力报告 2022》显示，1970—2018 年，全球范围内野生动物种群数量平均下降了 69%。全球生物多样性普遍受威胁的形势还在持续恶化。为此，世界各区域、国家均采取了积极的生物多样性保护性与恢复政策。全球在应对生物多样性方面的主要行动历程见图 4.14。

国际机构	区域组织	国家/地区
① 1992年，签署《联合国生物多样性公约》	① 东盟：《中国-东盟环境合作战略及行动框架》、2022年《中国-东盟投资贸易合作生物多样性保护指南》	① 中国：《野生动物保护法》《生物多样性战略计划（2011—2020年）》《中国生物多样性保护战略与行动计划（2011—2030年）》等
② 2000年，通过《〈生物多样性公约〉的卡塔赫纳生物安全议定书》	② 欧盟：《欧盟2030生物多样性战略》、《自然恢复法案》、《欧洲绿色新政》、欧盟"自然2000"	② 巴西：《国家生物多样性方案》《全国自然保护区系统》《生物安全法》《保护生物多样性和遗传资源暂行条例》等
③ 2010年，通过《遗传资源获取与惠益分享的名古屋议定书》	③ 非盟：《保护非洲野生动物、鸟类和鱼类公约》《中非合作论坛-达喀尔行动计划（2022—2024年）》等	③ 澳大利亚：《环境和生物多样性保护法》《重点栖息地登记簿》制度、《澳大利亚生物多样性保护国家战略》等
④ 2010年，确认执行《生物多样性战略计划（2011—2020年）》，并且设立了爱知目标		
⑤ 2022年，达成《2020年后全球生物多样性框架》		

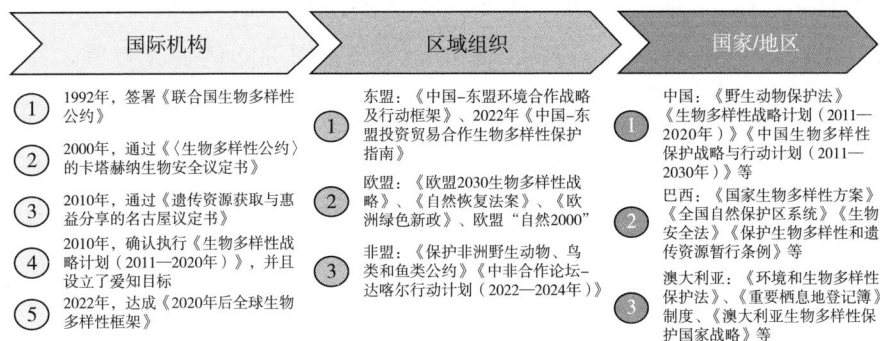

图 4.14　全球应对生物多样性的行动

资料来源：根据生物多样性保护和恢复相关政策梳理绘制。

《联合国生物多样性公约》是一项具有法律约束力的国际公约。根据《联合国生物多样性公约》，主要有三项目标：保护生物多样性、可持续利用生物多样性及公正合理分享利用遗传资源所产生的惠益。《联合国生物多样性公约》的第十五次缔约方大会闭幕，通过了《昆明-蒙特利尔全球生物多样性框架》。《昆明-蒙特利尔全球生物多样性框架》旨在阻止和扭转自然环境的丧失。该框架包含 2030 年以内及以后要实现的全球目标，从而对生物多样性进行保护和可持续利用。根据该框架，2050 年内要实现的四个总体目标侧重于生态系统和物种健康，其中包括：停止人为导致的物种灭绝，可持续利用生物多样性，公平分享裨益，以及落实和融资，包括填补每年 7 000 亿美元的生物多样性融资缺口。2030 年内要实现的23 个具体目标包括：保护 30％的陆地和海洋，恢复 30％的退化生态系统，实现入侵物种的引入减半，以及每年至少减少 5 000 亿美元的损害生物多样性的补贴。

根据联合国环境规划署发布的第二版《自然融资状况》，在全世界即将就《2020 年后全球生物多样性框架》展开磋商之际，用于自然环境的资金仍然不足；到 2025 年，基于自然的解决方案的资金流量需实现翻倍。要想阻止生物多样性的丧失，就需要在养护自然方面采取重大而紧迫的行动，而基于自然的解决方案则面临着许多挑战。《自然融资状况》报告指出，要阻止生物多样性的丧失，需要每年增加 2 300 亿美元投资，直至 2025 年。根据《自然融资状况》报告，为了实现未来的气候、生物多样性和土地退化目标，公共和私人行为体需要在未来 30 年将年度投资至少增加 4 倍。到 2050 年，总投资需求将累计达到 8.4 万亿美元，达到每年 5 360 多亿美元，是目前投资额的 4 倍，以达到控制气候变化、扭转损失和稳定生物多样性。

欧盟委员会发布的《2030 年全球生物多样性战略》和《从农场到餐桌战略》，共同致力于在 2030 年前恢复欧盟的生物多样性，加强对陆地和海洋的保护，恢复退化的生态系统，并建立可持续食物链。《2030 年全球生物多样性战略》关注土地和海洋的不可持续利用、外来物种入侵、自然资源过度开发等不利于生物多样性的因素，旨在使保护和恢复生物多样性成为欧盟总体经济增长战略的一部分。该战略提出将至少 30% 的欧洲陆地和海洋设为生态保护区，严格保护生物多样性和气候价值高的地区，让至少 2.5 万公里河流恢复自由流动，改善欧洲森林健康等。欧盟计划每年为该战略投入至少 200 亿欧元，这笔资金来自欧盟和成员国的公共和私人资金，以及欧盟应对气候变化预算。《从农场到餐桌战略》旨在建立公平、健康和环境友好型食品体系。该战略提出，将促进农药的可持续使用，杜绝土壤污染，发展有机农业，建立可持续的粮食系统，支持农民、渔民、水产养殖者向可持续生产过渡。欧盟委员会将在 2023 年前提出具有法律约束力的减少食物浪费目标，投入 100 亿欧元用于食品、农业、渔业、生物经济等领域的研发创新，加速农业的绿色和数字化转型。

东南亚地区作为生物多样性的胜地，野生动植物资源丰富。自然栖息地的破坏与污染、气候变化、外来侵入物种等威胁都让东南亚的生物多样性陷入危机。为了保护与恢复生物多样性，东盟国家在保护与恢复生物多样性方面采取的政策如下：①生物多样性保护区网络：东盟成员国设立了一系列自然保护区和野生动植物保护区，以保护珍稀濒危物种和生态系统。这些保护区形成了一个联网系统，促进了物种迁移和基因流动。②可持续林业管理：东盟国家致力于推动可持续林业管理，减少森林砍伐和非法木材贸易。他们通过建立林业认证制度、加强执法和监管，以及促进社区参与来实现这一目标。③濒危物种保护：东盟成员国制定了法律和政策来保护濒危物种，包括制止非法野生动植物贸易和走私活动。他们也加强了对野生动植物的监测和打击野生动植物犯罪的能力。④生物多样性保护与气候变化适应：东盟国家将生物多样性保护与气候变化适应相结合，通过保护和恢复湿地、森林和海洋生态系统来减缓气候变化影响，并提高生态系统的适应能力。⑤社区参与可持续发展：东盟国家重视社区参与和可持续发展原则，鼓励本地社区在生物多样性保护和管理中发挥积极作用。他们支持社区自然资源管理计划，以确保当地居民从生物多样性保护中获得经济和社会利益。

根据日本内阁批准的《2023—2030年国家生物多样性战略》，日本在生物多样性保护与恢复中的主要战略有：①恢复生态系统健康；②利用自然解决社会问题；③实现自然经济；④认识到生物多样性在日常生活和消费活动中的价值；⑤发展基础设施以支持生物多样性倡议和促进国际合作。美国政府发布的《国家生物防御战略》，是其迄今为止最为全面、系统地应对各类生物安全威胁的战略性文件，代表了美国对国内国际生物安全能力建设的新方向。主要措施包括：①加强全球生物监测系统的态势感知、事故表征和后果评估能力；②加强国内外生物监测实验室的监控运作能力；③加强对本国及别国生物防御能力的评估能力；④加强对国内外生物武器的识别、调查、归因和破坏能力；⑤加强对生物武器材料的拦截、禁用、销毁和追责能力，加强国际标本、试剂、情报的共享；⑥加强国际调查、追责与制裁能力。为了保护澳大利亚生物多样性，澳大利亚各级政府严格履行《生物多样性公约》，在联邦层面制定了《澳大利亚生态和可持续利用发展国家战略》和《澳大利亚生物多样性保护国家战略》两个专门的战略措施，指导全国生物多样性保护工作开展。澳大利亚在生物多样性保护与恢复方面的主要措施包括：①完善相关的法律法规；②建造国家公园，用以保护生物多样性；③进行生物多样性管理创新；④促进生物多样性保护技术研究。世界上很多国家都在保护和恢复生物多样性方面制订很多的措施，如制定法律法规、建立国家公园等。

生物多样性保护与恢复政策不断完善。国家生物多样性战略和行动计划（NBSAP）是国家一级执行《生物多样性公约》的主要政策工具。迄今为止，196个缔约国中193个国家已经至少制定了一份国家生物多样性战略和行动计划。生物多样性保护与恢复效果有待提高。根据《全球生物多样性展望》（GBO-5），20个生物多样性行动目标没有一个完全实现，但有6个部分实现（目标9、11、16、17、19、20）（图4.15）。其中，生物多样性行动目标的60个具体要素中仅实现12%。2022年生物多样性国际日的主题是"共建地球生命共同体"。该主题传达了这样的信息：生物多样性是我们能重建更美好的家园的基础，涉及以生态系统为本的气候办法和针对气候、健康问题、粮食安全、水安全以及可持续生计的基于自然的解决方案，各个国家需要携起手来，共同保护与恢复生物多样性。

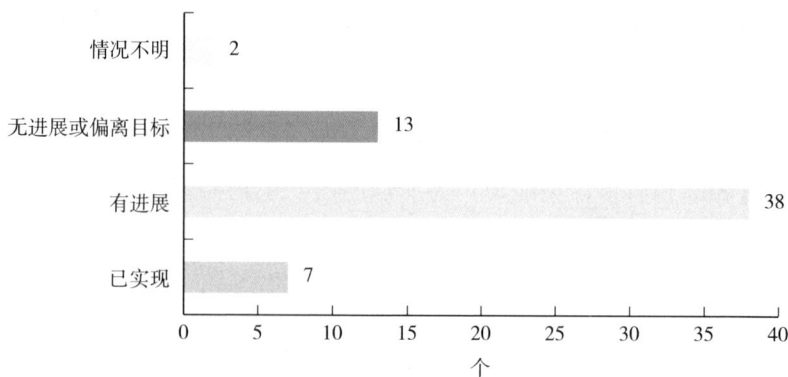

图4.15　《2011—2020年生物多样性战略计划》中20个
行动目标的60个具体要素的执行进度
资料来源：根据《全球生物多样性展望》绘制。

（三）污染治理政策

越来越严重的环境污染已经严重地影响了人们的衣食住行，现急需全球各组织、各国家对环境污染治理采取积极行动，以保护生态环境。全球污染治理是一个广泛而复杂的问题，主要包括：大气污染治理、水污染治理和土壤污染治理。

1. 大气污染

大气污染不仅对人类健康造成了严重威胁，还对生态环境产生了深远的影响。工业排放、交通尾气、农业活动和生活垃圾等，都是导致大气污染的主要原因。这些污染物质会破坏大气中的臭氧层，导致全球气候变暖和环境污染，对人类和地球的未来产生严重影响。$PM_{2.5}$空气污染平均年暴露量如图 4.16 所示。根据联合国环境规划署发布的《空气质量行动：全球减轻空气污染政策和计划总结》全球报告，在过去五年中，越来越多的国家针对造成空气污染的关键部门出台了相关政策。全球激励或促进工业清洁生产、能源效率和减少污染等政策的国家统计如图 4.17 所示。然而，在实施、资金、能力和监测方面存在巨大差距。联合国环境规划署呼

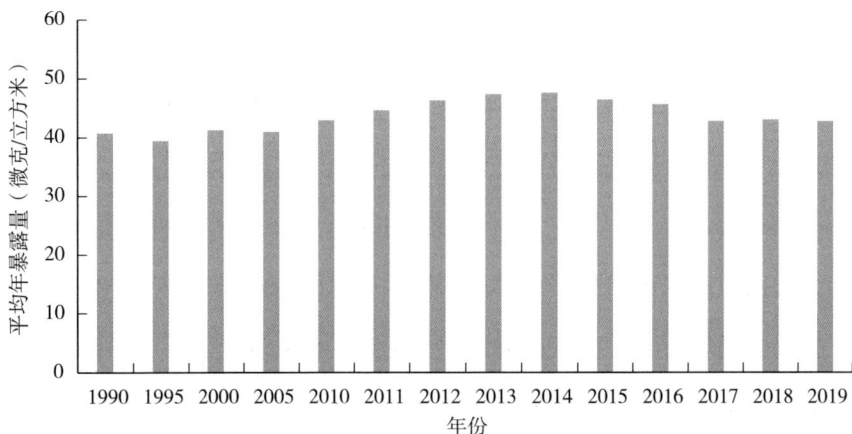

图 4.16　$PM_{2.5}$空气污染平均年暴露量

资料来源：根据世界银行的相关资料整理绘制。

呼各国投资于空气污染治理，将其纳入各自的新冠疫情后复苏计划。联合国环境规划署还呼吁制定基准来评估当前和未来的清洁空气行动，消除政策和计划实施中的障碍，包括资金和能力差距，空气质量监测设备的可负担性和维护挑战。欧盟发布的《欧盟行动计划：实现空气、水和土壤零污染》，最终目标是到2050年将空气、水和土壤污染降低到对人类健康和对自然生态系统不再有害的水平，该行动计划是《欧洲绿色协议》的一项关键性成果，围绕2050年的零污染愿景，行动计划设定了到2030年要实现的关键目标，并提出了一系列措施。

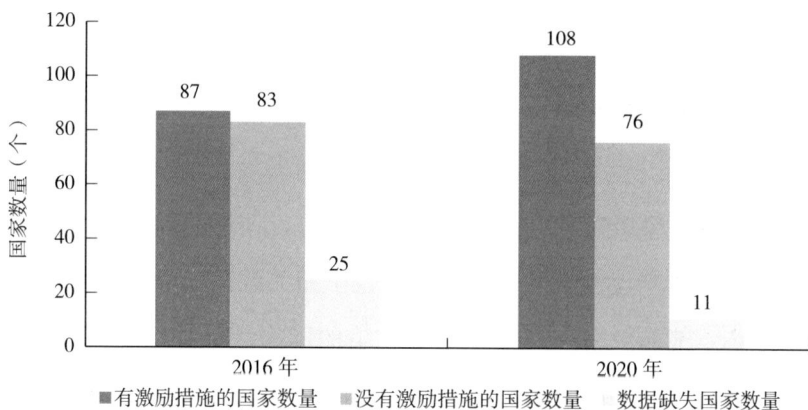

图 4.17 全球激励或促进工业清洁生产、能源效率和减少污染等政策的国家统计
资料来源：根据《空气质量行动：全球减少空气污染政策和计划摘要》数据绘制。

美国大气污染治理源于20世纪50年代发生的洛杉矶光化学烟雾事件，先后颁布了《空气污染控制法》《清洁空气法》以及为解决近地面 O_3 和 $PM_{2.5}$ 污染问题而发布的"清洁空气州际法规"。《美国塑料公约》制定了五大目标，包括列出到2021年被指定为有问题或不必要的塑料包装清单，并采取措施于2025年前消除这些包装；确保到2025年所有塑料包装都将100%可重复使用，可回收或可堆肥；确保到2025年，塑料包装中可回收成分或以负责任方式获取的生物基成分的平均比例达到30%，以及每年针对这些目标的进展发布公开报告等。日本大气污染治理源于

1960 年石化工厂附近患哮喘类疾病的病人数量激增事件。从 1968 年政府颁布《大气污染控制法》起，经过 30 多年的努力，日本空气质量才得到明显改善，但在大城市的中心城区，PM$_{2.5}$ 浓度达标存在较大困难。根据英国发布的《水政策白皮书》，要采取多种措施，解决过度取水和水污染问题。主要措施有：白皮书强调应从源头进行污染治理，核心是以流域为基础，与地方污染者、受益者及相关方就目标及行动方案进行讨论，在考虑各方建议的基础上，采取包括激励、生态服务付费以及加强跟踪监测等在内的各种行动，解决包括农业面源污染、私营废水处理设施、废弃金属矿山以及城市面源污染等在内的污染问题。世界各个国家都对本国出现的污染采取了很多措施，并取得了很好的进展。整体来看，全球大气污染防治政策和措施的主要演变趋势为：

第一，从区域到全球：早期的空气污染政策通常限于国家或区域范围内，例如比利时在马斯河谷烟雾事件后出台的《反对大气污染法》，美国联邦政府于 1955 年、1963 年、1967 年先后颁布的《空气污染控制法》《清洁空气法》和《空气质量法》，以及英国在 1956 年颁布的《清洁空气法案》等。而现在，随着全球环境问题的日益突出，全球范围内的空气污染政策也越来越多，例如世卫组织的《2021 年全球空气质量指南》。空气污染治理行动有显著进展。根据联合国环境规划署的《空气污染系列：空气质量行动》，截至 2020 年，超过四分之一的国家制定了国家空气质量管理战略，124 个国家（约三分之二）制定了环境空气质量标准的法律文书，各国正在通过各种方法扩大空气质量监测范围，但许多国家仍然缺乏可靠的常态化网络（图 4.18、图 4.19）。

第二，从单一到多元：早期的空气污染政策主要针对某种或某几种特定的空气污染物，例如比利时的《反对大气污染法》主要针对硫氧化物和氮氧化物。而现在的空气污染政策则更加多元化，它们同时关注多种空气污染物，例如世卫组织的《2021 年全球空气质量指南》就提供了关于六种主要空气污染物的中期目标。

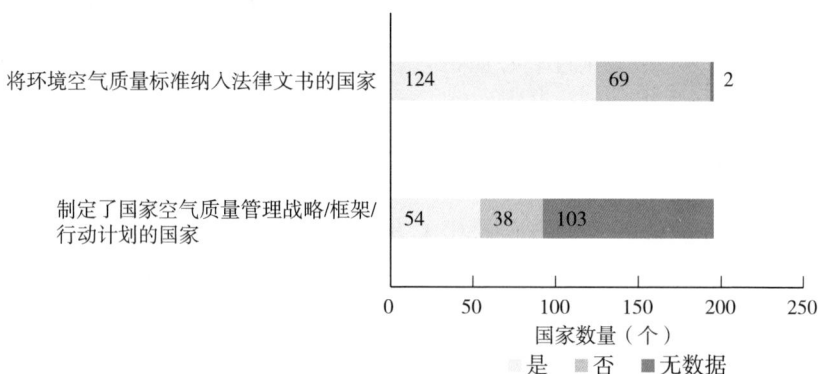

图 4.18　全球采取空气污染治理行动的国家统计
资料来源：根据《空气质量行动：全球减少空气污染政策和计划摘要》数据绘制。

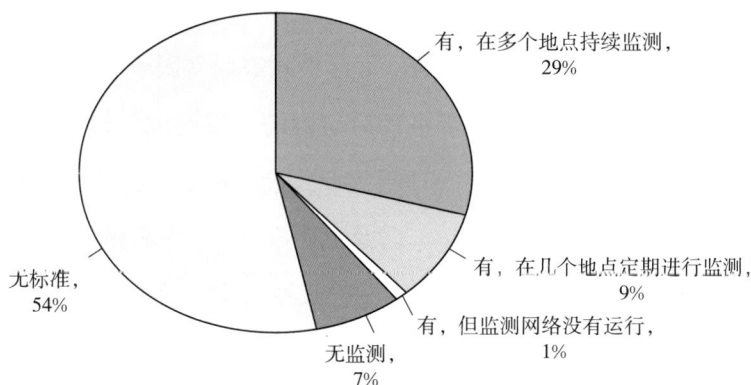

图 4.19　设有国家环境空气质量监测网络的国家占比
资料来源：根据《空气质量行动：全球减少空气污染政策和计划摘要》数据绘制。

第三，从末端治理到全过程控制：早期的空气污染政策通常集中在污染物排放的末端治理，例如在工厂的烟囱上安装过滤装置。而现在的空气污染政策则更加注重从源头开始的全过程控制，包括优化能源结构、鼓励绿色交通、提高能源效率等。

第四，从经验型到科学型：早期的空气污染政策通常基于经验和直觉，而现在的空气污染政策则更加依赖于科学数据和科学研究。例如，美国的《清洁空气法》在实施过程中就依赖于科学研究发现的主要空气污染物和其对人体健康的影响。

第五，从单边到多边：早期的空气污染政策通常由单个国家或组织制定并实施，而现在的空气污染政策则更加注重多边合作。例如，《联合国防治荒漠化和沙尘暴公约》（SDS）纲要就提供了关于如何评估及应对荒漠化和沙尘暴带来的风险以及采取行动的信息和指导，这需要多个国家和组织共同合作才能有效实施。

2. 水污染

水污染的现状非常严峻，全球的淡水资源面临严重的威胁。工业和生活中的废水排放、农业中的化肥和农药使用，以及城市化进程中的垃圾处理等，都是导致水污染的主要原因。这些污染物质不仅会破坏水生生物的生存环境，还会导致水质恶化，甚至影响到人类的健康。全球水污染防治政策及其演变趋势如下：

第一，从局部到全球：早期的水污染政策通常仅限于某个地区或国家，例如英国的《河流法案》（Rivers Act）主要针对泰晤士河的污染问题。然而，随着工业化和城市化的加速，水污染问题逐渐呈现出全球化的趋势，各国政府和国际组织逐渐开始加强合作，共同应对全球水污染问题。例如，联合国环境规划署（UNEP）和世界卫生组织（WHO）等国际组织积极参与制定全球水污染治理的政策和标准。根据联合国发布的《联合国海洋垃圾及微塑料相关活动和倡议的概述》，展示出联合国各机构在协助国家层面的海洋垃圾和塑料污染治理及推进将于第五届联合国环境大会续会（UNEA5.2）中出台的全球塑料污染治理新协议等工作上的有效作用。据亚太经合组织发布的报告《全球塑料展望：经济驱动、环境影响和政策选择》，该报告的主要目的是帮助决策者了解发展方向，作出科学决策，为子孙后代实现"河海零塑料"。

第二，从单一到综合：早期的水污染政策主要针对单一的污染源或污染物，例如英国的《河流法案》主要针对排放到河流中的工业废水。然而，随着人们逐渐认识到水污染的复杂性，水污染政策逐渐从单一的污染源控制转变为综合性的污染控制。例如，欧盟《水框架指令》（Water Framework Directive）的实施，旨在实现整个欧洲水资源的综合管理。

第三，从自愿到强制：早期的水污染政策主要基于自愿原则，例如企业自主减排和自愿水质协议。然而，随着水污染问题的日益严重，许多国家开始采取更严格的法律和政策措施，强制要求企业和政府履行水污染防治义务。例如，欧盟的《水框架指令》就明确规定了成员国的水质目标和排水标准，并实施严格的处罚措施。

第四，从国内到国际：全球水污染治理的政策和标准不仅限于国内层面，还涉及国际合作。例如，世界贸易组织（WTO）和联合国贸易与发展会议（UNCTAD）等国际组织积极参与制定全球水污染治理的政策和标准，推动全球水污染治理的国际合作。

水污染治理需要从多个方面入手，包括完善法律法规，提高环境标准，加大监管和执法力度，以及推广清洁生产和循环经济等。同时，还需要加强宣传教育，提高公众的环保意识和水资源保护意识。这样才能有效地治理水污染，保护水资源，维护生态环境，促进人类和社会的可持续发展。

3. 土壤污染

土壤污染防治是全球环境保护的重要环节。土壤污染源复杂，包括工业和城市废弃物、农业化学物质、重金属等。这些污染物不仅对土壤生物和植物产生危害，还会通过食物链进入人体，影响人类健康。

根据联合国《全球土壤污染评估》，日益加剧的土壤污染和到处扩散的废弃物正在威胁着未来全球的粮食生产以及人类和环境的健康，需要全球即刻行动起来，以应对这一挑战。不断增长的农业粮食体系和工业体系的需求以及日渐庞大的全球人口导致了严重的土壤污染问题，造成了广泛的环境退化，已成为全球生态修复过程中最大的挑战之一。土壤健康是地球健康的根本，2000—2017年，杀虫剂的使用量增加了75%。2018年，全球人工合成氮肥的使用量高达1.09亿吨。最近几十年来，塑料在农业中的使用量大幅增长。2019年，仅欧盟地区的农业领域就消耗了70.8万吨非包装用塑料。自21世纪伊始至今，全球工业化学品的年产量已经翻番，至23亿吨；预计到2030年还将增长85%。产生的废弃物逐年增加。目前，全球每年产生的废弃物约为20亿吨；随着人口的增长和城市化进程，预计到2050年，这一数字将增长至34亿吨。全球土壤污染防治政策主要包括以下几类：

第一，综合性政策：这类政策通常以"污染者付费"原则为基础，要求产生土壤污染的企业承担修复责任。同时，政府会给予一定的资金和政策支持，加强技术研发和应用，推动环保产业的发展等。例如，欧盟的《泛欧土壤保护计划》和美国的《土壤污染防治法》等。

第二，农业面源污染防治政策：这类政策主要针对农业活动中使用的化肥、农药等化学物质，通过限制使用、规定使用量等措施，减少化学物质对土壤的污染。例如，欧盟的《肥料使用指令》和《农药使用指令》等。

第三，工业污染防治政策：这类政策主要针对工业活动中的污染物排放，通过严格的排放标准和控制措施，减少污染物对土壤的污染。例如，美国的《清洁水法》和《清洁空气法》等。

第四，土地利用规划政策：这类政策主要是通过制定土地利用规划，合理安排城市和产业发展布局，避免因过度开发导致的土壤污染问题。例如，英国的《土地利用规划法》等。

第五，环境监测政策：这类政策要求对土壤环境进行定期监测，掌握土壤污染状况和变化趋势，为采取相应的防治措施提供科学依据。例如，美国的《国家土壤污染监测计划》等。

第六，污染场地修复政策：这类政策要求对污染场地进行修复治理，包括清理污染物、改善土壤质量等措施。例如，英国的《污染场地修复法》等。

全球土壤污染政策呈现多元化、全面化、联动性和创新性等特点，全球土壤污染治理是一项具有重大意义的工作，需要全球各国政府、企业和公众齐心协力，共同推进。

三、国际乡村生态治理的典型案例

（一）应对气候变化

1. 努尔太阳能电站

努尔太阳能电站是位于摩洛哥的一座巨大太阳能发电厂，也被称为努尔热能电站。它位于撒哈拉沙漠中的瓦尔扎扎特市，是世界上最大的集中式太阳能发电厂之一。

努尔太阳能电站采用了集中式太阳能发电技术，利用大量的平板太阳能收集器（CSP）来收集和聚焦太阳能，将其转化为热能。这些聚焦的太阳能被用来加热工作流体（通常是油或盐），然后通过热传导产生蒸汽，驱动涡轮机发电。该电站的建设始于 2013 年，于 2018 年正式投入运营。它的总装机容量达到 580 兆瓦，该电站每年预计可发电约 4.5 亿千瓦时，足以为约一百万户家庭供电。

努尔太阳能电站的建设目标是减少摩洛哥对化石燃料的依赖，提高能源安全性，并减少温室气体排放。该电站的运营将减少约 760 000 吨二氧化碳的排放，相当于每年种植约 3.7 万棵树。该电站的设计理念是利用撒哈拉沙漠充足的太阳能资源，既可以满足国内电力需求，又可以出口电力到欧洲。努尔太阳能电站的建设标志着摩洛哥在可再生能源领域取得了重要进展，并为其他国家提供了一个可行的模式，以利用太阳能资源来实现清洁能源发展目标。该电站的建设也带来了经济效益，为摩洛哥创造了大量就业机会，并减少了对进口能源的依赖。

摩洛哥的努尔太阳能电站对于应对气候变化和推动可持续发展具有重要意义。努尔太阳能电站的成功建设和运营为摩洛哥在可再生能源领域的发展树立了榜样。它不仅为摩洛哥实现可持续发展目标做出了贡献，还为其他国家提供了借鉴和启示，推动全球可再生能源的发展和应用。通过减少温室气体排放、降低能源依赖、创造就业机会和推动可持续发展等措施，该电站为保护环境、促进经济发展和改善人民生活水平作出了积极的贡献。

2. 中国新能源汽车产业

中国的新能源汽车产业已经发展成为全球领先的产业之一。从 2009 年开始，中国政府启动了大规模的新能源汽车推广计划，并在政策和资金上给予了大力支持。截至 2023 年，中国新能源汽车的保有量已经超过了全球的一半，达到 1 821 万辆以上。

中国的新能源汽车产业能够快速发展，一方面得益于政府的扶持政策，另一方面也归功于企业的不断创新和进步。中国的新能源汽车企业如比亚迪、吉利、蔚来、小鹏等，在新能源汽车技术、智能驾驶、充电设施等领域进行了大量投入和研发，不断推出具有竞争力的新能源汽车产品。

同时，中国的新能源汽车产业链也得到了不断完善，包括电池、电机、电控等关键零部件领域都已经有了一批具有竞争力的企业。此外，中国的新能源汽车充电设施也在不断建设和完善中，充电网络的覆盖范围已经越来越广泛，为新能源汽车的使用提供了便利。

中国的新能源汽车产业已经从政策驱动转向市场驱动，继续保持高速发展。预计到 2030 年，中国新能源汽车的保有量将达到 2 000 万辆左右，市场规模也将继续扩大。同时，在新能源汽车技术、智能驾驶、充电设施等领域，中国还将继续加大投入和研发力度，不断提升新能源汽车的技术水平和市场竞争力。

新能源汽车产业对应对气候变化极为重要。一方面，减少温室气体排放，新能源汽车，如电动汽车和氢燃料电池汽车，使用电能或氢气作为能源，不产生尾气排放。相比传统燃油汽车，它们能够显著减少二氧化碳、一氧化碳、氮氧化物等温室气体的排放，有助于缓解全球气候变化问题。这对于应对全球气候变化，减缓地球温度上升，保护环境具有深远的意义。另一方面，改善空气质量，传统燃油汽车的尾气排放是城市空气污染的主要源之一，其中包括有害的颗粒物和空气污染物。新能源汽车的零排放特性能够显著减少空气中的有害物质，改善城市空气质量，减少对人体健康的影响。这不仅能够提高城市居民的生活质量，也有助于推动全球公共卫生水平的提升。

3. 非洲绿色长城修复与和平计划

非洲绿色长城修复与和平计划也称为"撒哈拉以南非洲绿色长城"，是一个旨在抵御荒漠化、恢复生态系统并减轻气候变化影响的倡议。该计划于 2007 年由非盟提出，并得到了联合国环境规划署、世界银行和其他机构的支持，其愿景是通过在 11 个国家创造一幅绿色和富有成效的景观来改变数百万人的生活。该计划从一项植树运动发展成为一项全面的农村发展倡议，目标已经转变为沿撒哈拉沙漠南缘建成长约 8 000 公里的生态防护林带，治理 1 亿公顷荒漠化土地。该计划不仅涉及生态工程，还事关粮食安全和区域稳定，是非洲构建人与自然命运共同体的重要内容。其目标是到 2030 年恢复 1 亿公顷土地，封存 2.5 亿吨碳，创造 1 000 万个就业岗位。

通过恢复退化土地和大规模植树造林，非洲绿色长城计划将提供食物和水安全，为野生动植物创造栖息地，以及为居民留在干旱和贫困地区提供理由。该计划还将创造就业机会，促进经济发展，并改善当地人民的生活条件。该计划的主要目标是通过种植树木、草地恢复和土地治理等措施，将沙漠向南推进的趋势逆转，并在沙漠边缘地区建立生态屏障。主要措施有：①防治荒漠化：通过采取措施来减少土地退化和荒漠化，并改善当地土壤质量和水资源管理。包括植树造林、水土保持、防风固沙等技术手段。②建设绿化带：在撒哈拉沙漠南缘地区建设一道宽约 15 公里的绿化带，以抵御沙漠扩张并增加当地植被覆盖。这有助于改善气候条件、促进降雨和土壤保持。③促进农业发展：通过引入可持续的农业实践和技术，为当地农民提供培训和支持，以增加粮食产量、改善食品安全和提高农民收入。④促进就业和社会发展：计划通过绿化项目和相关经济活动，为当地居民创造就业机会，并提供教育、医疗和其他社会服务，以改善人民生活水平。⑤区域合作与和平推动：该计划鼓励跨国合作，加强非洲国家之间的合作和沟通，共同应对环境挑战，并促进和平稳定。这些措施不仅可以减缓气候变化带来的影响，还可以为当地居民提供就业机会和改善生活条件的途径。

截至 2023 年，该计划已经涉及二十多个国家，覆盖了超过 1 100 万公顷的土地，并且已经实施了大量的植树造林、草原恢复和土地治理项目。非洲绿色长城修复与和平计划是一项旨在帮助非洲人民应对气候变化和生态系统退化的重要倡议，有助于实现可持续发展目标，改善当地人民的生活条件，并为全球应对气候变化作出积极贡献。

（二）生物多样性保护与恢复

1. 发展中国家的生物多样性保护与恢复——以秘鲁为例

秘鲁是世界上生物多样性最丰富的国家之一，拥有丰富的生态系统和物种资源。秘鲁政府采取了多种措施来保护和恢复玛努国家公园及其周边地区的生物多样性。主要措施包括：①建立保护区：秘鲁政府在 20 世纪 80 年代初建立了玛努国家公园，将该地区划为受法律保护的区域。这一举措限制了不受监管的开发活动，确保了该地区的生态完整性。②非法狩猎和伐木的限制：秘鲁政府加大了对非法狩猎、非法伐木和采矿等活动的执法力度。通过设立巡逻队、加强监测和打击非法活动的行动，以减少对野生动植物的捕杀和栖息地的破坏。③社区参与和可持续利用：秘鲁政府与当地社区合作，促进社区参与和受益于保护措施。通过推广可持续的土地管理和资源利用实践，如可持续农业、林业和旅游，为当地居民提供经济机会，并鼓励他们成为保护区的关键合作伙伴。④科学研究和监测：秘鲁政府支持科学研究和监测工作，以了解该地区的生物多样性状况、物种分布和生态系统功能。这些数据对制定保护策略和管理计划至关重要。通过这些措施，秘鲁政府致力于保护玛努国家公园的生物多样性，并与社区、科学界和非政府组织等各方合作，共同努力确保该地区的可持续发展和生态平衡。

此项目是秘鲁在生物多样性和生态系统保护方面的一个典型案例。通过此类项目，秘鲁努力保护和恢复其生物多样性和生态系统，进一步遏制环境的恶化和生物多样性的丧失。

2. 发达国家的生物多样性保护与恢复——以美国为例

美国黄石国家公园是世界上第一个国家公园，也是美国最著名的国家公园之一。黄石国家公园以其丰富的生物多样性而闻名，拥有多种生态系统和大量的野生动植物物种。以下是黄石国家公园在生物多样性保护方面的措施和成就：

第一，物种保护：黄石国家公园是美国物种保护的重要基地之一。公园内有大量的保护动物，包括美洲野牛、灰狼、大角羊、美洲黑熊等。公园通过采取措施来保护这些物种，如限制人类活动、建立保护区域、监测和研究等。

第二，生态恢复：黄石国家公园还致力于恢复受损的生态系统。例如，在 20 世纪 90 年代，公园进行了一项大规模的灰狼重新引进计划，旨在恢复灰狼种群并重建食物链。这项计划取得了巨大成功，不仅恢复了灰狼的种群，还对其他物种和生态系统产生了积极的影响。主要包括：其一，促进食物链平衡恢复：狼的回归导致了食物链平衡的恢复。狼以麋鹿、驼鹿等大型草食动物为食，在控制这些物种种群数量方面发挥重要作用。过度放牧和过度捕食行为的减少使得植被得以恢复，河流环境和土壤稳定性也得到改善。其二，提高物种多样性：狼的回归对黄石国家公园的生物多样性产生了积极的影响。通过控制麋鹿等食草动物种群，狼间接地推动了其他物种的恢复。例如，森林栖息鸟类数量增加，捕食者如鹰和猞猁的数量也得到平衡。其三，有助于生态系统健康：狼的再引入促进了黄石国家公园生态系统的健康。它改变了动物行为，使得害怕狼的动物更小心谨慎地选择栖息地，减少过度放牧和采食，这对河流和植被的恢复有正面影响，从而提高整个生态系统的稳定性。

第三，生物监测和研究：黄石国家公园进行了大量的生物监测和科学研究，以了解和保护公园内的生物多样性。这些研究包括对动物迁徙、物种分布和数量的监测，以及对生态系统功能和生态过程的研究。这些数据和信息为保护措施的制定和实施提供了科学依据。

第四，教育和公众参与：黄石国家公园通过教育和公众参与活动，提高公众对生物多样性保护的意识和理解。公园组织了各种活动，如导游、讲座、工作坊等，向游客介绍公园的生物多样性和保护工作，并鼓励他们采取行动保护环境。

黄石国家公园在生物多样性保护方面取得了显著的成就。通过物种保护、生态恢复、生物监测和研究以及教育和公众参与，黄石国家公园保护和维护了丰富的生物多样性。黄石国家公园的成功经验为其他国家和地区的生物多样性保护提供了重要的借鉴和启示。

3. 多边合作的生物多样性保护与恢复

亚马孙盆地保护计划是一个旨在保护亚马孙雨林生态系统的综合性计划。作为地球上最大的热带雨林之一，亚马孙雨林对全球气候和生物多样性至关重要。以下是该计划可能包含的一些主要目标和措施：

第一，增加保护区：扩大现有的自然保护区和国家公园，并创建新的保护区以确保更大面积的雨林得到保护。

第二，反森林砍伐行动：采取严厉措施打击非法砍伐和滥伐行为，加大执法力度，并通过技术手段（如卫星监测）进行森林覆盖变化的实时监测。

第三，可持续经济发展：推动和支持亚马孙地区居民转向可持续的经济活动，鼓励他们采取环境友好的农业、林业和旅游等方式谋生，减少对雨林资源的依赖。

第四，加强土地权益：保护原住民和当地社区的土地权益，尊重他们的传统知识和文化，并让他们参与保护计划的制定和实施过程。

第五，国际合作与资金支持：促进国际社会的合作，在资金和技术上支持亚马孙盆地保护计划，包括来自政府、非政府组织和私人部门的资源。这些措施的目标是保护亚马孙雨林的生态完整性，减缓气候变化，保护物种多样性，并支持当地社区的可持续发展。"亚马孙盆地保护计划的生物多样性保护与恢复"是一个全面且雄心勃勃的计划，旨在保护和恢复亚马孙盆地的生物多样性，同时促进该地区的可持续发展。

肯尼亚蒙内铁路的生物多样性保护与恢复工作是共建"一带一路"中生物多样性保护的典型案例之一。肯尼亚蒙内铁路，全称为蒙巴萨至内罗毕铁路（Mombasa-Nairobi Railway），是肯尼亚的一条标准轨距铁路线。该铁路于 2017 年 5 月 31 日正式开通，连接肯尼亚首都内罗毕和港口城市蒙巴萨，全长约 480 公里。这条现代化铁路的设计、施工和运营均严格遵守各项环保指标，以确保铁路和野生动物和谐相处。在项目设计阶段，中方就考虑如何最大程度降低环境影响，尤其是要保护野生动物迁徙通道。为了确保铁路建成后野生动物尤其是大型动物如长颈鹿、大象的自由通行，蒙内铁路一期采用了特大桥全程穿越公园方案，最低桥墩超 6 米。此外，为减少对野生动物的影响，铁路沿线设置了很多野生动物通道，建设了数十座桥梁和数百处涵洞。在施工过程中，中方建设者还采取了一系列保护动物的措施，例如在横跨内罗毕国家公园的特大桥护栏两侧安装了声屏障，极大降低列车通过国家公园时的噪声，最大程度减少对野生动物的影响。肯尼亚蒙内铁路的生物多样性保护与恢复工作，充分体现了中国在共建"一带一路"中对生物多样性保护的重视。肯尼亚蒙内铁路项目成功示范了生物多样性保护与修复中的多边合作模式，为共建"一带一路"中注重生态保护、可持续发展提供了有益经验。

（三）污染防治

1. 大气污染防治

中国北京和德国鲁尔工业区都是世界上著名的大气污染治理典型案例，下面分别进行介绍。

2013 年中国北京市发生了持续性、大范围、高浓度的空气重污染，$PM_{2.5}$ 平均质量浓度接近 160 微克/立方米，引起了国内外的高度关注，全年重污染天数达到了 58 天，占全年的 15.9%，相当于平均每周有一天重污染。北京市大气污染防治的经验主要有：

第一，推行清洁空气五年行动计划和蓝天保卫战三年行动计划：北京市通过实施一系列政策措施，加强了对空气质量的监测和预测，推动了空气质量的持续改善。

第二，利用科技手段精准识别污染来源：借助卫星遥感、走航、视频监控等科技手段，北京市能够精确识别污染源头，采取针对性强的治理措施。

第三，采取多管齐下的治理措施：面对复合型污染的特点，北京市从工业、能源、交通、扬尘等多个方面入手，采取综合治理措施，取得了明显成效。

第四，持续加强区域联防联控：北京市加强了与周边地区的联防联控，共同应对区域性大气污染问题，推动了区域空气质量的整体提升。

通过实施上述措施，北京市取得了显著的大气污染防治成果。根据清华大学地球系统科学系教授张强的评估报告显示，自 1998 年至 2021 年，北京市的 PM_{10}、二氧化硫、二氧化氮和一氧化碳的年平均浓度分别下降了 70％、98％、65％和 82％。同时，北京市的优良达标天数增加，冬季污染天数显著下降，重污染天气的发生频率、峰值浓度以及持续时间均明显下降。其中，$PM_{2.5}$ 浓度下降了 62％，本地减排使 $PM_{2.5}$ 浓度下降了 30 微克/立方米，气象条件使 $PM_{2.5}$ 浓度下降了 11 微克/立方米，周边减排使北京市 $PM_{2.5}$ 下降了 15 微克/立方米。

德国鲁尔工业区曾经是德国空气污染最严重的区域之一。由于该地区的工业活动，包括大量的煤炭和钢铁生产，排放了大量的废气和烟尘，导致严重的空气污染。在 20 世纪 60 年代初期，德国鲁尔工业区的空气污染问题变得非常严重，以至于在 1962 年 12 月，该地区经历了一次严重的雾霾灾害。当时的逆温层天气持续了 5 天，空气中的有害物质不断累积，二氧化硫含量超过每立方米 5 毫克，导致 150 余人死亡。除了二氧化硫，工业污染物还造成了大面积的土壤污染，排放严重地超出了土壤的自净化能力。此外，莱茵河也因为工业污染导致氧气含量不断降低，生物物种减少，河水散发阵阵臭味。然而，德国鲁尔工业区采取多种措施，大气污染治理工作已经取得了显著的效果，空气质量得到了显著改善。

第一，严格的环保法规和治理措施：德国政府针对鲁尔工业区的大气污染问题，制定了一系列的环保法规和治理措施，包括建立烟囱自动报警系统，各工厂都必须建立回收有害气体及灰尘的装置等。这些措施有效地减少了大气污染物的排放。

第二，能源结构调整：鲁尔工业区积极推动能源结构调整，逐步淘汰煤炭等传统能源，转而使用清洁能源，如天然气、太阳能等，从而减少大气污染物的排放。

第三，绿色交通：鲁尔工业区积极推广绿色交通，区内设有大量的自行车道和公共电动汽车充电桩，鼓励员工使用低碳、环保的交通工具。

第四，环保教育：鲁尔工业区还注重环保教育，增强民众的环保意识和参与度。通过宣传和推广环保知识，提高民众的环保意识和节能减排的积极性。

第五，生态修复：鲁尔工业区在推动经济转型的同时，注重生态修复。区内已建成了大量的公园和森林，提供了一个优美、宜居的环境，使当地居民的生活质量得到了显著提高。

根据 2023 年的数据，鲁尔工业区空气质量达到欧洲标准。此外，鲁尔工业区的可吸入颗粒物和二氧化硫的浓度也大幅下降。

2. 水污染防治

2022 年，印度恒河复兴和阿联酋阿布扎比海洋恢复被评为联合国首批十大"世界生态恢复旗舰项目"，备受关注。

印度恒河是印度教徒心中的圣河，近年来却遭到了严重的污染。为了治理恒河的污染问题，印度政府采取了一系列措施。首先，印度政府于 1986 年发起了"恒河行动计划"，旨在通过截流、分流和处理生活污水来改善水质，并防止有毒和工业化学废物进入河流。该计划主要包括修复现有排污系统、建造污水处理厂和建设污水支流与分流点等措施。经过科学处理后的恒河污水不仅可以用于灌溉，还能提供各种副产品，如沼气和浓缩肥料。然而，尽管有这些措施，恒河的污染问题仍然存在。这是因为恒河流经的地区人口密集，大量生活和工业废水被直接排放到河流中，导致水质严重污染。为了解决这个问题，印度政府在 2014 年出台了一项为期 18 年的计划，旨在彻底治理恒河。该计划采用短期、中期和长期措施，旨在减少进入恒河的污染物，并改变印度人对恒河的观念。印度政府在短期内安装了 100 多万个家庭厕所和不少垃圾桶，并强制要求工厂安装污水处理设备。此外，政府还建设了 20 多个大型污水处理厂和数十个电动火葬场。这些措施旨在减少进入恒河的污染物数量。在中期和长期内，印度政府计划进一步修复现有排污系统，建造更多的污水处理厂，并建设更多的污水支流与分流点。此外，政府还计划通过宣传教育等手段，改变印度人对恒河的观念，让他们养成不乱扔垃圾、不随意倾倒废水的习惯。治理恒河是一个长期而艰巨的任务，需要政府、社会和个人的共同努力。尽管在过去的几十年中取得了一些进展，但要确保恒河的水质得到持续改善并保护河流的环境生态系统，仍需要继续加大投入和努力。

阿布扎比海洋恢复计划是阿联酋阿布扎比海洋世界的一部分，旨在改善阿布扎比海岸和海洋生态系统的健康状况和可持续性，促进生物多样性的保护和恢复。具体实施方法主要包括以下几方面：第一，生态修复：包括恢复海草床、珊瑚礁、红树林等生态系统。第二，保护海洋生物：通过建立海洋生物保护区，保护濒危物种，加强海洋生物监测和调查，了解海洋生物的分布、数量和生态习性等信息，为保护和恢复海洋生态系统提供科学依据。第三，环境监测和管理：加强环境监测和管理，严格控制污染源，改善水质和生态环境。在实施"阿布扎比海洋恢复计划"后，已经建成了一座拥有 2 500 万升储水量、容纳 68 000 多只海洋动物的海洋生物水族馆，并拥有一个核心景观——无尽视野（Endless Vista），这是一个 20 米高的垂直窗口，跨越多个楼层，可以展示令人惊叹的水生场景。此外，还建立了亚斯 SeaWorld 世界研究和救援中心，这是阿联酋首个专门的海洋研究、救援、康复和重返中心。这些措施将为改善阿布扎比海岸和海洋生态系统的健康状况和可持续性，促进生物多样性的保护和恢复提供有力支持。

3. 土壤污染防治

保护土壤对于未来的农业粮食体系、生态系统的恢复直至地球上的所有生命都至关重要。土壤污染是土地退化的主要原因，也是联合国生态系统恢复十年（2021—2030 年）的核心问题。

第一，农业实践案例：非洲纳米比亚 Berg Aukas 矿区的土壤污染防治。非洲纳米比亚 Berg Aukas 矿区的土壤污染治理是一个重要的环保项目。该矿区因长期的铜矿开采，导致周边地区受到严重的土壤污染，包括重金属和放射性物质的污染。这些污染物对当地环境和居民的健康造成了严重威胁。为了解决这一问题，纳米比亚政府和相关企业投入了大量的资源和人力，采取了一系列措施进行土壤污染治理。Berg Aukas 矿区位于纳米比亚，是一个曾经进行铅和锌的采矿活动的地方，而这些金属元素会通过土壤和水源进入当地的农田和农产品中，给当地民众带来健康风险。为了解决这个问题，当地政府与国际组织合作，实施青年职业培训。该计划旨在通过将培训设施搬迁到更安全的地点，以及提供有关如何最小化土壤和底泥中铅和锌的吸收的知识和技能，来减少当地民众暴露于这些重金属的风险。同时，该计划还鼓励当地居民采用更加环保的农业做法，例如种植耐铅植物、改善土壤质量、优化水资源管理等，尽可能减少摄入微量元素污染物的风险。这些措施不仅保护了当地民众的健康，同时提高了他们的收入和生活质量。通过结合环境保护和农业发展的措施，可以实现可持续发展。政府、国际组织和当地社区的合作，以及知识和技能的传授，对于减少污染物风险和提高当地居民的生活质量都是至关重要的。

第二，非农业实践案例：美国的重新供电方案。美国环保署制定了"重新供电"计划，以鼓励使用垃圾填埋场和矿区等污染场地进行可再生能源发电。美国环保署制定的"重新供电"计划，是一个旨在推动可再生能源发展和降低温室气体排放的计划。该计划通过利用垃圾填埋场和矿区等污染场地进行可再生能源发电，不仅可以减少这些污染场地对环境造成的负面影响，还可以促进可再生能源的发展和降低碳排放量。除此之外，该计划还支持投资于其他可再生能源项目，例如风力和水力发电等。这些项目可以帮助美国实现可持续发展目标，同时也可以创造更多的就业机会和经济活动。这个案例表明，环保和经济发展并不是互相排斥的。借助可再生能源技术，可以实现对污染场地的治理，并为可持续发展注入新的动力。

四、国际乡村生态治理经验与启示

土地资源、水资源、森林资源、海洋资源等自然资源是人类赖以生存和延续的重要生态环境，也是乡村存在与发展的基础环境和重要保障，是振兴乡村、保护乡村工作迫切需要关注的重要一环。从理念引导，到法律法规规范约束，再到科学技术和融资的多方位支持，各界都在为乡村振兴作出努力与贡献。站在历史的关键时期，人类已经将生态保护列入亟待解决的问题名单，要从理念、法规、科技、融资等方面进行全方位的生态保护。重视生态保护的理念和法规。环境保护和生态治理，首先要有意识。科技是实现生态治理的关键。科技对生态治理有着越来越重要的作用。可以提高生态保护和农村环境治理的效率。在生态文明建设过程中，全球都需要加强立法工作，加强法治建设，加快建立健全相关法律法规体系。完善的融资机制是生态保护和乡村振兴的关键之一，也是有效解决生态保护和乡村振兴资金问题的重要保障。同时，在推进乡村生态治理、乡村振兴过程中，政府也必须发挥主导作用。

（一）理念引导各国共同保护和修复生态系统

作为生态环境保护的引领和督导，理念在乡村振兴过程当中起到了至关重要的作用。近年来，国际生态保护理念正在演变，并逐步显出成效。自20世纪50年代以来，世界上主要生态危机发生的频率越来越高，影响范围也越来越广。在这样的背景下，国际社会开始了一场保护全球生态系统的运动。在这场运动中，人们逐渐形成了一套基于人与自然和谐相处的理念，并逐渐形成了一套保护自然生态系统的体系。大体分成了几个阶段。

第一阶段主要强调保护自然资源。20世纪50年代以来，随着工业化和城市化进程的加速，世界范围内的自然资源遭到了空前破坏。1950—1970年是人类历史上的第一个"人类世"时期。这一时期，由于人类活动对生态环境的破坏加剧，一些重要的自然生态系统开始出现退化或毁灭。20世纪60年代以后，生态保护成为全球性话题。联合国教科文组织将"生态保护"作为可持续发展的核心概念之一。1968年联合国环境与发展大会发表了《我们共同的未来》宣言，这一宣言提出了"可持续发展"概念，成为发展中国家制定可持续发展政策的重要依据。1972年联合国环境与发展大会通过了《人类环境宣言》，提出了人类共同遵循四项原则：尊重自然、合理利用自然、保护环境和应对环境问题。《人类环境宣言》标志着生态保护成为全球性议题。

第二阶段为重视生态系统服务功能。20世纪70年代后，由于气候变化和人口增长对生态环境造成的压力日益增加，各国开始重视生态系统服务功能和可持续发展问题。但在这一时期，各国关于生态保护的目标尚未达成共识。联合国环境与发展大会的《21世纪议程》（"千年议程"），提出了可持续发展的目标，但各国对于什么是可持续发展的理解存在很大分歧。20世纪90年代，在巴西举行的《生物多样性公约》缔约方大会上，各国首次就生物多样性问题达成了共识。

第三阶段更加重视全球生态系统。进入21世纪以来，人类在认识生态环境变化的同时，也更加重视全球生态系统服务功能和可持续发展问题。随着联合国可持续发展目标（SDGs）在全球范围内的推广和落实，全球生态保护事业不断向前推进。1992年联合国环境与发展大会通过了

《21世纪议程》，其"可持续发展目标"提出了一系列与环境有关的目标、指标和政策建议。"可持续发展"理念开始深入人心。进入21世纪以来，在全球范围内出现了一系列生态危机事件。在此背景下，以联合国为代表的国际组织和各国政府开始关注生态问题。2004年联合国环境规划署发布了《气候变化框架公约》，并于2007年开始实施；同年联合国气候变化框架公约大会提出了"气候变化适应计划"和"巴黎协定"；2010年12月召开的联合国可持续发展峰会上通过了《气候变化框架公约》和《巴黎协定》；同年10月在西班牙马德里举行的联合国环境与发展大会上通过了《联合国2030年可持续发展议程》，这一议程提出了"社会、经济、环境协调发展"的理念。至此，国际社会形成了"环境保护"与"可持续发展"并行的生态保护理念，并为全球生态保护事业提供了强有力的支持。

第四阶段重点在于提出"生物多样性"概念。自2012年以来，世界各国围绕"生物多样性"问题展开了广泛的讨论。在联合国可持续发展峰会上，《生物多样性公约》缔约方大会通过了《巴黎协定》。这一协定是国际社会为推动全球生态保护而达成的一项重要成果。《生物多样性公约》是迄今为止最全面、最完整的有关生物多样性的全球性公约。在《生物多样性公约》中，其目的在于促进全球范围内的生物多样性保护与可持续利用，旨在将"生物多样性"定义为"所有生物在其生长和生活过程中形成和维持的一种状态"，以及"在过去和现在一直存在或以任何方式为人类福祉作出贡献的各种生物种群的总和"。

世界各国通过对"生物多样性"概念的不同理解，为"生态保护"提供了多种途径和方法。在联合国可持续发展大会上，各国对于"生物多样性"的认识出现了变化。在2010年召开的联合国环境与发展大会上，各国首次将"生物多样性"概念纳入《生物多样性公约》，这一概念包含了两层含义：一是强调生态系统服务功能；二是将生态系统服务功能和可持续发展结合起来。

生态修复方法之一再野化，顾名思义就是对环境进行恢复和改良，使之更适合人类的需求，这种方式也称为生态修复。再野化是指对受到较多人为干扰后的自然生态系统的重建过程，即通过修复自然过程和所有营养级上完整或接近完整的食物网，使其成为自我持续且具有韧性的生态系统。这种方法可以帮助保护和恢复生态系统的健康，促进植物、动物和微生物的繁荣，从而实现生态平衡。

再野化技术是一种非常复杂的修复技术，包含了生态学、植物学、土壤学、生态学与农艺等多学科的交叉研究。再野化技术是当前全球范围内非常成熟和有效的生态修复技术，它能在极短时间内修复受损的生态系统，增加生态系统物种多样性和生物生产力。再野化技术具有可复制性、可生产性、可持续性等特点，能从根本上解决生物多样性丧失和土壤退化等问题。

再野化的基本思想来源于环境主义，它的出现与发展也与环境主义有着直接的关系。环境主义者认为，现代社会的一个主要问题就是环境污染，在这个背景下，"去野化"成为人们寻求解决这一问题的一个重要途径。在此基础上，"再野化"应运而生。再野化在理论上源于对去野化的批判和反思，在实践上则是一种反现代性的行为。

世界各地已有成效，从 20 世纪 90 年代开始，最有代表意义的是在北美洲与欧洲。在北美洲的广阔地域，具体涵盖美国东北部地区、加拿大北部与西部、美国中西部山地林区与草原区，以及阿拉斯加，印第安纳州与弗吉尼亚州的部分区域，这些地区中的某些特定区域展现了其独特的自然环境特征，包括山地、森林、苔原与沙漠等多样化的生态系统。针对此区域实施的再野化措施，成效已显著显现：该区域的植物物种数量实现了翻倍增长，天然植被密度亦得到了同等幅度的提升，从而有效增强了该区域的生物多样性水平。北美洲的另一个典型例子就是狼在黄石国家公园的再次引进：1995 年，黄石国家公园再次引进了狼，使其生态系统的结构与功能得到了很好的改善，逐步走向了健康的发展，并取得了较大的成功。在更广阔的范围内，戴夫·福尔曼再次启动了北美荒原计划。1993 年由哈维·洛克及其他人士共同发起的黄石至育空区保育计划，旨在建立一个由美国黄石至加拿大育空区约 3 200 公里的地区，以达到人与自然和谐共处的目的。

由于近几年来欧洲出现了大规模的农地荒废和野生生物的回归，再野化也是一个重要的自然保育问题。在农田、矿山等高强度的弃耕地区，由于弃耕程度较高，会引发一种积极或消极的弃耕行为。与欧洲再野化有关的做法包括：欧洲再野化组织在西部伊比利亚、多瑙河三角洲和南部喀尔巴阡山脉开展的试验计划；瑞士国家公园和白俄罗斯的切尔诺贝利隔离带采取不干涉的方式进行野生动植物的恢复。再野化是一种有前途的生态保护修复方法，可以帮助我们保护和恢复自然环境，推动可持续发展和乡村振兴。

在中国开展生态文明建设的大背景下，再野化问题对生态环境的保护与恢复有着十分重要的作用，迫切需要开展相应的研究与实践。一方面，中国土地利用的历史源远流长，尤其是在城市化、经济飞速发展的过程中，由于人为活动的加剧，使得再野化现象在很多地区发生了严重的退化，从而导致了再野化现象的发生。另一方面，近年来，随着乡村空心化和农用地的荒废，部分区域野生动物数量的恢复，及社会公众对野生动物的渴求，为实现再野化提供了新的契机。再野化与中国的生态保护修复理念有很高的一致性，与"人与自然是生命共同体"等生态文明理念也有很高的一致性。中国已有的退耕还林、退牧还草和重新引入物种等措施，为其再野化奠定了基础。而国土空间规划、建立以国家公园为主的自然保护地体系、实施"山水林田湖草"等重大实践，又为其再野化提供了新的历史机遇。

再野化在恢复生物多样性和生态系统稳定性方面具有重要意义。但是，目前再野化在群落层面的研究主要集中于原生群落的恢复和重建，且研究主要集中在特定环境条件下植物物种多样性及其稳定性的恢复，对土壤生境条件、人类活动和环境变化等因素对植物群落结构的影响关注较少。

（二）法律法规为生态保护与修复保驾护航

法律法规是生态保护与修复的重要基础，可以为生态治理提供有力的保障和支撑。在全球范围内，各国政府已经制定了一系列法律法规来保障生态环境的健康和可持续发展。从 20 世纪 70 年代开始，以《联合国气候变化框架公约》《生物多样性公约》为代表的全球环境保护法规和公约相继出台，其目的是通过法律来促进全球环境保护和治理，鼓励和限制人类活动对自然环境的影响。

从这些全球法规中可以看出，保护和恢复自然环境是人类实现可持续发展的前提条件。这些法律法规通过法律的手段对生态系统进行了强制性约束，但也存在一定的局限性，例如针对环境破坏问题的解决，法律法规通常是针对现有环境进行短期管控，而对于环境破坏问题的根本性解决，法律法规是无能为力的。再野化理念正是在这样的背景下诞生，它从全新的视角来看待环境问题，将生态修复与城市建设相结合，实现人与自然和谐共生。

1992 年，联合国环境与发展大会通过《21 世纪议程》，将"生态保护与恢复"列为可持续发展的重要目标。自 20 世纪 90 年代以来，联合国环境规划署、世界银行等国际组织也开始开展生态保护与修复方面的研究。2015 年，联合国环境规划署指出"可持续发展目标涉及的重要领域包括：经济增长、贫困减少、教育和健康、环境保护和应对气候变化以及自然资源可持续利用"。随着全球气候变化问题的日益严峻，各国政府对生态保护与修复的重视程度不断提升。2018 年 6 月，联合国环境规划署发布了《气候变化框架公约：减缓和适应》报告，强调了各国政府在应对气候变化方面的责任和义务，同时对各国如何应对气候变化提出了具体的建议。

随着《联合国气候变化框架公约》《生物多样性公约》等国际公约在全球范围内得到广泛遵守和实施，各国政府对生态保护与修复的重视程度不断提高，其相关法律法规也日趋完善。2010 年联合国环境规划署发布《生物多样性公约》缔约国履行《生物多样性公约》的执行情况评估报告，认为各国政府已采取措施保护生物多样性，并采取行动以改善生物多样性。2015 年，联合国环境规划署发布了《联合国 2030 年可持续发展议程》实施情况评估报告，对各国在 2015—2030 年采取的措施进行了评估和总结，并建议各国政府制定可持续发展战略以应对全球环境挑战。

近年来，随着各国对生态环境问题的重视程度不断提升，生态保护和修复的法律法规也不断完善，并在实践中发挥出了巨大的作用。总体来看，各国在生态保护与修复方面所采取的主要法律法规包括：

一是专门立法。以美国为例，美国出台了大量有关生物多样性保护、环境保护和自然资源管理的法律法规，涉及气候变化、水环境管理、土地利用规划、矿产资源开发利用、森林资源保护与可持续利用等多个领域。如《清洁水法案》《国家环境政策法》《清洁空气法案》《淡水湿地保护法》等都反映了美国对生态环境保护的高度重视。

欧盟《生物多样性战略 2020》通过立法保护生物多样性，推动生态系统的修复和管理，作为保护和促进欧洲生物多样性的指导性文件。该战略强调了生物多样性在欧盟可持续发展中的重要地位，以及"自然生态系统在保护和促进欧盟自身及欧洲各区域的生物多样性方面的关键作用"。该战略为实现上述目标提供了具体路径，包括制定保护和促进生物多样性的立法、对重要生态系统进行严格管控、推广生态修复技术、强化与周边国家合作等。

日本在自然保护方面采取了一系列法律法规措施，完善环境保护制度体系。日本是世界上国土面积最小的国家之一，自然资源非常匮乏，但其自然资源的种类繁多。近年来，随着日本经济社会不断发展，人口激增、城市化进程加快、资源短缺等问题日益突出。为了解决上述问题，日本制定了一系列法律法规以推动生态环境保护。为了促进生态环境保护和森林资源利用，日本于 20 世纪 60 年代制定了《关于森林资源保护和管理的法律》（即《森林法》）；为了提高水资源利用效率，日本自 20 世纪 60 年代以来颁布了一系列保护自然的法律法规，如《环境基本法》《日本资源管理基本法》等。

二是出台专项法律。1990 年联合国环境与发展大会通过了《21 世纪议程》，指出生态环境问题已经成为全球面临的重大问题，并将环境保护作为全球经济、社会、文化发展的重要组成部分。国际上也存在着许多生态保护和修复的公约和协议，1997 年联合国大会通过了《生物多样性公约》，明确了保护和促进生物多样性的基本原则、目标、机制以及具体行动计划。此外还有《联合国气候变化框架公约》《森林原则声明》等，这些公约和协议为全球生态保护和修复提供了重要的指引和标准。2002 年，联合国大会通过了《21 世纪议程》中的生态系统管理项目部分。目前，包括中国在内的全球 50 多个国家已制定了专门保护自然和自然资源的法律法规或条约。

中国自 2013 年以来密集出台多个文件，积极推动农村环境保护和治理，2021 年《中共中央 国务院关于全面推进乡村振兴加快农业农村现代化的意见》提出，推进农业绿色发展，实施农村人居环境整治提升五年行动；2022 年《中共中央 国务院关于做好 2022 年全面推进乡村振兴重点工作的意见》提出，接续实施农村人居环境整治提升五年行动。农村生态保护工作已经取得积极进展。

美国在拜登上台后，一改往日对环境保护的消极态度，重新加入《巴黎协定》，积极参与环境治理与保护。俄罗斯常年寒冷，严重依托于化石燃料，却严格控制排放量，要求排放量低于欧盟。欧盟在气候领域勇担重任，2000 年欧洲气候变化计划（ECCP）启动，2007 年自行决定新的减排计划，2014 年通过《2020—2030 年气候和能源政策框架》，2018 年提出"建设碳中和大陆"，2021 年就《欧洲气候法》达成临时协议。然而，从全球来看，部分国家或地区由于自身发展的限制，对相关环境保护和治理约定的执行不足，治理效果欠佳。法律法规的制定和实施对于生态保护与修复具有举足轻重的作用，在未来的生态治理工作中仍然需要继续加强和完善。

（三）科技创新驱动生态治理，还需再接再厉

科技创新在全球乡村生态治理中扮演着越来越重要的角色，通过科技创新，可实现乡村地区能源利用效率和可持续性的提升。不断推进的科技和创新成果可以为生态修复、资源利用、环境监测等方面提供有力支撑，同时也可以提高生态治理的效率和精准度，实现可持续发展目标。科技创新是推动乡村可持续发展的重要动力。与其他形式的技术相比，科技创新具有更好的可持续性和更高的效率，并且对环境变化具有更强的适应性。同时，科技创新也有利于促进产业结构调整和产业升级，从而提高劳动生产率和收入水平。联合国人居署发布的《科技驱动的乡村生态治理：可持续发展目标与创新》报告显示，全球乡村生态治理正面临诸多挑战，其中包括水资源短缺、农业灾害频发、生物多样性丧失以及土地退化等问题。

在气候变化背景下，从 20 世纪 50 年代开始，英国、德国、美国、日本等国就开始对清洁能源进行研究，并投入了大量的人力和财力。在 20

世纪 60 年代中期至 70 年代初期，美国在"曼哈顿计划"中将核聚变技术用于发电，以减少对石油的依赖。70 年代末期，英国等国家开始了核能发电的研究。德国则对地热能、太阳能和风能等进行了较为全面的研究。其中，面对二氧化碳污染，"碳捕获与封存"（CCS）技术能够有效地减少二氧化碳排放，是实现全球碳中和目标的重要途径。同时，CCS 技术可以通过封存大气中的二氧化碳，保护地球上的生态系统，并提高生态系统服务功能。利用 CCS 技术可以减少乡村地区二氧化碳排放量，为乡村地区提供新的发展机遇。

在水资源污染的背景下，缺水地区首当其冲，应因地制宜。近年来，国际国内出现了一批水生态环境修复技术。这些技术针对不同区域、不同行业、不同对象采取不同的处理方式，因地制宜、应运而生。日本相比于主要发达国家城市化水平比较晚，其农村污水的治理水平和治理技术要明显高于主要的发达国家，主要得益于污水处理净化槽。日本的净化槽主要分为三种：一是接触氧化法，二是生物膜技术，三是净化槽。生物膜技术主要是通过生物膜的形式将污水中的有机物、氮磷等营养物通过微生物的作用，转化成简单的无机物，从而实现净化污水的目的。该技术不需要进行后续处理，运行简单方便，容易操作维护，产生的污泥少，能减少二次污染。净化槽技术可以将污水中的氮磷等营养物质转化为简单的无机物，再将无机物通过人工湿地中的植物进行吸收和降解，使其达到排放标准。与其他技术相比，净化槽技术具有占地面积小、建设和运行成本低等优点。该技术处理污水成本低、效率高、管理方便、出水水质好，是一种较为理想的农村污水处理模式。日本生活污水处理净化槽由两部分构成，分别是主体和送风机。首先收集污水进入净化罐，与此同时空气被收集送入送风机，两者在其中进行氧化反应，处理后的水可以直接流入自然水体当中，可以有效缓解水资源短缺的问题。

在生物多样性受到威胁的背景下，中国的云南省昆明市给生物物种建造了家：中国西南野生生物种质资源库①，是按国际标准建立的野生生物种质资源保藏设施，世界上仅有两家。近年来，中国科研工作者不断采集、保存符合要求的种子，已保存植物种子 10 601 种 85 046 份，在保存的过程中还详细记录了时间、地点、温度、湿度、经纬度、海拔等信息。

各国还需充分促进科学技术和乡村生态治理相结合、遵循自然规律，因地制宜。乡村生态治理还需要充分利用科技创新成果。一方面要加强科技创新对生态治理的支撑作用。人工智能和大数据等技术可以实现对环境变化的实时监测与评估；机器人和无人机等装备可以实现对乡村地区生态资源的高效管理与利用；大数据分析等技术可以为乡村生态治理提供更加精准和科学的决策依据。数字技术与农村互联网等基础设施建设相结合，可以为乡村地区提供更加便利、高效和精准的社会服务；利用大数据分析技术可以识别影响环境变化的关键因素并加以解决。

面对全球乡村生态治理中的新挑战，要更加注重科技创新与实际应用相结合。首先要加强基础研究，突破产业发展和环境治理等方面的技术瓶颈；其次要重视科技创新成果在生态治理中的实际应用，并不断完善相关配套政策和法规。科技创新成果在乡村生态治理中的应用，可以为农业生产提供更加精准的技术服务，在解决农村劳动力短缺、农业生产效率低下等问题的同时，也可以推动乡村产业转型升级，为农民增收致富创造新机遇。

科技创新驱动生态治理要遵循科学规律。人类社会发展的历史表明，每一次科技进步都会引发生产、生活方式的变革。特别是在社会发展的关键阶段，科技创新为生态环境保护提供了有力支撑。而随着科学技术的不断发展进步，人类社会进入了信息时代，数字技术、互联网等为生态环境

---

① 张帆，李茂颖，叶传增. 中国西南野生生物种质资源库给生物物种一个"安心的家"［N］. 人民日报，2021 - 10 - 14（013）. DOI：10. 28655/n. cnki. nrmrb. 2021. 010794.

保护提供了更加便捷、高效和精准的科技支撑。因此，我们必须尊重生态环境保护的自然规律，充分发挥科技创新在乡村生态治理中的支撑作用。

科技创新驱动生态治理要充分考虑不同区域、不同发展水平以及不同历史文化传统等因素。一些地区由于自然地理条件恶劣、经济落后、基础设施薄弱等原因，往往缺乏可供大规模使用的清洁能源；一些地区由于人口密度过大、交通不便等原因，往往难以实施清洁能源替代；一些地区由于经济发展水平较低，往往难以建设完善的基础设施。

《科技赋能乡村发展 2022：数字科技赋能乡村产业发展》指出，以数据和知识为核心要素的数字农业可以减少粮食减损，控制环境面源污染，促进节能减排等，促进农业可持续发展。水资源短缺是导致农业灌溉用水短缺的主要原因，也是全球最大的环境问题之一。农业干旱是世界上最常见的气候变化现象，也是造成作物减产、粮食安全和生态系统退化等问题的主要原因之一。许多国家面临着严重的农业干旱问题，而应对这些问题需要通过技术创新和政策创新等措施来解决。

科技创新应成为驱动生态治理的核心引擎，积极引领绿色发展潮流，旨在实现人与自然和谐共生的美好愿景。随着经济社会的发展，人类生产生活对生态环境产生了巨大影响，甚至带来了巨大的压力。因此，推动绿色发展是解决全球生态环境问题的根本出路。科技创新在乡村生态治理中扮演着越来越重要的角色，一方面，通过科技创新可以提高乡村地区能源利用效率和可持续性；另一方面，通过科技创新可以提高生态系统服务功能和碳吸收能力。因此，要推进绿色发展，就必须坚持人与自然和谐共生、保护生态环境和资源永续利用等原则。

（四）融资是乡村生态环境治理的重要手段

生态治理不仅需要理念和法规的引导、技术的支持，这背后更大的需求是资金的需求。目前全球来看，生态环境保护与修复的融资渠道比较单一，规模也相应比较小，主要依赖于政府的财政支出。与此同时，生态保护和修复工程周期很长，规模很大。投入大，收益慢导致很难吸引到社会资本。为解决这些困境，需要政府、企业和社会各界共同努力，通过增加资金投入、优化投资结构、建立明确的投资回报机制和加强监测体系投资等措施，推动国际乡村生态环境治理工作的顺利开展。

截至目前有 138 个国家设定了碳中和目标，其余的国家设定了碳减排量目标，以及部分国家还未设定目标，几个主要的经济体碳达峰和碳中和的时间见表 4.5。2022 财年世界银行集团为帮助各国应对气候变化提供了创纪录的 317 亿美元，317 亿美元在世行集团 2022 财年贷款总额中占 36%，超过了《2021—2025 年气候变化行动计划》确立的目标：计划实施期间具有气候协同收益的业务占比平均达到 35%。

表 4.5　几个主要的经济体碳达峰和碳中和的时间

国家和地区	碳达峰时间（年）	碳中和时间（年）
美国	2007	2050
欧盟	1990	2050
加拿大	2007	2050
韩国	2013	2050
日本	2013	2050
澳大利亚	2006	2040
南非	2025	2050
巴西	2012	2060

资料来源：根据各个国家的碳达峰碳中和政策进行整理得到。

私营公司和公共实体加入环保融资行列。除了由国际组织和国家为解决气候变化问题提供的资金之外，"永续"和"绿色"债券也是私人企业和政府机构为支持气候与环境投资而提供的资金来源之一。2022 年，绿色债券发行经历了十年来的首次同比下降，达到了 4 871 亿美元，比 2021年减少 16%。当前的市场状况导致所有类别债券的发行量下降。绿色债券占总发行量的比例保持在3％，绿色标签继续主导全球主题债券发行，年底占绿色、社会责任和可持续发展债券、可持续发展挂钩债券以及转型债券（GSS＋债券）发行量的56％，累计总额达到2.2万亿美元。迄今为止，绿色债券的需求远远超过了供应，这种情况在2022年绿色债券发行中继续存在。

作为对绿色金融市场的重要补充和延伸，转型金融相关产品的发展已经成为可持续金融领域受到较多关注的议题。目前，房地产、交通和公用事业等行业具有相对完善的低碳转型路径，来自这些行业的实体可以较为轻松地使用绿色债券为其项目、资产和特定支出进行融资。而对于很多高碳排放行业，如水泥、钢铁和基础化学品等，市场上的转型相关路径才刚开始制定，明确募集资金用途用于特定行业的指引尚较为缺乏。对于这些高碳排放的企业实体，不限募集资金用途的可持续挂钩债券（SLB）已成为一个受到市场追捧的融资工具。可持续发展挂钩债券是一种将债券条款与发行人可持续发展目标相挂钩的债务融资工具，和绿色债券、碳中和债券等限定募集资金用途的产品相比，其在发行主体、募资用途、债券结构等方面都更加灵活。由于SLB允许发行主体为一般用途融资，机构实体可以设定自身的关键绩效指标（KPI）和可持续发展绩效目标（SPT），SLB市场在过去两年得到了强劲增长。从规模上，截至2022年，气候债券倡议组织（CBI）统计SLB发行量已达764亿美元，相比2021年的1 121亿美元下降了32％。

根据《中国转型类债券市场蓄势待发》，按符合CBI定义的绿债发行规模计，中国为2022年世界上最大的绿色债券发行市场（图4.20）。2022年，被纳入CBI绿色债券数据库的中国绿色债券达854亿美元（人民币5 752亿元），其规模引领全球。截至2022年末，境内外贴标债券发行规模累计达到了4 890亿美元（人民币3.3万亿元）；其中，符合CBI定义的发行量达2 869亿美元（人民币1.9万亿元）。境内发行的绿色贴标债券在中国在岸债券总体发行量中占比由 2021 年的 1％提高到 1.5％，仍有巨大的增长空间。

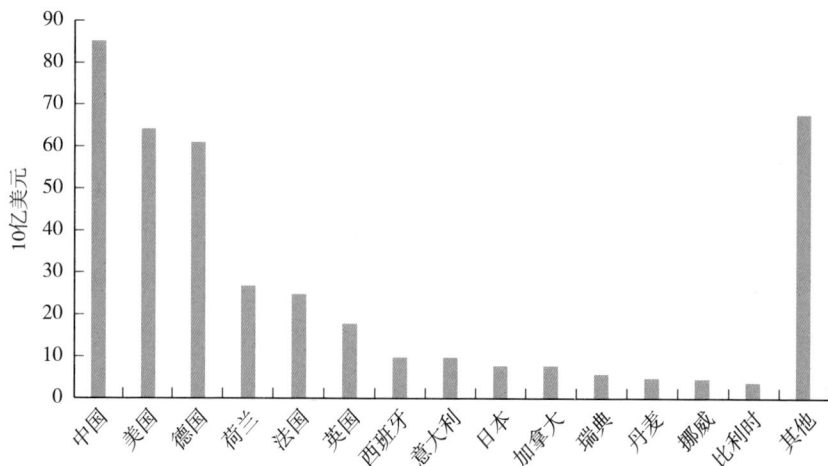

图 4.20　2022 年全球主要国家绿色债券发行量
资料来源：根据《2022 年全球可持续债券市场报告》绘制。

根据联合国环境规划署（UNEP）的《自然融资状况报告》，到 2050 年总投资需求将达到 8.4 万亿美元，每年超过 5 360 亿美元，是目前投资规模的 4 倍（图 4.21、图 4.22）。

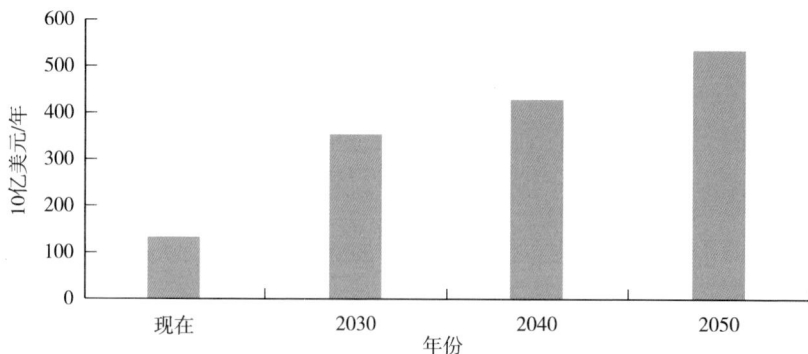

图 4.21　未来自然融资的年投资需求
资料来源：根据 2022 年 UNEP 的《自然融资状况报告》数据绘制。

从国家层面来看，美国通过不同法案和项目为农村环保提供资金支持，实施了多项计划，如土地休耕、水土保持、湿地保护、草地保育、野

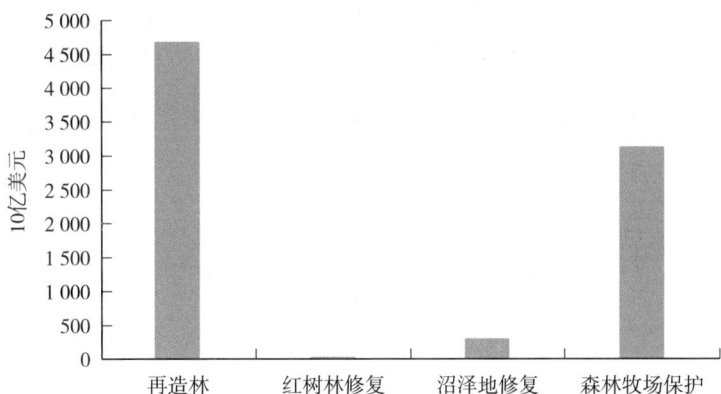

图 4.22　2021—2050 年自然融资的未来需求
资料来源：根据 2022 年 UNEP 的《自然融资状况报告》数据绘制。

生生物栖息地保护等，这些都是农村环保专项资金的支持重点，此外还有针对农村面源水污染处理的清洁水州立滚动基金等。例如，《2002 年农业法》中规定了农业生态环境保护补贴，该法案在 6 年有效期内提供了高达 220 亿美元的农业生态环境保护补贴，主要用于支持农村的清洁能源项目、生态环境保护计划、水质改善、土壤保护等。美国农业部曾斥资 6 亿美元用于农村清洁能源项目，以减少国家排放并加强能源安全。美国政府在环保资金的筹措和使用上，注重与非政府组织和私营部门的合作，通过公私合营、政府补贴等方式，共同推动农村环保事业的发展。瑞士在乡村建设的融资方面采取了多种策略和方法，包括政府补贴与激励政策、重视环境美化与基础设施完善、多元化的融资渠道以及生态环境型融资模式等。这些策略和方法共同推动了瑞士乡村建设的持续发展。比如，瑞士智慧农业公司 xFarm Technologies 筹集了 1 700 万欧元的资金，这是欧洲农业科技领域最大的 B 轮融资之一。这表明瑞士在推动农业现代化和智能化方面也在进行积极的投融资活动。

总体而言，国际乡村生态治理存在融资不足的问题，但是世界组织以及各个国家都在积极设计相关融资产品进行融资，私营公司和公共资本加入意愿较强。通过提供稳定的资金来源、引导社会资本参与以及促进乡村经济的发展，融资可以为乡村生态环境治理提供有力的支持和保障。应该积极探索多元化的融资方式，加强政府、企业和社会各界的合作与协调，共同推动乡村生态环境治理工作的顺利进行。

◎ 第五章　国际乡村组织发展

本章要点

　　乡村组织是实现乡村振兴的重要力量，是指在各国或地区的农村中存在的执行一定社会职能，完成特定社会目标，按照一定形式建立的共同活动的群体。乡村组织的发展离不开政府的政策引导，政府通过提供财政支持，完善法律法规，或整合各种社会资源等形式共同助力乡村组织的发展。乡村组织在政府的支持和引导下得到长足发展，但由于各个国家或地区的所处的发展阶段、政治制度、历史经验、传统习俗等方面存在很大差异，所以乡村组织的具体表现形式也各具特色。这里分别从发达国家、新兴经济体、发展中国家选取了十个案例进行分析。通过日本、美国、法国、德国、中国、印度、巴西、巴基斯坦、埃塞俄比亚、毛里求斯进行案例分析，得出关于国际乡村组织建设的经验与启示。

一、国际乡村组织发展现状及政策措施

（一）国际乡村组织的发展现状

1. 农业合作社是最传统的乡村组织形式

　　纵观全球农业发展史，19世纪中叶的英国已经出现农业合作社这种传统的乡村组织形式。当前，无论是发达国家，还是发展中国家大都存在着合作社的模式，农业合作社也是当前世界各国农业领域的重要组织形式。在

发达国家如瑞典，农业合作社模式在经营管理方面发挥重要的作用。农民加入合作社，成为合作社企业的所有者之一，瑞典政府通过中央机构的干预协调功能完善合作社的规章和行为，以此推动了农业产业的转型。

在美国，农业合作社由农民（农场主）、供应商和贸易商组成，根据美国农业部发布的《农业合作统计摘要（2021）》，美国有 1 699 个农民、牧场主和渔业合作社。美国政府通过正式颁布的农业政策援助体系来扶持农业合作社发展，如美国农业部资助新的增值合作项目，农业部农村公用事业服务局给公用事业合作社提供循环贷款专项资金等。20 世纪 90 年代后半期，传统的合作社已经不能适应经济发展的需要和社会进步的要求，合作社已经出现公司化、股份化、开放化等新发展趋势。

在中国，1949 年新中国成立后，中国共产党逐步组织引导农民通过发展互助组、初级社等形式，把农民组织起来，迅速解放和发展了农业生产力。进入 21 世纪后，农业合作社发展进入新的发展阶段，《中华人民共和国农民专业合作社法》于 2006 年颁布，对农业合作社设立应当具备的条件、农民专业合作社成员拥有的权利和义务从法律上加以限定。近年来，中国政府为了引导农民合作社适应市场竞争的需要，积极探索提升农民合作社自我发展能力和服务成员的水平，推动农民合作社由数量增长向量质并举转变。

2. 乡村发展进程中治理主体的多元化

目前，乡村治理已经从政府一元主体向多元主体转变。在中国的基层乡村，治理的主体包括基层党委、基层政府、村民监督机构和自治机构等。在村级行政单位，基层党委是村支部委员会、基层政府是乡镇政府、村民监督机构是村务监督委员会、村民自治机构是村民委员会。具体运作中，实行以党的基层组织为核心、村民自治和村务监督组织为基础、集体经济组织和农民合作组织为纽带、各种经济社会服务组织为补充的组织体系。例如在中国浙江省实现的"千村示范、万村整治"工程（简称"千万工程"）是中国国家主席习近平同志 2003 年在浙江工作期间进行的乡村治理的实践探索。

在美国的乡村振兴过程中积极引进市场机制，美国利用自身优势建立了许多大规模家庭农场，这些大规模家庭农场有的实行合伙制，有的实行股份制，它们本身就变成了市场主体。在美国的乡村区域规划方面，联邦政府与地方政府分工明确，往往是前者负责乡间公路投资和建设，后者承担垃圾污水处理以及水资源供给等方面的基础设施建设。在美国支持乡村发展的演进过程中，联邦政府还积极借助市场力量，逐渐强化政府与私人部门之间的合作伙伴关系。例如，美国支持乡村发展的资金来源，除了政府补贴以外，各种合作方也为乡村地区提供了重要的贷款和补助支持。这些合作方既包括白宫的乡村委员会、农村基金会，也有地方农业部的发展雇员、非营利性组织等。

总之，积极协调政府、市场和社会三者之间的关系，形成合力共同助推乡村发展，为乡村振兴提供金融支持和公共服务。

3. 不同乡村组织模式中农民的地位不同

农民在不同乡村组织模式中的地位不同。在东亚乡村组织中，村民处于主导地位。例如，日本农协着力解决单个农户所解决不了或解决不好的生产与生活问题，在分散的小农户与大市场之间建立密切联系，克服小规模家庭经营的局限性，提高农业经营效率。此外，农民合作社通过合作提高农民的市场地位，使农民在市场交易中受益，整合集体资源延长产业链，实现规模经济。韩国乡村的建设规划、农业生产等重要事务均由当地村民大会决定，农民在乡村治理中有着充分的发言权和决策权。

在欧美，村民与政府处于同等地位，政府将乡村治理的权力交还农民，农民通过议会会议协商决定村庄治理的公共事务。例如，以法国和美国为代表的欧美发达国家乡村治理注重精简乡村行政结构，充分发挥农民的自治作用。两国的农村都设立以议事组织和执行组织为核心的乡村二元行政组织。民间农业合作组织与政府管理机构保持协商和沟通，针对乡村规划建设、法案条令设定等与农户利益密切相关的乡村公共事务进行讨论，有效减少农民与政府沟通的障碍。

在非洲和拉美的一些国家，乡村治理体制不完善，农民的所处地位比较被动。在非洲，各国独立并实行土地改革后，农业生产以分散的小农和家庭农场为主，但这种规模小、分布散、水平低的生产模式很难适应现代化农业发展需要。近年来，非洲国家越来越重视独立自主地发展农业农村，通过把握本国农业农村发展自主权，推进农业农村快速发展，努力解决粮食安全与营养问题，探索提高农民组织和贸易协会的商业与技术能力。在拉美，过快的城市化进程引起城市病、贫富收入差距过大、乡村建设发展水平落后等诸多问题。为稳定乡村秩序，保障农民合法权益，各国政府着力调整乡村生产关系、加大农村地区基础设施建设力度、完善乡村治理体制。

（二）国际乡村组织的政策措施

国际乡村组织的发展离不开政府的政策引导，政府通过提供财政支持，完善法律法规，或整合各种社会资源等形式共同助力乡村组织的发展。

1. 国际乡村组织发展的政府引导

在不同类型的国家和地区，政府所发挥的作用不同。在欧美发达国家，美国积极的农业政策始于大萧条时期的罗斯福政府，第二次世界大战后的欧共体为提高农业生产率、改善农业人口生活水平、稳定市场、保证以合理价格向消费者供给产品，制定了《罗马条约》。到 20 世纪 80 年代，原有以政府干预为主的农业政策导致了农业生产过剩、农民收入下降和政府财政支出过重等问题，各国农业政策逐步转向强调市场机制基础性作用的调控和引导。从各国农民农业合作社发展看，有效的政府支持是合作社发展必不可少的外部条件。在农民农业组织的成长和壮大中，政府的支持和引导举足轻重。

在东亚新兴经济体国家，政府在农业农村发展过程中发挥重要作用。如韩国政府于 1994 年颁布《农地基本法》支持农业发展，伴随着"新村运动"，韩国政府积极引导农业合作社的组织与专业化功能，使其逐渐成长为独立自治、多功能发挥的农业合作组织。在非洲和拉美国家，政府农业农村发展政策的失灵常常源自农业政策之外的政府体制及其治理能力。在中国，各级政府高度重视基层治理体系和治理能力现代化，采用政府购买服务等方式促进社会组织的成长和发育，引导和规范社会组织供给服务水平。总体而言，政府对乡村组织发展的引导主要体现在四个方面：第一，在政府部门设立负责指导农业发展的相应事务部；第二，对农业发展进行政策引导和提供财政支持；第三，政府往往会通过立法的方式引导乡村组织的发展，以保障政策的持续性；第四，政府还协调整合社会资源与社会组织形成合力，共同支持乡村组织发展。

比如，在北美地区，美国和加拿大政府采取多种措施支持农业合作社的发展。首先，两国都设专门机构负责农民合作社发展事务。美国农业部设有农业合作社发展局，加拿大政府部门设有合作社秘书处主管合作社事务。其次，两国政府都对合作社的发展提供财税支持。美国政府给予农业合作组织各种形式的直接或间接援助，如向农业合作组织提供研究、管理和教育援助，农场主合作组织能够享受到合作银行提供的低于市场利率的贷款。加拿大政府除每年给合作社联盟拨出经费补贴外，并随时根据合作社提出的事业项目审批后再拨出专款资助。再次，两国都非常重视用法律引导合作社的发展。如美国于 1865—1870 年在 6 个州分别通过了有关合作社的早期立法。加拿大也有着比较完备的合作社法律体系，加拿大联邦合作社法于 1970 年颁布，1999 年进行修订。此外，两国政府还协调各种农村公共事业组织和其他社区组织，对农民合作社的发展形成有力的支持。如美国北达科他的农村电力合作社联合组织和农民信用服务公司、北达科他农民联盟及其他一些合作社联合组成了北达科他协调委员会。

在欧洲，一些欧盟成员国家的政府积极地对乡村组织发展实施引导。如 1867 年德国制定了第一部《合作社法》，1895 年瑞典颁布了《合作社协会法》。西班牙在 1885 年制定了合作社法，此后经过多次修改，1999 年 7 月 16 日再次通过新的合作社法。法国政府也在 1947 年 9 月 10 日公布了合作社的有关法律规章，并于 1992 年进行了修订。欧盟国家对乡村组织发展的支持还表现在财政方面。法国、德国、意大利等国政府特别注重对农民专业合作社的财税支持。如德国新成立的农业合作社 5 年内可享受创业资助，7 年内可享受投资资助。在法国创办任何为农业服务的合作社，政府都给予大约 25% 的投资补贴，并免除平时应交的工业利润和商业利润税、营业税和地产税。意大利政府对贫困地区的农业、饲养及农产品加工合作社，按股份一定比例进行投资，一般在 30%～40%，有的高达 70%。

在亚洲，东亚新兴经济体和一些发展中国家的政府也注重从立法、财税、政策制定等方面引导乡村的发展。如日本是亚洲第一个颁布合作社法的国家，先后于 1900 年、1943 年和 1947 年颁布过三部有关农业合作社法，由此形成日本独具特色的合作社法律制度。日本政府明确农业部门为农业合作组织的行政管理机构。在农林水产省设有经营管理局，下设农协课，各都道府县也设有农协课，负责对农协实行指导、管理和监督、监察。韩国政府于 1994 年颁布《农地基本法》支持农业发展，伴随着"新村运动"，韩国政府积极引导农业合作社的组织与专业化功能，使其逐渐成长为独立自治、多功能发挥的农业合作组织。韩国政府还通过农协向农民提供低息贷款，利息差额由政府补贴，并向农协支付一定的手续费，在资金上予以支持。亚洲其他国家如印度在第一个五年计划中就提出赞成和支持建立合作社，以后每一个五年计划都有关于发展和支持合作社发展的内容。泰国 1987 年制定的第六个国民经济五年计划中指出，政府要尽可能支持合作社的业务活动，及时提供经济信息，财政金融部门要提供贷款和利息优惠，帮助合作社提高业务经营效率。

在中国，中央政府和各级地方政府都非常重视对乡村组织的引导。2007 年 7 月 1 日起《中华人民共和国农民专业合作社法》开始实施。2022 年 8 月，中国共产党中央办公厅和国务院办公厅又印发《关于规范村级组织工作事务、机制牌子和证明事项的意见》。同年 10 月，中国共产党第二十次全国代表大会的报告明确提出，加快建设农业强国，扎实推动乡村产业、人才、文化、生态、组织振兴。这五个方面的振兴互为关联，相辅相成，其中组织振兴既是乡村振兴的目标之一，也是其他四个振兴的根本保障。在中国，中国共产党和政府都高度重视基层治理体系和治理能力现代化，采用政府购买服务等方式促进社会组织的成长和发育，引导和规范社会组织供给服务水平。

2. 国际乡村组织发展的法律保障

全球及主要地区颁布的关于农业发展的法律、法规是促进乡村振兴的重要保障。在农业发展史上，德国在 1867 年颁布第一部《合作社法》，美国在 1922 年颁布《卡帕—沃尔斯坦德法》，日本在 1947 年颁布《农业协同组合法》。这些法律法规为农业经济发展的传统模式——合作社的活动提供了法律依据和法律保护。随着时间的推移及国内外形势的变迁，这些法律也在不断被修改和完善。例如，日本 1947 年颁布《农业协同组合法》被修订过 85 次。法律的修订和完善是为了在新形势下更好地保护农民或农户的利益。

在日本，1947 年颁布的《农业协同组合法》中规定，农协以"提高农业生产能力，提高农民的社会经济地位，实现国民经济的发展"为目的，是法制化的农民自主合作组织。农协"从事的各项业务是最大限度地为成员做贡献，不以营利为目的"。此后几十年内，日本《农业协同组合法》历经几十次修订，但无论如何修改，其宗旨未变，日本《农业协同组合法》从国家的角度对农协的目的、法律地位、事业内容、经营管理、组织结构等做了原则性规定，对保障农协发展和保护农民权益起了重要作用。1961 年，日本政府为提高农地资源利用效率以及改变耕地细碎化格局，制定《农业基本法》，确立扩大土地经营规模的目标，鼓励和引导农户间农地所有权转让。此后，日本政府为进一步推动土地流转和实现规模经营，多次修订《农地法》《农业协同组合法》，并出台《农地利用增进法》《结构改革特别区域法》《食品、农业与农村基本计划》和《推进农地中介管理事业法》等法律文件，对农业、农村、农户予以法律保障。

在美国，美国联邦政府虽然没有单独针对合作社的法案，但各州根据各自实际出台了农业合作社法案。自 1922 年颁布《卡帕—沃尔斯坦德法》，百余年来美国农业合作社法与时俱进，不断完善与修订具体的法律条款以适应外部环境的变化。美国农业合作社法的修订主要体现在筹资、决策和利益分配机制的完善，并最大限度地保持了合作社基本原则不变，从而为合作社的持续健康发展提供了法律保障。美国联邦政府和州政府调整现有法律，相继颁布实施了有限合作组织法案。最早出台此类法律的州是怀俄明州，2001 年率先颁布实施《怀俄明州加工合作社法》，到 2006 年，类似的法律分别在明尼苏达州、田纳西州、艾奥瓦州和威斯康星州颁布实施。2007 年，美国全国统一州法委员会起草完成了《统一有限的合作社社团法》（Uniform Limited Cooperative Association Act，ULCAA）。此后，内布拉斯加州、犹他州、俄克拉荷马州、科罗拉多州等采用了该法。

在欧洲，作为农业合作社的发源地的英国，1852 年通过世界上第一部合作社法——《工业和储蓄互助社团法案》。此后 100 多年来，欧美各国不断推进立法工作和示范章程，规范合作社内部、合作社之间、合作社与其他经济组织之间的法律关系，确保社员的合法权利和组织的法律地位，推动农业合作社在税收减免、借贷融资等方面获得政策支持。德国也是农业合作社重要发源地之一，1867 年颁布了第一部合作社法——《关于经营和经济合作社私法地位法》。现行德国合作社法《工商业合作社和经济合作社法》制定于 1889 年，后来根据经济形势发展变化进行了数次修订，法律条款在严格和具体程度方面均超过了欧盟。经过 150 多年的发展，德国农业合作社种类日趋多样、体系日益完善，遍布全国的农业合作社为广大社员提供全面的服务，助力德国农民参与现代农业发展。此外，欧洲其他国家，如瑞典于 1895 年颁布了《合作社协会法》，西班牙在 1885 年就制定了合作社法，此后经过多次修改，1999 年 7 月 16 日再次通过新的合作社法。法国政府也在 1947 年 9 月 10 日公布了合作社的有关法律规章，并于 1992 年进行了修订。

在中国，2007 年 7 月 1 日《中华人民共和国农民专业合作社法》开始实施，这是中华人民共和国成立以来颁布的第一部合作社法，它赋予了农民专业合作社法律地位，赋予了其独立的法人资格，使合作社得以以合法市场主体身份进入市场，和其他经济主体发展业务关系，使得小农进入市场有了组织化的力量。其中，第八条明确规定了政府支持专业合作社发展的基本政策，即国家通过财政支持、税收优惠和金融、科技、人才的扶持以及产业政策引导等措施，促进农民专业合作社的发展。《农民专业合作社法》自 2007 年实施以来，有力地推动了专业合作社发展，农民专业合作社的数量呈井喷式增长。

3. 国际乡村组织发展的社会助力

乡村组织不是孤立存在的，它与政府、市场，以及其他社会组织有着密不可分的联系。乡村组织在政府的政策支持或引导下，与市场对接，同时还会与其他社会组织打交道。

在中国，中国政府也鼓励社会组织助力乡村振兴。中国民政部、国家乡村振兴局发布过三份关于社会组织参与乡村振兴的重要政策。提出要完善参与帮扶合作机制，促进全国性社会组织、省级社会组织以及东部地区社会组织、脱贫地区社会组织四类社会组织开展各类帮扶合作；要求组织动员部分重点社会组织对 160 个国家乡村振兴重点帮扶县进行对接帮扶，做好巩固拓展脱贫攻坚成果同乡村振兴有效衔接工作，并对社会组织助力乡村振兴的政策的实施具体落实举措。

在巴基斯坦，阿加汗乡村支助项目（Aga Khan Rural Support Programme，简称 AKRSP）的发展模式比较成功的，得到世界银行的认可。该项目是由阿加汗基金会发起，并由国际多家机构共同支持的项目。该支助计划始于 1982 年，其基本目标是通过人力资源开发和对自然资源的管理及开发，提高边远山区人民自我发展的能力，使他们能够稳定、公平地改善自己的收入和福利，促进贫困社区的可持续发展。

在非洲，比如毛里求斯福尔肯公民联盟（F. A. L. C. O. N Association），它是 2004 年正式注册的毛里求斯农业领域的社会组织，旨在探索农业可持续发展道路，致力于发展当地农业事业。毛里求斯福尔肯公民联盟长期支持农民和农民组织在国际、国内就农业产业开展生产、营销和宣传活动，为弱势群体创造就业机会，提供生态农业和商业合作社方面的教育与培训；积极参与生态环境治理，开展应对气候变化的运动，致力于环境保护与可持续发展。

二、国际乡村组织发展的实践案例

乡村组织在政府的支持和引导下得到长足发展。由于各个国家或地区的所处的发展阶段、政治制度、历史经验、传统习俗等方面存在很大差异，所以乡村组织的具体表现形式也各具特色。这里分别从发达国家、新兴经济体、发展中国家选取了十个案例进行分析。

（一）日本的农民合作经济组织：半官半民双重角色

日本农业协同组合（简称农协）在 1947 年日本国会通过《农业协同组合法》后被正式确立为民间合作经济组织。第二次世界大战结束以后，为巩固战后农地改革成果和解决积贫积弱的小农对接大市场的难题，日本当局决定建立农民自组织团体，即农协。受到日本政府一系列政策、财政和税收等方面的支持与鼓励，日本农协发展迅猛并很快形成燎原之势。到 1950 年，日本农协吸纳了全国 99％以上的农民加入，基本实现了对全国农村的覆盖，同时成立了包括市町村的基层农协、都道府县的农业联合会和全国性的中央联合会的三级农协组织机构，完善了组织结构的建制。基层农协是指市、町、村行政区域的农业协同组合；县农协是泛指都道府县层面的农业协同组合；全国农协是指中央层面的农业协同组合。

日本农协是日本最重要的农村社会组织，在组织农民争取政治、经济利益，参与农村建设多方面发挥作用。前面提到过，日本农协着力解决单个农户所解决不了或解决不好的生产与生活问题，在分散的小农户与大市场之间建立密切联系，克服小规模家庭经营的局限性，提高农业经营效率。其次，日本农协组织在日本社会中扮演着政府与农民之间纽带角色，农协与政府有密切的联系，日本政府会在政策上给予日本农协农业发展上的帮助，如财政补贴、税收优惠等，日本农协还配合政府工作，给政府提供更快捷全面的农业数据。再次，日本农协在有些时候也会影响政党议员选举。比如，在日本众议员选举时，日本农协会把农户聚集在一起，给农民进行选票分析，鼓励选民投选有利于农业的候选人。反过来，日本农协的号召和组织会导致候选人非常重视农业的发展和农民的利益。很多地方候选人都是出身农村，代表着日本农协的利益，也更会考虑农民的需求。

日本综合农协的业务范围广泛，在农民生产生活和农村公共事业等方面发挥了重要作用。农协自成立之初便具有半官方性质，其作为政府和农民的中介，贯彻执行政府的各项政策措施，同时又被视作农民利益的代言人，代表农民发表言论，影响政治决策。首先，农协依靠与政党的联系获得政治谈判地位，在国家战略决策议程中具有一定的影响力，提高了农民的谈判能力与谈判地位。其次，农协借助农产品的控制手段与市场垄断手段，化解了小农与大市场的矛盾，促进了农民增收，保护了地域农业利益。第三，农协为其成员提供了农民生活领域与农业生产领域的社会化服务，是促进农业生产与农民生活由初级阶段迈入高发展阶段的保护性组织与服务性组织。

可以说，日本农协以行政村为基本单位，通过县级联合会及全国中央会的多层网络将全国农民联合成一个整体。农协不仅在生产和生活上给予农民指导，也是国家政策的执行者，同时又代表农民群体来争取政府的各项支持，是政府与农民之间的纽带。日本农协与行政系统形成了一种相互合作的模式，在日本农村治理上发挥了巨大作用。

（二）美国的农民合作经济组织：规模化企业化运作

美国的农民经济合作组织主要是农民专业合作社，它以为农民服务、带领农民获益为主导，为农民提供所需的化肥、技术及农业贷款等。美国以家庭农场作为基本的农业生产单位，因此农民专业合作社也称为农场主合作社，其特点是组织完善、规模庞大、分布广泛、功能齐全，是美国农业现代化生产、加工、销售等主要形式。美国农业部曾经给农场主合作社下过这样一个定义：农场主合作社是由拥有共同所有权的人们在非营利的基础上为提供他们自己所需要的服务而自愿联合起来的组织。1922 年美国国会通过的《卡帕—沃尔斯坦德法》确定了农民专业合作社的法律地位及享有的政府优惠政策。

美国的农民专业合作社发展规模较大。美国粮食生产率约占世界粮食总产量的 1/5，但其粮食产量的 80％由农民专业合作社进行生产加工。现有农民专业合作社 4 000 多家，拥有 300 多万社员，年营业额达 1 000 多亿美元，净利润达 20 多亿美元，已成为美国农业的一个重要经济实体。在美国几乎所有农民都参与了农民专业合作社，甚至有的农民同时加入几个不同性质的农民专业合作社。农民专业合作社具有上联市场、下联农户的有效对接功能，在农业发展中起着引领的作用。下面以美国俄勒冈州为例详细介绍美国农民专业合作社的具体运作过程。

在俄勒冈州，目前共有 55 个农民专业合作社，包括 36 个生产特定农产品的农民专业合作社（如牛奶、蔬菜、肉羊农民合作社等），还有 10 个具有特定功能的农民专业合作社（如农业教育、农业法律、保护水资源等）、5 个综合性的农民专业合作社（如农场联盟等）和 4 个面向特定人群的农民专业合作社（如女农民合作社、未来农民合作社）。这些农民专业合作社具有明确的职责、完善的内部组织架构。农民专业合作社全体会员选举产生董事会，由董事会聘请专职经理人负责日常事务，重大事项由全体会员大会决定。例如，俄勒冈州的农民专业合作社——农场联盟，选举产生了 22 名董事并成立了董事会，董事会聘请了 1 名执行经理，执行经理招聘 12 名全职员工协助处理日常事务。

虽然美国农民专业合作社这种企业化运作模式，不同级别的合作社以及合作社社员之间没有领导关系，状态比较松散，但是农民专业合作社发挥的作用没有减弱。第一，美国的农民专业合作社为成员提供各类教育和培训项目。如为地方合作社成员定制的教育项目，面向合作社领导者以及职员的培训课程和信息项目；邀请合作社领导者及其成员参加合作社的年度会议，为合作社领导者提供"智囊团"作用。第二，合作社通过积极参与州议会的相关立法活动，反映成员的利益诉求，维护合作社的利益。协会不仅建构起广泛的法律联系网络，还安排 2 名专职从事监督相关立法及调整活动的游说人员。第三，合作社为成员提供理事会创新、长期计划、兼并、合并、收购或企业重组等方面帮助，也提供包括创建新公司、项目可行性分析、项目协调和结果分析、财务咨询和服务等方面帮助。第四，合作社为成员提供与其他合作社领导者的联系机会，以使面临特殊挑战的合作社得以寻找答案和帮助。

（三）法国的农民合作经济组织：公众性服务导向型

法国农民专业合作社的发展，经历了相当长的时间。早在1880年，法国农会组织已有相当基础，这些农会后来逐渐变成合作社。1945年，法国政府推动成立了全国农民专业合作社联盟。后来，法国颁布了许多农业法规，如1960年的《农业指导法》，1962年的《农业生产经济组织法》，1972年的《农业合作章程法》以及欧盟共同农业政策等，对法国农民专业合作社的发展影响很大。因此，自20世纪60年代以来，在政府的积极支持下，法国农民合作经济组织得到了空前的发展，并逐渐形成了以服务为导向的各种组织、行业协会及服务企业，通过多种形式服务于农业生产的产前、产中、产后各环节。

农民专业合作社是法国农民享受社会提供的农业服务体系的主体。根据法国农业部统计，法国75%农户都加入了一个以上的合作社，合作社收购了全国91%的生猪、70%的谷物、55%的牛奶和51%的葡萄酒。从发展历程看，法国农民专业合作社经历了先发展、后规范、逐步做大做强的过程，普遍呈现数量减少、规模扩大的趋势。截至2018年，法国农民专业合作社数量从1965年的7 500家左右减少到2 400家。另一方面，通过兼并重组形成了一批大型合作社，不仅成为国内市场的巨无霸，而且成为欧盟乃至全球市场上具有重要影响的跨国集团。

法国农民专业合作社作为农民自发组建的互助性组织，政府部门对合作社干预较少，但自下而上形成的行业组织和大量的专业化服务组织为合作社提供了强有力的指导和服务。在法国，有三个国家层面的合作社行业组织，包括法国农业合作社高等委员会（HCCA）、法国农业合作社监管协会、法国农业合作社联盟，三大行业组织分支机构遍布法国 13 个大区和省市镇，形成了完整的组织体系。高等委员会、监管协会和联盟分别负责合作社的登记注册、财务审计和业务指导服务。

法国农业合作社联盟和联合会是在法国农业合作社组织的基础上发展的。合作社联盟属于高一层的合作组织，它是严格按照章程和国家有关的法律规定而建立的大型组织。它的成员也是各合作社。合作社联盟的活动范围或是一个地区，或是全国，根据不同情况，合作社联盟分为专业性的或综合性的。目前，法国 22 个经济区都建立了地区性的合作社联盟，每个地区内部又分别建立了牛奶、水果、肉类等按部门的专业联盟。各种合作社联盟开办的大企业，比分散的合作社力量更大。农场主投资开办的合作企业是合作社的第一层次，每个社员农场成为地区性合作社联盟的农产品生产车间。地区联盟或专业联盟开办的企业属于第二层次，它们帮助了农产品的供销，使农产品生产与农业生产的产前部门、产后部门进一步联合起来。

法国完备的合作社体系贯穿于农业的产、供、销、信贷、保险和社会服务等各个环节中，对于减少农业生产成本、增加农民收入，提高农民素质，实现农业现代化，推动农村经济发展等起着巨大的作用。

（四）德国的农民合作经济组织：政府信贷支持主导

农业合作社在德国是一种比较普遍的农业服务组织，遍及德国各个地方，为农户提供各种生产和经营的农业服务。作为德国合作社组织体系的重要支柱，农业合作社通过高效、现代的农业合作组织解决小农生产与市场经济之间的矛盾。德国农业合作社发展于 19 世纪中后期，经过 150 多年的发展，德国农业合作社的规模不断壮大、覆盖范围越来越广、体系日臻完善。从组织层级来看，德国农业合作社主要包括中央级合作社、地方级合作社、乡镇合作社和农村合作社四个梯度。从经营业务的内容来看，德国农业合作社主要涉及生产、信贷、消费、购销、劳务等不同领域。

其中，农业信贷合作社是德国金融业的重要组成部分，也是落实农业金融政策的组织载体，其宗旨是为农业合作社的健康发展提供金融信贷支撑，以农业生产合作社为主要放贷主体，兼顾其他涉农合作社，重点解决涉农活动中的资金不足、大额交易等问题。农业信贷合作社通过分行与农民建立直接的信贷联系，它为解决农户资金困难问题。德国政府大力发展农民合作经济组织，建立起独具特色的信用合作体系，协调德国合作金融组织、德意志中央合作银行以及三家地区合作银行，其中由乡村银行构成的基层地方合作银行发挥着主导力量。德国的合作金融通过向农户提供优惠信用贷款，在很大程度上缓解了德国农民在农产品生产和销售中的资金短缺。

德国农业合作社能够高效运作，和德国完善的金融政策支持体系是分不开的。德国具有发达的信贷合作社体系，农村合作性金融在成立初始就得到当时的德国政府的关注，并对农村合作性金融进行了相关规范和立法，此类信贷合作社旨在吸纳公众存款、向农业合作社和广大合作社社员发放信用贷款，以及为其提供其他商业性金融活动。而完善的社会信用体系是健全的农业金融政策支持体系的基础，德国通过规范的公共信用信息系统和私营信用服务体系加强社员与社员之间、社员与合作社之间、合作社与合作社之间的利益联结和信用保障，良好的社会诚信环境促使德国农业金融信贷政策能够最大限度地服务于农业合作社及其广大社员。

德国的农业比重占国内生产总值的 1%，但农业贷款占金融机构贷款总额的比重达 2.5%，几乎所有银行金融机构都参与了农村信贷市场活动。在德国，由于土地归农民个人所有，农民在申请贷款时一般都用土地作抵押，加上欧盟、联邦政府及各州政府鼓励小型企业和农庄发展，对符合欧洲共同农业政策的项目给予直接援助，特别贫困的农民可以用休耕补贴和政府援助资金作还款保证，因此在德国很少有金融机构拒绝农民贷款申请的事情发生。为鼓励金融机构参与农村信贷活动，政府对农村信贷实行利息补贴，补贴范围涵盖所有种养业、农业生产资料、农产品加工、水利设施、土地改良与归整、房屋建筑、农业结构调整、生态农业、环境保护、旅游以及创立新企业等。

比如，德国农业地产抵押银行，其主要任务是在联邦银行的监督下从事区域间的农村信贷资金供需平衡和调剂，以优惠利率保证农村经济各领域的长期信贷资金需求（一般不短于 4 年，最长可达 25 年），同时管理和分配联邦银行和联邦政府用于农村信贷的贴息资金。德国农业地产抵押银行在农村信贷活动中实施了 4 个特别项目，即种养业特别信贷项目、青年农民特别信贷项目、村镇整治特别项目和区域结构调整特别信贷项目，比信贷市场利率低 0.1～1 个百分点。青年农民特别信贷项目是 20 世纪 80 年代以来政府鼓励、扶持青年农民从事农业生产的一项措施，凡 40 岁以下的青年农民，均可获得特别优惠贷款或补贴，利率比种养业特别信贷项目还要低 0.25 个百分点左右，最高信贷额度当时高出 5 万马克左右。实施该项政策的目的是鼓励更多的年轻人投身于农村经济活动，培养新一代农村企业经营者。

（五）中国的乡村振兴组织：党建引领、社会参与

组织振兴是中国乡村振兴的政治保障，是中国共产党引领乡村振兴的具体体现。在中国，乡村组织振兴主体主要包括四个部分，即农村基层党组织、农村专业合作经济组织、社会组织和村民自治组织。乡村组织振兴要建立和完善以中国共产党的基层组织为核心、村民自治和村务监督组织为基础、集体经济组织和农民合作组织为纽带、各种经济社会服务组织为补充的组织体系。

在中国，中国共产党是各项事业的领导核心，农村基层党组织是中国共产党在农村全部工作和战斗力的基础；农村基层党组织全面领导乡镇、

村的各种组织和各项工作；农村基层党组织也是中国乡村振兴的领导力量。可以说，农村基层党组织建设是建立健全中国现代乡村社会治理体制的前提。因此，中国共产党非常重视农村基层党组织建设，注重农村基层党组织负责人的选拔。比如，中国浙江省乡村治理已经成为全国学习的示范标杆，这些标杆小康示范村充分发挥村党支部书记的带头作用，引导基层党员干部做表率，团结带领农民群众推动乡村振兴，已经取得了令人瞩目的成绩。

中国的乡村振兴还夯实了村民自治和村务监督组织的基础。村民委员会履行基层群众性自治组织功能，增强村民自我管理、自我教育、自我服务能力。村务监督委员会发挥在村务决策和公开、财产管理、工程项目建设、惠农政策措施落实等事项上的监督作用。比如，当代中国的农村基层单位是乡、镇、村。乡镇党委书记和党委成员等包村联户，及时发现并研究解决农村基层党组织建设、乡村治理和群众生产生活等问题，并健全以财政投入为主的稳定的村级组织运转经费保障制度。村务监督委员会主任一般由党员担任，可以由非村民委员会成员的村党组织班子成员兼任，实行党员干部领导村务建设。

中国的乡村振兴组织还要发挥集体经济组织和农民合作组织的纽带作用。集体经济组织发挥在管理集体资产、合理开发集体资源、服务集体成员等方面的作用。农民合作组织和其他经济社会组织依照国家法律和各自章程充分行使职权。村党组织书记通过法定程序担任村民委员会主任和村级集体经济组织、合作经济组织负责人，村民委员会和村务监督委员会成员交叉任职，共同指导集体经济发展。

另外，中国也鼓励社会组织助力乡村振兴。中国民政部、国家乡村振兴局在 2022 年和 2023 年两年里，共发布过三份关于社会组织参与乡村振兴的重要政策。在第一份通知《关于动员引导社会组织参与乡村振兴工作的通知》中提出要完善参与帮扶合作机制，促进全国性社会组织、省级社会组织以及东部地区社会组织、脱贫地区社会组织四类社会组织开展各类帮扶合作。第二份通知《社会组织助力乡村振兴专项行动方案》中要求组织动员部分重点社会组织对 160 个国家乡村振兴重点帮扶县进行对接帮扶，做好巩固拓展脱贫攻坚成果同乡村振兴有效衔接工作。第三份通知《〈全国性社会组织、东部省（直辖市）社会组织与 160 个国家乡村振兴重点帮扶县结对帮扶名单〉的通知》就是对上述两项政策的具体落实举措。

简言之，中国的乡村振兴组织是在中国共产党领导之下，充分发挥基层党组织的战斗堡垒作用，联合村民委员会和村务监督委员会共同发力，以农村集体经济组织和农民合作组织为抓手，合力推动中国的乡村振兴。并且，适时地引入社会组织助力中国的乡村振兴。

（六）印度的农民合作经济组织：民办官助体系完整

印度在 1904 年成立第一个合作社，同时还通过了《信贷合作社法》，目的是要促进农民以合作、自助的形式提供生产资金，并使他们摆脱高利贷商人的残酷剥削。1947 年的印度独立使合作运动发展进入了一个新的历史阶段。在独立后的 30 多年中，不仅合作社数目、社员人数和资金稳步增长，而且合作社的种类、经营范围和规模都发生了重大的变化。至今，历经 110 多年的发展，印度已经形成了世界上最大的农业合作组织体系。

印度农业合作社是一个自愿参加的，没有性别、社会地位、种族、政治和宗教歧视，向所有人员开放的组织，只要能够履行社员权利和义务，任何人都可以参加。同时，印度合作社还是由合作社成员自我管理的民主组织，社员参与决策，社员有权选举合作社的代表和管理机构。印度农业合作社在运营过程中采取民主的管理方式，通过社员的选举来进行合作社的日常决策，以及决定合作社的代表和管理机构。理事会是合作社的最高管理机构，理事会由社员大会选举产生，每届任期多为 5 年，社员大会通常每年召开一次，审议合作社的工作。国家一级的合作社联盟，因为兼有管理和协调职能，理事会由政府任命。

印度农业合作运动之所以发展较快，主要是政府大力倡导和支持的结果。印度独立之后，印度政府对合作运动十分重视，印度政府通过制定相应的法律，规定了农业合作社拥有的权利、承担的义务和经营的业务类型，有效地促使农业合作社向有序的方向发展。印度政府认为这是实现基层民主和经济计划的最好途径，把合作社当作农村发展建设的最重要的机构之一。政府针对全国各地区农业的发展状况，把发展合作经济纳入国家的五年计划之中。制定相应的发展政策，加大教育、基础设施建设和科技等方面的投入，建立良好的融资渠道，筹集更多的资金，开设加工厂等配套性服务，鼓励更多的农民参与到合作社日常的管理中来。通过政府的大力支持，农业合作社得到了空前的发展。

但是，印度在发展合作社方面也面临一些问题。主要表现为：基层合作社的规模小，力量薄弱，服务功能受到限制，基础设施较差，政府的行政干预较多，管理人员缺乏专业素质，地区之间差距较大等。为了进一步推动农业合作组织的健康发展，印度政府于2001年出台了农业合作社国家政策。政策规定国家要对农业合作组织提供必要的支持、鼓励和帮助，确保合作社的独立自治、民主管理，以便为国民经济发展作出重要贡献。国家政策的主要目标是确保合作组织按照1995年国际合作社联盟大会提出的合作社的基本价值和原则运行；振兴合作社组织体系，特别是农业信用合作组织体系；通过中央政府和邦政府的支持，加强对欠发展地区和邦的农业合作社建设，缩小地区间的差别；加强教育培训和人力资源开发，提高合作社的专业化管理水平；在合作社管理中加强社员的参与；修订合作社法，删除限制合作社发展的条款；确保合作社的收益能够惠及贫困群体，鼓励贫困群体及妇女参与合作社的管理。

总之，印度的农民合作经济组织具有典型的民办官助性质，印度政府对合作社发展一直予以高度重视。1958 年，印度成立合作社部，作为一个副部级机构，隶属于当时的印度社区发展部。1979 年，印度成立了农业与合作社部，作为一个副部级机构，隶属于当时的农业与灌溉部。现在，农业与合作社部仍然是一个副部级机构，隶属于印度农业部，其职责是：负责国家农业合作社的政策制定；协调和管理有关全国农业合作组织；开展合作社教育和培训。同时，印度政府对合作社进行经济支持，提供了大量的资金和技术支持。印度农业与合作社部还通过全国合作社联盟、全国农业合作社销售联合会、全国合作社发展集团公司、全国消费者合作社联盟等机构面向各类农业合作组织提供资金支持。

（七）巴西的乡村组织：自发组织参与推动

巴西合作社组织覆盖面广，提供服务全面，以合作社为基础的农业产业化运作模式，使合作社组织已成为农业生产经营者与市场之间进行有效沟通的纽带和桥梁，也是农业社会化服务体系中的一支重要力量，为促进巴西农业发展起到了积极作用。巴西乡村地区的社会发展主要依靠自发的农业生产合作社和农工联合企业推动，没有最基层的乡村政府机构。依据 1988 年宪法的规定，只有满两万居民的地区才能设立具有政治决策和执行功能的"市"政府。在非设"市"的乡村地区，由于没有政府机构，一般的企事业团体根本不愿意也无法有效开展居民点体系整理、村庄生活设施和乡村发展环境改善等工作，很多乡村地区生活不便，缺乏必要的发展规划。

巴西合作社组织有四个层次，由高级到低级依次是全国合作社组织、州合作社组织中心、合作社和基层合作社。从合作社类别来看，主要有供销合作社、渔业合作社和农村电气化合作社等。其中供销合作社负责向农民供应生产资料，为个人生产者和农场提供农产品包装、加工、储藏、运输、销售等服务以及市场信息技术培训等方面的帮助；渔业合作社指导渔民购置渔业设备，对渔业产品进行深加工，并进行渔业产品冷冻、加工、运输等环节的技术培训；农村电气化合作社则筹集资金用于农村供电设施的修建，管理农业用电的收费和征税，推动区域性经济开发，以改善农民的生产和生活条件。这些专业合作社主要为农户提供技术信息、相关培训、农产品储存加工运输销售、基础建设等一系列服务，一些经营得好的合作社已经发展成颇具规模的农工综合企业，从事糖、酒、咖啡等农产品加工。

合作社组织实行"入社自愿，退社自由"的基本原则，加入组织是成员的自我选择，合作组织的正常运作依赖于成员联合一致的集体行动。合作社组织在开展农业社会化服务中，成员的主体地位保证了成员是技术服务技术推广的主动选择者，而不是作为简单的被动接受者，保证了农业社会化服务的内容满足广大农户成员的要求，从而提高了农业技术推广和服务的有效性。巴西合作社的组织体系是条块结合。"条"是指全国 12 个行业的合作社，各有自己的总部。"块"是指州和全国两级都设有合作总社，这两级是 12 个行业合作社的联合组织，不从事经营活动，主要任务是维护合作社利益、反映合作社意愿、协调关系、促进联合提供培训和信息服务等，实际上是行业协会性质。

总之，巴西的农业合作社将分散的中小农户组织起来，并通过集体和个人两种形式成立经济联合体，不仅促进了农业生产的发展，也对农村的工业化作出了贡献。农业合作社还提高了小生产者的市场竞争能力，为巴西的农业发展奠定了良好的基础。

（八）巴基斯坦的乡村组织：基金会参与治理

巴基斯坦北部的阿加汗乡村支助项目（Aga Khan Rural Support Programme，简称 AKRSP）是由阿加汗基金会发起，并由国际多家机构共同支持的项目。该支助计划始于 1982 年，其基本目标是通过人力资源开发和对自然资源的管理及开发，提高边远山区人民自我发展的能力，使他们能够稳定、公平地改善自己的收入和福利，促进贫困社区的可持续发展。AKRSP成立至今已有四十年历史，其发展模式是成功的。

巴基斯坦的阿加汗乡村支助项目主要内容包括农村基础设施、乡村基础教育、卫生、大农业、人力资源开发、培训与服务等项目。开始时在巴基斯坦北部吉尔特地区组织实施，从1985年起逐步扩大到奇特拉尔地区。项目的实施不仅改善了农业生产的基础条件，增加了作物产量，提高了农民收入，而且还改善了农户的教育、营养和卫生保健状况，提高了他们的素质。更重要的是通过项目实施，影响和改变了当地群众的观念，使他们相信可以依靠自己的力量，实现发展目标。

近年来其成就包括收入成倍增加，建设和修复4 000多个小型基础设施项目，种植数千万棵树和开发数百英亩①的边缘土地，发展了5万多名社区活动家骨干，动员近5万美元的村庄储蓄，并建立超过4 990个社区组织。AKRSP支持的社区组织已经建立了参与性、民主、透明和对其成员负责的地方治理模式，现在正在工会理事会一级联合建立地方支助组织。

巴基斯坦阿加汗支助项目具有以下特点：第一，加强和充实项目的各级管理机构，对基层项目管理机构进行调整和布局。在项目管理中，将项目实施管理权逐渐下放到地区一级项目办，并在地区以下相继成立"实地管理单位"，并配备了相应的全脱产的具有专业技术背景和项目管理实际经验的官员，以充实和加强项目运作的每一个具体管理层次，提高对项目的管理水平。这些项目实施管理单位主要职责是负责与村社组织和妇女组织的联系。配备的专职项目官员由经过精心挑选的本地土著民族代表与聘请的外部专业人员所组成，并随时对项目管理人员进行不断补充和完善。

———————————
①　1英亩≈0.405公顷。

第二，在具体运作过程中，阿加汗乡村支助项目注重整合资源和多方利益。阿加汗乡村支助项目建立并支持乡村组织的发展。在乡村组织联合的推动下，至少 75％ 的村民参与进来。通过乡村组织联合，促进农民自治组织发展，充分调动参与农户的积极性和主动性。在项目选择上，先由农户提出要求，再由村社组织和妇女组织通过向基金会提出的项目申请给予支持的做法，使参加项目运作的各类组织成员的经济利益与基金会利益，以及多层次项目官员的利益紧密结合起来，形成一种凝聚力，从而保证了项目的成功实施和项目效益。

第三，阿加汗乡村支助项目提升了当地妇女的地位和文化水平。在整个阿加汗乡村支助项目活动中，广泛吸收妇女参与项目并使其受益，成为项目设计和执行的一个主题。这种引入性别并突出妇女地位的项目做法，极易得到有关国际组织的援助。项目通过人力资源开发活动的实施，加强对妇女的培训与监测。同时通过多年的努力，女性在整个阿加汗乡村支助项目管理人中所占比例也不断提升。

（九）埃塞俄比亚的乡村组织：村民高度自治

埃塞俄比亚位于非洲东北部，其国内工业基础薄弱，主要依靠农牧业，农牧民占总人口 85％ 以上，主要从事种植和畜牧业，另有少量渔业和林业。埃塞俄比亚的农业以小农耕作为主，广种薄收，靠天吃饭，常年缺粮。苔麸、小麦等谷类作物占粮食作物产量的 84.15％。近年来，因政府取消农产品销售垄断、放松价格控制、鼓励农业小型贷款、加强农技推广和化肥使用，粮食产量有所上升。

埃塞俄比亚是传统的农业国家，其基层乡村治理具有自身特点，即：政府支持引导，村民高度自治，宗教文化潜在支撑。埃塞俄比亚政府在维护农村稳定方面的作用主要体现在：一是政府提供农业重要投资品的交易和发放，如化肥和种子。二是政府建立了农业技术推广体系，负责农业新技术的推广。三是提供必要的公共服务，如交通、治安和市场秩序的维护，以及金融、教育的服务。埃塞俄比亚全国行政体制分为州（直辖市）、区、哇瑞达、柯贝勒 4 个等级。以埃塞俄比亚政府的农业技术推广体系为例，联邦农业办公室是最高级别的农业机构，然后依次是地区农业局、区农业办公室、哇瑞达农业办公室，哇瑞达农业办公室下设有推广组，推广组由农业技术推广人员组成，具体负责农业技术推广的实施。农业技术推广人员还会对农民进行必要的技术培训。

埃塞俄比亚的农业生产以农户为基本单位，但是由于落后的农业技术生产水平，单个家庭难以独立完成农业生产的全过程，所有农民自发成立了农业合作社。在最基层的行政单位柯贝勒里，都会成立农业合作社。农业合作社实行会员制，大多数农民是会员。农业合作社作为当地集体经济的代表，在农民的农业生产中扮演着重要角色。比如，由于政府严格控制的化肥与种子，农户不能单独购买，只能通过农业合作社集体购买。其次，农业合作社在粮食的储存和出售方面发挥作用。农业合作社建有大的铁皮仓库，当雨季来临的时候，农户可以选择把粮食储存在农业合作社，等第二年粮食收获之前再以较高的价格卖出去。2006 年之后，埃塞俄比亚政府逐渐放松了对农村市场的管制，基本上所有农业投入品和农产品都可以在市场上由农民自由交易。

埃塞俄比亚的村民自治还体现在农业生产活动和农村事务的自我管理两个方面。一方面，在农业生产活动的自我管理方面。埃塞俄比亚农业生产面临着气候干旱、交通不便、生产技术落后、地势和土质不好等诸多方面的不利条件。当地农民发展出了农业合作社、劳动力租赁市场、集贸市场等机制来克服这些困难，有力地保证了农业生产活动的顺利进行。另一方面，在农村事务的自我管理方面。农业合作社不仅有管理农业生产活动的任务，而且有管理农村事务的功能。农村日常事务的讨论和决定，由农业合作社的全体会员商议解决。全体会员又会选举产生常任委员，一般由德高望重的人担任，代表全村与其他村及其主体的有关纠纷进行商议和谈判。农村的事务都是通过商议和谈判解决，基本上不会求助于政府或者诉诸法律。

埃塞俄比亚农村相对闭塞，农民生活困苦，文化生活极度匮乏，又拥有了大量的空闲时间，这些都是发展宗教活动的有利因素。埃塞俄比亚人大多信奉东正教，定期参加宗教活动，宗教在个人事务的处理、与人相处的规范方面都作出了规范，形成了具有约束力的社会习俗。宗教活动是本国居民最重要的文化活动，在安抚民众情绪、调节邻里关系、规范道德行为等方面起着重要的作用。所以，宗教文化成为埃塞俄比亚乡村非正式制度的组成部分，也可以说是一种隐形的组织力量，这是对显性组织的重要补充，在经济落后的贫困乡村尤为突出。

（十）毛里求斯的乡村组织：民间组织参与

毛里求斯是非洲东部的一个岛国，其国内可耕地面积为 11.08 万公顷，占全国总面积的 46%，其中蔗田 76 186 公顷，粮田 5 262 公顷。每年需进口粮食 20 万吨左右。其他农作物有茶叶、烟草、洋葱、水果等。畜牧业以饲养牛、羊、猪、鹿、鸡等为主。80% 的奶制品和 90% 的牛肉依靠进口，猪肉、鸡和蔬菜基本自给。

毛里求斯福尔肯公民联盟（F. A. L. C. O. N Association）是 2004 年正式注册的毛里求斯农业领域的民间组织，旨在探索农业可持续发展道路，致力于发展当地农业事业。毛里求斯福尔肯公民联盟长期支持农民和农民组织在国际、国内就农业产业开展生产、营销和宣传活动，为弱势群体创造就业机会，提供生态农业和商业合作社方面的教育与培训；积极参与生态环境治理，开展应对气候变化的运动，致力于环境保护与可持续发展。

毛里求斯福尔肯公民联盟作为毛里求斯的一个农民合作组织，主要为当地农民在农业、畜牧业、有机农产品网络和合作项目等方面服务，践行其宗旨"为更加清洁、绿色、安全的世界而努力"。毛里求斯福尔肯公民联盟也积极参与国际合作，2018年，其与北京农业职业学院签署了合作备忘录，双方约定在农业培训和人才援助等方面展开深入的交流与合作。比如，北京农业职业学院教师曾为毛里求斯福尔肯公民联盟的成员讲授番茄和食用菌的种植技术。毛里求斯福尔肯公民联盟的成员把这些技术应用到毛里求斯的农业生产中，极大地提升了生产效率和盈利能力。

三、国际乡村组织建设经验与启示

乡村组织是实现乡村振兴的重要力量，在乡村组织发展过程中，政府的引导、法律的保障、社会组织的助力共同推动全球乡村组织的发展。从发达国家、新兴经济体、发展中国家三种类型，选取了日本、美国、法国、德国、中国、印度、巴西、巴基斯坦、埃塞俄比亚、毛里求斯十个国家进行案例分析，得出关于国际乡村组织建设的经验与启示。

（一）完善组织政策保障助力乡村发展

尽管在不同类型乡村振兴模式下，政府发挥作用的方式不同，但是把助力乡村发展的政策可以通过财税政策、法律法规或制度的方式确定下来，方能保障乡村发展的持续性。政府的支持和立法是保障乡村发展的不可或缺的重要条件。欧美国家政府的财税支持、法律法规相对完善，相比之下，拉美和非洲国家的政府支持和保障力度欠缺。亚洲的日本、中国、印度国家的政府对乡村组织的发展给予一定的政策支撑，制定相应的助力乡村发展的法律法规。

（二）加强组织协调引导整合社会资源

政府在乡村振兴过程中还发挥着组织、协调的作用，尤其是基层政府组织是协调基层各行为主体的核心力量。因此，不仅要发挥好政府在规划引导、政策支持方面的作用，如上级政府政策的传导、国家财政支持、跨部门跨行业的协作等，还要使基层政府能够组织动员、引导各种力量，整合各种资源，协力助推乡村振兴。比如日本的基层农协、中国的基层党组织、埃塞俄比亚的柯贝勒都是联结基层政府、村民、集体经济合作组织等的纽带。

（三）调动市场力量协作服务乡村发展

政府在乡村建设中是不可或缺的主导者，政府通过决策施策、整合资源，统合社会各界力量，有效达成乡村建设与振兴的各项目标。在乡村建设过程中，乡村组织往往也是助力小农户联合起来，共同面对大市场之间的协调者，这样可以克服小规模家庭经营的局限性，提高农业经营效率。反过来，市场经济的环境也催生了乡村企业或集体合作经济的发展。因此，在乡村振兴过程中可以调动市场力量，共同服务于乡村发展。

（四）充分发挥各类社会组织合力作用

社会组织包括各类民间组织、社会团体等，社会组织具有公共服务功能，承担着与政府、企业不同的社会分工。社会组织是基层治理的主体之一，是联结市场、企业与农民之间的重要桥梁纽带，对推动农村产业主体发展，激发其内生动力有一定的积极作用。在乡村振兴过程中，乡村组织在政府或政党的政策支持或引导下，在市场经济盛行的当下也会与市场对接，同时还会与其他社会组织打交道。因此，要积极调动不同类型社会组织的协同参与形成合力。

（五）加强农业国际合作助力乡村组织发展

当前，发达国家、新兴经济体、发展中国家的乡村组织发展水平差异很大。2015 年联合国大会通过的《变革我们的世界：2030 年可持续发展议程》指出"在全世界消除一切形式的贫困，消除饥饿，实现粮食安全，改善营养状况和促进可持续农业"。因此，发展中国家可通过双边或多边的平台与发达国家和新兴经济体加强农业领域的合作，学习借鉴其乡村组织发展的经验，共同促进全球农业现代化的发展。

◎ 第六章　中国乡村振兴与实践

本章要点

本章首先分析中国推进乡村振兴的效果，阐述了中国乡村对全球乡村发展的价值体现、回溯了中国乡村振兴政策，以及说明巩固拓展脱贫攻坚成果如何同乡村振兴实现有效衔接；其次，总结了中国推进乡村振兴的经验。高质量发展乡村产业，扩大就业机会，发展壮大新型农村集体经济以及通过技能培训提升脱贫能力，都是推动增强脱贫地区及其居民内生动力的重要举措。为接续推进乡村振兴，需要借鉴和实施一些典型做法，这包括但不限于推动乡村产业的高质量发展，扎实推进宜居宜业和美丽乡村建设，以及健全党组织领导的乡村治理体系。

一、中国推进乡村振兴的效果分析

（一）中国乡村振兴对全球乡村发展的价值

中国乡村振兴是对中国脱贫攻坚事业的承接发展。在脱贫攻坚阶段，中国在贫困治理与乡村发展领域的成果价值已受到世界肯定。联合国秘书长古特雷斯曾对中国减贫方略高度评价，"精准减贫方略是帮助最贫困人口、实现《联合国 2030 年可持续发展议程》宏伟目标的唯一途径。中国已实现数亿人脱贫，中国的经验可以为其他发展中国家提供有益借鉴"。在第73 届联合国大会通过的《消除农村贫困，落实 2030 年可持续发展议程》决议中，联合国根据中国贫困治理的经验，将其与《联合国 2030 年可持续发展议程》进行对接，提出实现 2030 年可持续发展目标的新思路，以中国脱贫攻坚实践为基础，提出消除世界贫困问题的基本政策框架。在新阶段，中国乡村振兴也将继续彰显中国在"三农"问题治理上的全球价值。

中国农村人口基数大决定乡村振兴具备全球代表性。脱贫攻坚阶段，占世界人口近 20％的中国完成了脱贫，提前 10 年实现了《联合国 2030 年可持续发展议程》的减贫目标。按照世界银行国际贫困标准，中国减贫人口占同期全球减贫人口 70％以上，中国脱贫攻坚使数亿中国人摆脱了贫困的同时，也大幅拉低了全球的贫困率。当下，中国农村人口仍占世界农村人口的 15％左右[①]，中国乡村仍是世界乡村发展版图中的一块巨大而关键的部分。在全球乡村发展状况依然严峻的背景下，中国的乡村振兴事业不仅承载着中国五亿多农村人口的发展希望，亦肩负着为世界乡村发展指向引路的重任。

中国乡村振兴向全球乡村发展贡献中国方案和中国经验。习近平总书记多次提出，中国要为世界发展"提出中国方案""贡献中国智慧"，共建一个"没有贫困、共同发展的人类命运共同体"。乡村振兴战略实施以来，中国逐渐摸索出了"对口支援""文旅助农""电商助农""两山银行""乡村三级物流体系"等深具中国特色的经验做法。其中也蕴含着乡村发展的一般规律和方法原则，具有鲜明的普遍性和国际性，对全球乡村发展工作具有重要的借鉴价值。另外，中国乡村振兴也向世界彰显了中国共产党的治理能力和社会主义制度的政治优势。为保证脱贫攻坚与乡村振兴的有效推进，中国共产党立足中国国情，采取了一系列独具中国特色的原创性、独特性的重大举措，探索出了一条中国特色道路，如"三位一体"大扶贫

---

① 数据来源：世界银行数据库（农村人口）https：//data. worldbank. org/indicator/SP. RUR. TOTL？end＝2021&most_recent_value_desc＝true&start＝1960&view＝chart.

格局、开发式扶贫方针、精准扶贫方略、举国上下共同参与的社会动员机制等。这些重要经验是马克思主义反贫困理论与中国脱贫攻坚实践相结合的理论结晶，是中国共产党带领中国人民在脱贫攻坚乡村振兴道路的探索与实践中取得的最新理论成果，为全球贫困治理贡献了中国智慧和中国经验。

中国深入践行人类命运共同体理念推动国际乡村振兴合作。中国多年来积极参与全球乡村振兴与贫困治理，以多种方式向发展中国家提供帮助。一是为世界乡村振兴与减贫事业提供资金支持。中国曾多次向世界银行等国际开发组织提供捐款，以应对全球贫困治理资金不足问题。中国倡议设立亚洲基础设施投资银行，支持亚洲基础设施建设，促进亚洲等地区的发展和减贫。此外，中国还提出"一带一路"倡议，出资设立丝路基金，为共建"一带一路"国家基础设施、资源开发、产业合作和金融合作等项目提供投融资支持，为沿线各国的减贫与发展提供了大量资金援助。二是中国积极开展南南合作，帮助其他发展中国家摆脱贫困。60 多年来，中国向 166 个国家和国际组织提供援助，派遣 60 多万名援助人员，7 次免除最不发达国家对华债务，为 120 多个发展中国家落实联合国千年发展目标提供援助。此外，中国还于 2017 年设立了国际发展知识中心，旨在同各国一道研究和交流适合各自国情的发展理论和发展实践，帮助发展中国家探索适合本国国情的减贫与振兴道路。未来中国仍将秉持大国担当，持之以恒推动国际乡村振兴合作。

（二）中国乡村振兴政策回溯

强有力的制度保障和政策支撑。中国乡村振兴战略最早在 2017 年习近平总书记所做的十九大报告中提出，体现了国家对于解决"三农"问题的高度重视。其后，在脱贫攻坚时期，国家又先后出台了以《中共中央国务院关于实施乡村振兴战略的意见》《国家乡村振兴战略规划（2018—

2022）年》《国务院关于促进乡村产业振兴的指导意见》《关于调整完善土地出让收入使用范围优先支持乡村振兴的意见》等为代表的系列文件；脱贫攻坚任务完成后，在巩固拓展脱贫攻坚成果同乡村振兴有效衔接阶段，先后出台了以《关于全面推进乡村振兴加快农业现代化的意见》《关于加快推进乡村人才振兴的意见》《关于实现巩固拓展脱贫攻坚成果同乡村振兴有效衔接的意见》《中华人民共和国乡村振兴促进法》《关于做好 2022 年全面推进乡村振兴重点工作的意见》《乡村建设行动实施方案》等为代表的系列法律和文件（表 6.1）。随着中国的"三农"问题变化和工作接续推进，国家在政策法规中对乡村振兴战略愈加重视，并且体现在相关政策、法规的数量增加、维度展开、站位拔高和深度延伸上。

表 6.1 2017—2022 年中国乡村振兴政策回溯

时期	政策/法规	发布时间	主要内容
脱贫攻坚时期	《决胜全面建成小康社会 夺取新时代中国特色社会主义伟大胜利》	2017 年 10 月 18 日	首次提出乡村振兴战略，指出农业农村农民问题是关系国计民生的根本性问题，必须始终把解决好"三农"问题作为全党工作的重中之重。
	《中共中央 国务院关于实施乡村振兴战略的意见》	2018 年 2 月 4 日	2020 年，乡村振兴取得重要进展，制度框架和政策体系基本形成；到 2035 年，乡村振兴取得决定性进展，农业农村现代化基本实现；到 2050 年，乡村全面振兴，农业强、农村美、农民富全面实现。
	《国家乡村振兴战略规划（2018—2022 年）》	2018 年 9 月 26 日	明确了今后五年的重点任务，提出了农业科技进步贡献率等 22 项具体指标，首次建立了乡村振兴指标体系。按照集聚提升、城郊融合、特色保护、搬迁撤并 4 种类型，明确了分类推进乡村振兴的方法和步骤。细化实化了乡村振兴各项工作，部署了数字农业农村和智慧农业等 82 项重大工程、重大计划、重大行动。
	《国务院关于促进乡村产业振兴的指导意见》	2019 年 6 月 28 日	坚持农业农村优先发展总方针，以实施乡村振兴战略为总抓手，以农业供给侧结构性改革为主线，围绕农村一二三产业融合发展，与脱贫攻坚有效衔接、与城镇化联动推进，充分挖掘乡村多种功能和价值，聚焦重点产业，聚集资源要素，强化创新引领，突出集群成链，延长产业链、提升价值链，培育发展新动能，加快构建现代农业产业体系、生产体系和经营体系，推动形成城乡融合发展格局，为农业农村现代化奠定坚实基础。

（续）

时期	政策/法规	发布时间	主要内容
脱贫攻坚时期	《关于调整完善土地出让收入使用范围优先支持乡村振兴的意见》	2020年9月23日	按照"取之于农、主要用之于农"的要求，调整土地出让收益城乡分配格局，稳步提高土地出让收入用于农业农村比例，集中支持乡村振兴重点任务，加快补上"三农"发展短板，为实施乡村振兴战略提供有力支撑。
乡村振兴时期	《关于全面推进乡村振兴加快农业现代化的意见》	2021年2月21日	把乡村建设摆在社会主义现代化建设的重要位置，全面推进乡村产业、人才、文化、生态、组织振兴，充分发挥农业产品供给、生态屏障、文化传承等功能，走中国特色社会主义乡村振兴道路，加快农业农村现代化，加快形成工农互促、城乡互补、协调发展、共同繁荣的新型工农城乡关系，促进农业高质高效、乡村宜居宜业、农民富裕富足。
	《关于加快推进乡村人才振兴的意见》	2021年2月23日	乡村振兴，关键在人。加强党对乡村人才工作的全面领导，坚持农业农村优先发展，坚持把乡村人力资本开发放在首要位置，大力培养本土人才，引导城市人才下乡，推动专业人才服务乡村，吸引各类人才在乡村振兴中建功立业，健全乡村人才工作体制机制，强化人才振兴保障措施，培养造就一支懂农业、爱农村、爱农民的"三农"工作队伍，为全面推进乡村振兴、加快农业农村现代化提供有力人才支撑。
	《关于实现巩固拓展脱贫攻坚成果同乡村振兴有效衔接的意见》	2021年3月22日	提出脱贫攻坚目标完成后，设立5年过渡期。到2025年，脱贫攻坚成果巩固拓展，乡村振兴全面推进，脱贫地区经济活力和发展后劲明显增强，乡村产业质量效益和竞争力进一步提高，农村基础设施和基本公共服务水平进一步提升，生态环境持续改善，美丽宜居乡村建设扎实推进，乡风文明建设取得显著进展，农村基层组织建设不断加强，农村低收入人口分类帮扶长效机制逐步完善，脱贫地区农民收入增速高于全国农民平均水平。到2035年，脱贫地区经济实力显著增强，乡村振兴取得重大进展，农村低收入人口生活水平显著提高，城乡差距进一步缩小，在促进全体人民共同富裕上取得更为明显的实质性进展。
	《中华人民共和国乡村振兴促进法》	2021年4月29日	首次为乡村振兴专门立法，为实施乡村振兴战略提供重要法律保障。
	《关于做好2022年全面推进乡村振兴重点工作的意见》	2022年2月22日	提出要全力抓好粮食生产和重要农产品供给、强化现代农业基础支撑、坚决守住不发生规模性返贫底线、聚焦产业促进农村发展、扎实稳妥推进乡村建设、突出实效改进乡村治理、加大政策保障和体制机制创新力度、坚持和加强党对"三农"工作的全面指导等八个方面。

（续）

时期	政策/法规	发布时间	主要内容
乡村振兴时期	《乡村建设行动实施方案》	2022 年 5 月 23 日	以普惠性、基础性、兜底性民生建设为重点，强化规划引领，统筹资源要素，动员各方力量，加强农村基础设施和公共服务体系建设，建立自下而上、村民自治、农民参与的实施机制，既尽力而为又量力而行，求好不求快，干一件成一件，努力让农村具备更好生活条件，建设宜居宜业美丽乡村。

审时度势顺势而为推动乡村振兴。有关乡村振兴政策的演进体现出中国乡村振兴工作的持续深化，表现为"两个转向"与"四个转变"[①]。"两个转向"是大方向的调整，即在工作目标上，从解决建档立卡贫困人口的"两不愁三保障"转向实现乡村产业兴旺、生态宜居、乡风文明、治理有效、生活富裕，工作目标得到升级；在工作任务上，从集中资源支持脱贫攻坚转向巩固拓展脱贫攻坚成果和推进乡村全面振兴，即任务由绝对贫困治理转向通过有效衔接和乡村振兴解决相对贫困治理问题，但主要内容仍然围绕产业、生态、文化、组织、教育、消费等方面。这是在大方向上，顺应当下国内"三农"工作发展形势的调整。"四个转变"则体现在具体内容中，即由扶贫产业向可持续发展的乡村振兴产业转变；易地搬迁群众由"搬得出、稳得住"向"有就业、能致富"转变；由文化扶贫向文旅融合转变；由生态扶贫向美丽宜居转变。

（三）巩固拓展脱贫攻坚成果同乡村振兴的有效衔接

习近平总书记在 2021 年底主持召开中共中央政治局常委会会议专题研究"三农"工作时指出，乡村振兴的前提是巩固脱贫攻坚成果，要持续抓紧抓好，让脱贫群众的生活更上一层楼。要持续推动同乡村振兴战略有

① 白永秀，黄海昕，宋丽婷.巩固拓展脱贫攻坚成果同乡村振兴有效衔接的政策演进及逻辑[J].西北大学学报（哲学社会科学版），2022，52（5）：73-86.

机衔接，确保不发生规模性返贫，切实维护和巩固脱贫攻坚战的伟大成就。随后中共中央、国务院作出部署，要求牢牢守住保障国家粮食安全和不发生规模性返贫两条底线，扎实有序做好乡村发展、乡村建设、乡村治理重点工作，推动乡村振兴取得新进展、农业农村现代化迈出新步伐。2022 年 2 月国务院印发《"十四五"推进农业农村现代化规划》，明确把"实现巩固拓展脱贫攻坚成果同乡村振兴有效衔接，增强脱贫地区内生发展能力，让脱贫群众过上更加美好的生活，逐步走上共同富裕道路"作为"十四五"时期推进农业农村现代化的七项重点任务之一。目前，巩固拓展脱贫攻坚成果同乡村振兴有效衔接取得重大进展，脱贫攻坚成果得到巩固拓展，工作机制、政策举措、机构队伍等衔接有序推进。

一是政策衔接全面落实。中央农村工作领导小组研究确定的 33 项衔接政策全部出台，财政、金融、土地、人才等支撑保障不断强化，逐步实现由集中资源支持脱贫攻坚向全面推进乡村振兴平稳过渡。倾斜支持国家乡村振兴重点帮扶县发展，西部 10 省（自治区、直辖市）确定了 160 个国家乡村振兴重点帮扶县，农业农村部等 12 部门联合印发《关于支持国家乡村振兴重点帮扶县的实施意见》，从财政、金融、土地、人才、项目、生态、基础设施等 14 方面提出倾斜支持政策。研究出台国家乡村振兴重点帮扶县巩固拓展脱贫攻坚成果同乡村振兴有效衔接实施方案，促进补短板促发展项目落地见效。《中共中央 国务院关于实现巩固拓展脱贫攻坚成果同乡村振兴有效衔接的意见》中指出，要建立健全巩固拓展脱贫攻坚成果长效机制，保持主要帮扶政策总体稳定。过渡期内严格落实"四个不摘"要求，摘帽不摘责任，防止松劲懈怠；摘帽不摘政策，防止急刹车；摘帽不摘帮扶，防止一撤了之；摘帽不摘监管，防止贫困反弹。现有帮扶政策该延续的延续、该优化的优化、该调整的调整，确保政策连续性。兜底救助类政策要继续保持稳定。落实好教育、医疗、住房、饮水等民生保障普惠性政策，并根据脱贫人口实际困难给予适度倾斜。优化产业就业等发展类政策。意见中强调，要做好财政投入、金融服务、土地支持、人才智力支持政策衔接。二是帮扶衔接扎实有效。调整、完善东西部协作结对关系，8 个东部省（直辖市）结对帮扶西部 10 个省（自治区、直辖市），投入财政援助资金 228.7 亿元、互派干部人才 2.3 万人。保持 305 家中央单位定点帮扶 592 个脱贫县工作总体稳定，向定点帮扶县投入和引进帮扶资金 669 亿元。包括 18.6 万名第一书记在内的 56.3 万名驻村干部全部完成轮换，接力棒顺利交接①。实施"万企兴万村"行动，动员民营企业等更多社会力量参与乡村振兴。三是考核衔接有序有力。统筹开展巩固脱贫成果后评估、东西部协作考核评价和中央单位定点帮扶工作成效考核评价，合并为巩固拓展脱贫攻坚成果同乡村振兴有效衔接考核评估，减轻基层负担。四是队伍衔接基本到位。各级党委农村工作领导小组一体承担巩固拓展脱贫攻坚成果、全面推进乡村振兴议事协调职责，省级和涉农市县乡村振兴机构全部挂牌。

二、接续推进乡村振兴的经验总结

（一）推动乡村产业高质量发展

一是注重发展特色产业。加快发展现代乡村服务业，培育乡村新产业新业态。二是加强对农业科技的支持。加快完善国家农业科技创新体系；持续加强农业基础研究；大幅提升企业在农业科技创新中的地位；激发农业科技创新人才创新活力。三是做大做强农产品加工流通业。实施农产品加工业提升行动，支持家庭农场、农民合作社和中小微企业等发展农产品

---

① 张赛群. 有序衔接精准扶贫与乡村振兴战略［EB/OL］. https：//baijiahao. baidu. com/s？id=16785991094461362930&. wfr＝spider&for＝pc.

产地初加工，引导大型农业企业发展农产品精深加工。四是培育壮大县域富民产业。完善县乡村产业空间布局，提升县城产业承载和配套服务功能，增强重点镇集聚功能。实施"一县一业"强县富民工程。支持国家级高新区、经开区、农高区托管联办县域产业园区。

（二）扎实推进宜居宜业和美乡村建设

一是加强村庄规划编制。坚持县域统筹，支持有条件有需求的村庄分区分类编制村庄规划，合理确定村庄布局和建设边界。将村庄规划纳入村级议事协商目录。规范优化乡村地区行政区划设置，严禁违背农民意愿撤并村庄、搞大社区。二是扎实推进农村人居环境整治提升。加大村庄公共空间整治力度，持续开展村庄清洁行动。巩固农村户厕问题摸排整改成果，扎实推进户厕改造，切实提高农村改厕质量实效。加强农村卫生公厕建设维护。分区分类推进农村生活污水治理，加强农村黑臭水体治理。健全农村生活垃圾收运处置体系，在有条件的地方推进源头分类减量。三是持续加强乡村基础设施建设。深化"四好农村路"示范创建，加强较大人口规模自然村（组）、具备条件农户通硬化路建设，推动农村公路建设项目更多向进村入户倾斜。推进农村规模化供水工程建设和小型供水工程标准化改造，加快解决农村季节性缺水和因旱临时饮水困难问题，持续巩固饮水安全成果。持续巩固提升农村电力保障水平，开展农村能源革命试点县建设，加快农村地区能源清洁低碳转型，推进数字技术与农村生产生活深度融合，持续开展数字乡村试点。四是提升基本公共服务能力。推动基本公共服务资源下沉，着力加强薄弱环节。推进县域内义务教育优质均衡发展，提升农村学校办学水平。落实乡村教师生活补助政策。推进医疗卫生资源县域统筹，加强乡村两级医疗卫生、医疗保障服务能力建设。统筹解决乡村医生薪酬分配和待遇保障问题，推进乡村医生队伍专业化规范化。

（三）健全党组织领导的乡村治理体系

一是注重基层民主建设，强化农村基层党组织政治功能和组织功能。在乡村治理过程中，要充分发挥村民委员会的作用，加强村民自治，让村民参与到决策和管理中来，提高村民的参与度和满意度。同时，要加强村民代表大会和村民议事会的建设，让村民有更多的话语权和决策权，推动乡村治理的民主化和法治化。二是注重文化传承和创新，加强农村精神文明建设。在乡村治理过程中，要注重传承和弘扬乡土文化，挖掘和发掘乡村文化资源，推动文化创意产业的发展，提高乡村文化的影响力和吸引力。同时，要注重创新，推动乡村治理的现代化和科技化，引入新技术和新模式，提高乡村治理的效率和质量。三是注重生态保护和绿色发展，提升乡村生态环境的质量和可持续性。推进探索实施现代农业农村生态环境治理模式。加强农业农村现代生态环境治理能力建设。推进农业农村实施生态环境系统治理。加强农业农村生态环境治理科技创新与运用。

◎ 第七章 全球乡村振兴展望

本章要点

本章站在全球视角，展望乡村发展的未来。当前全球乡村面临诸多困难，人口流失是乡村振兴面临的一项严重挑战，完善基础设施建设是当前乡村振兴的紧迫任务，教育与医疗资源匮乏是乡村振兴面临的难题，产业结构单一制约了乡村振兴的发展，环境保护和生态问题是乡村振兴可持续发展的关键。面向全球乡村的未来，我们提出了乡村产业、人才、文化、生态、组织五个方面的发展目标，并给出了对策与建议。

一、当前面临的困难与挑战

从全球范围来看，乡村人口流失、基础设施欠缺、教育医疗资源匮乏、产业结构单一、环境污染已经成为全球乡村振兴面临的普遍性问题。

人口流失是乡村振兴面临的一项严重挑战。随着城市化进程的加速，越来越多的人口流向城市，尤其是年轻人。这导致乡村地区人口减少，农村劳动力短缺的问题日益突出。首先，乡村缺少年轻的劳动力。大量年轻人离开乡村去城市寻找更好的就业机会和生活条件，导致乡村地区的劳动力逐渐老龄化。老年人在农业生产中的参与度低，难以胜任重体力劳动和繁重的农村工作，从而限制了农业生产的发展。其次，人口流失加剧了乡村地区农村学校、医院等公共服务设施的供给缺失。学校面临学生减少的问题，教育资源严重不足，无法满足留在乡村的孩子们的教育需求。医疗资源的匮乏让乡村居民在面临疾病和健康问题时难以获得及时有效的治疗和服务。此外，人口流失还带来了农村经济发展困难。农业生产需要大量的劳动力投入，但由于人口流失，农村劳动力短缺，导致农田废弃和农业生产力下降。乡村地区的经济活动和创业机会也减少，阻碍了乡村经济的多样化和进一步的发展。

完善基础设施建设是当前乡村振兴的紧迫任务。与城市相比，乡村地区的基础设施建设相对滞后，交通、电力、通信等方面存在着明显的差距。这种差距不仅仅是一种表面的现象，而是对乡村经济发展、居民生活质量和就业机会的直接限制。首先，交通基础设施的不完善限制了乡村的发展。乡村地区道路狭窄，交通不便，给农产品的流通带来了很大的困扰。这不仅增加了物流成本，也使农产品保鲜难度增加，影响了乡村经济的发展。此外，交通不发达也制约了农村居民就业的机会，很多年轻人不得不选择外出打工，以寻求更好的发展机会。其次，电力基础设施的不完善也造成了乡村振兴的难度。在乡村地区，电力的不稳定和供电能力的不足是常见的问题。很多地方频繁停电，给居民的生活和企业的生产带来了很大的不便。这不仅给农村家庭的日常用电造成了困扰，也制约了一些农村企业的发展。缺乏稳定的电力供应，使得农村地区的产业链条无法完善，从而限制了农民的收入和乡村经济的增长。此外，通信基础设施的滞后也给乡村地区带来了诸多困扰。由于网络信号的不稳定和覆盖的不完善，农村居民在信息获取、交流和经营过程中遇到了很多问题。特别是在现代化农业、电商以及远程办公等方面，乡村地区因为通信不畅而产生数字鸿沟，经济发展步伐滞后。

教育与医疗资源匮乏是乡村振兴面临的难题。相比于城市地区，乡村地区的教育资源普遍较为欠缺。乡村学校规模小，师资力量不足，教育设施简陋，教育质量有限。许多乡村孩子由于接受不到良好的教育资源，无法获得良好的知识技能和学习经验，造成了教育不公平问题的突出。乡村地区的教育资源缺乏，导致了教育机会的不平等。乡村的孩子由于接受不到良好的教育，限制了他们个人成长和发展的可能性，也导致城乡教育差距进一步拉大。乡村居民的知识技能水平难以提升，限制了他们在就业市场上的竞争力。乡村经济难以获得高素质的劳动力，制约了乡村经济的发展。乡村教育质量普遍较低，导致一些乡村高中生甚至大学毕业生外出打工或进入城市就职。乡村人才的大规模流失，进一步影响了乡村的发展潜力。此外，乡村地区的医疗资源也相对匮乏。乡村地区医疗设施少、医务人员少，医疗服务质量和水平较低。乡村居民由于距离医疗机构远，交通又不便，就医困难，导致常见疾病得不到及时治疗，严重影响了居民的健康状况。乡村医疗资源缺乏使得居民对常见疾病的预防和治疗困难重重，这使得乡村居民的健康状况整体上较差，慢性病和传染病的发病率较高，严重影响了农民的生活质量和寿命。此外，缺乏专业医疗服务也增加了乡村居民的医疗费用，给乡村居民造成了经济负担，一旦患有严重疾病，家庭往往陷入贫困。医疗费用负担重也使得很多乡民不愿就医，导致疾病拖延，进一步加剧了贫困问题。

产业结构单一制约了乡村振兴的发展。许多乡村地区仍依赖传统的农业产业，缺乏多元化的产业结构，导致这些地区的经济容易受到自然灾害和市场波动的影响，增加了乡村发展的风险。首先，乡村地区大量依赖农业产业，这意味着在自然灾害面前乡村地区的经济更为脆弱。天灾、疫病等自然灾害往往对农作物的生长、养殖业等农业产业造成巨大冲击，从而导致乡村地区的经济收入急剧下降，甚至面临生存困境。其次，乡村地区因为产业结构单一，对市场波动的应对能力相对较弱。国内外市场的变化、消费者需求的波动等都会对乡村地区的主要农业产业产生直接影响。当市场需求下降或者出现产能过剩时，乡村地区的农业产业无法迅速调整，造成经济压力和就业压力的增加。此外，乡村地区由于产业结构单一，往往缺乏多元化的就业机会。大量农民只能从事农业劳动，导致农村的就业空间有限，年轻人缺乏发展平台，使得大量优秀人才流失至城市，进一步加剧了乡村地区经济的单一化与不稳定性。

环境保护和生态问题是乡村振兴可持续发展的关键。随着工业化和城市化的快速推进，许多乡村地区面临着严重的环境污染和生态退化问题。传统的农业生产方式和习惯，如大规模的化肥农药使用、乱砍滥伐等，导致土壤质量下降、水源污染、植被破坏等生态环境恶化，严重影响了乡村地区的可持续发展。在乡村振兴过程中，如何在经济发展与生态环境保护之间取得平衡，成为一个重要的挑战。一方面，乡村需要积极发展经济产业，提高居民收入水平，推动农业现代化。然而，传统的高耗能、高污染的产业模式已无法适应当今环境保护的要求。因此，乡村振兴需要优化产业结构，推动绿色发展，引入环保技术和清洁能源，以减少对环境的不良影响。另一方面，乡村地区要注重生态保护，重视生态系统的可持续发展。推行有机农业、精细化农业，减少农药化肥的使用，恢复和保护土壤的生态环境，提高农产品质量和营养价值。此外，乡村地区应该加强水环境管理，保护水源和湿地，防止水污染和水资源的过度开发。

二、面向全球乡村的未来

联合国教科文组织在"城乡发展：历史村镇的未来"国际会议上围绕乡村振兴、脱贫攻坚和文化传承等主题，就如何推动历史村镇的未来发展提出如下经验："保持人文环境的质量；把文化放在农村发展政策和规划的核心位置；提高传统生产创造力和文化创新；建立乡镇网络，发展新型合作形式；加强文化保护和促进，实现环境可持续性"。

鉴于以上经验，本书结合全球乡村发展状况，提出如下几点乡村发展目标。

（一）乡村产业发展目标

全球乡村产业发展目标涵盖了产业多元化、农村经济提升、农产品质量和品牌建设等方面，旨在促进乡村经济的可持续发展，提高农民的收入和生活质量。

乡村产业多元化可以降低依赖单一产业带来的经济风险，并提供更多的就业机会。例如，通过发展农产品加工行业，可以将农产品加工成高附加值的农副产品，增加农民的收入。乡村旅游可以利用乡村独特的自然和文化资源，吸引游客，同时也促进乡村居民的就业。乡村电商则通过电子商务平台打破地域限制，让农产品能够更便捷地销售到全国乃至全球市场。

提高农村经济水平是乡村产业发展的重要目标。通过发展现代农业技术和农业科技创新，提高农产品产量和质量，农民的收入也随之提高。此外，乡村产业发展还可以带动相关服务业的发展，如物流、餐饮、旅游服务等，进一步增加就业机会和经济收入。

加强农产品质量和品牌建设是提高乡村产业竞争力的关键。乡村可以通过推行有机农业、绿色农业，减少农药化肥的使用，保证农产品的安全和环保性，并提供有关质量认证、追溯体系等措施，提高消费者对乡村农产品的信任度和满意度。同时，乡村还可以通过营销和宣传等手段，打造具有地域特色和品牌效应的农产品，提升产品附加值和市场竞争力。

（二）乡村人才发展目标

全球乡村的人才发展目标旨在吸引人才到乡村发展，改善农民的教育水平和提升职业技能。通过建立优质的教育体系，培养乡村人才，吸引城市人才到乡村投身农业生产与乡村发展，推动乡村产业和社会的现代化。

吸引人才到乡村发展是推动乡村产业和社会现代化的重要举措。乡村可以通过提供良好的工作和生活条件，吸引城市人才到乡村创新创业，同时也需要提供适合他们发展的机会和平台。乡村可以建立创新创业孵化基地，提供资金支持和政策优惠，吸引更多的人才投身到乡村产业的发展中。

改善农民的教育水平是人才发展目标的关键。乡村可以通过提供良好的教育资源，建设现代化的学校和教育机构，改善农村教育条件。同时，乡村还可以加强培训和职业教育，提升农民的职业技能和创新能力，培养适应乡村产业发展需求的人才。政府和社会应该加大对农村教育的投入和支持，为乡村人才的培养提供更好的环境和机会。

提升职业技能是人才发展的重要方向。乡村可以通过举办培训班、技能竞赛等活动，提供农民参与职业技能培训的机会。同时，乡村还可以与高校、科研机构合作，引入先进的农业技术和管理经验，提高农民的生产技能和管理水平。政府和企业可以提供相应的培训补贴和奖励，激励农民不断提升自身的职业技能。

（三）乡村文化发展目标

全球乡村的文化发展目标旨在保护本土文化传统、促进文化多样性、推动文化与旅游融合。只有保护和传承好乡村的文化遗产，促进文化的多样发展，才能增强乡村吸引力，实现乡村文化的创意和创新发展，进一步推动乡村的振兴和发展。

保护本土文化传统是乡村文化发展目标的重要方向之一。乡村可以通过收集、记录和传承乡村的历史、民间传说、传统习俗和手工艺等，保护乡村的独特文化传统。政府和社会应该加大对乡村文化的保护和支持力度，设立相关的文化机构和项目，提供专业的保护和传承指导，确保乡村文化传统得到有效保护。

促进文化多样性也是乡村文化发展目标的重要内容。乡村可以通过举办文化艺术活动、文化交流和展览等，促进不同地区和不同文化的交流与合作，丰富乡村的文化内涵。政府和社会也可以通过提供资金和政策支持，鼓励乡村文化的多元发展，保护和传承多样性的文化资源。

推动文化与旅游融合是促进乡村发展的重要策略之一。乡村可以利用自身的历史和文化资源，开展文化主题旅游活动，为游客提供丰富的文化体验。同时，乡村还可以通过发展文化创意产业，打造具有文化特色和吸引力的文化品牌，吸引更多游客和外来人才，推动乡村经济和社会的发展。

（四）乡村生态发展目标

全球乡村的生态发展目标旨在保护生态环境、推动可持续农业发展、提高资源利用效率。只有实现生态环境的保护和可持续农业的发展，才能建立和谐的人与自然关系，实现乡村的生态繁荣和可持续发展。

保护生态环境是乡村生态发展目标的核心之一。乡村应该积极采取措施减少污染物排放和环境破坏，建立环境监测和管理体系，加强对自然资源的保护和管理，特别是对水源、森林和湿地等自然生态系统的保护。政府和社会应该加大对环境保护的投入，鼓励乡村居民和农民采取可持续的生产方式，促进乡村的绿色发展。

推动可持续农业发展也是乡村生态发展目标的重要内容。乡村应该鼓励农民采用有机农业和生态农业的方式进行农业生产，减少农药和化肥的使用，提高农产品的品质和安全性。同时，乡村还应该加强农业技术创新和推广，提高农作物的抗病虫害能力，提高农业生产效益。政府可以出台相应的农业支持政策，提供技术培训和资金支持，引导农民向可持续农业转型。

提高资源利用效率是乡村生态发展目标的另一个重要方面。乡村可以通过推广节能环保技术和循环利用模式，降低资源的消耗和浪费，提高资源利用的效率。政府可以加强对乡村能源、水资源和土地资源的规划和管理，建立科学的资源利用机制，鼓励低碳生活方式和绿色出行方式的采用，促进资源的可持续利用。

（五）乡村组织发展目标

全球乡村的组织发展目标旨在建立乡村治理体系、促进社会组织发展、加强农民参与。只有实现乡村组织的良性发展，建立起健全的乡村治理体系，才能实现乡村社会的和谐与稳定，推动乡村的发展和进步。

建立乡村治理体系是乡村组织发展目标的重要方向之一。乡村应该加强乡村治理的能力建设，建立起多层次、多方参与的乡村治理机制，包括村委会、农民合作社、农业社团等。政府可以加大对乡村治理的支持力度，提供政策、法律和资金等支持，推动社区自治、农村合作和集体经济的发展，促进农村社会的协商、参与和治理。

促进社会组织发展也是乡村组织发展目标的重要内容。乡村可以鼓励和支持各种社会组织的发展，包括农业合作社、农民专业合作社、家庭农场、农村互助组织等。社会组织可以发挥农民的主体作用，帮助农民解决生产经营和生活问题，推动产业发展和农村经济繁荣。政府可以提供相关的政策、资金和服务，引导社会组织发挥积极的作用，推动乡村的发展。

加强农民参与是乡村组织发展目标的关键所在。乡村应该鼓励农民参与决策和管理，提高农民自治的能力和水平。农民应该通过适当的方式参与乡村治理和社会组织的建设，表达自己的意见和诉求，参与农业生产的决策和规划，推动农村经济的发展和社会的进步。政府可以提供相关的培训和支持，加强农民的组织能力建设，为农民参与提供有力的保障。

三、对策与建议

提升农业和农村产业发展。农业和农村产业发展是乡村振兴的核心任务之一，可以促进乡村振兴，实现农村经济的可持续发展。首先，可以通过增加科技创新投入，加强农业科技研发和应用，提高农业生产的科学性和效益。例如，引进先进的种植技术和设备，提高农田灌溉和施肥的精准度，减少农药和化肥的使用量，提高农产品的品质和安全性。此外，还可以推动农业产业化发展，鼓励农民组织起来，打造农产品品牌，提高产品附加值和竞争力。通过整合农村资源，建设农产品加工和营销体系，增加农产品的附加值，扩大农民收入。另外，在乡村振兴中，要关注农村产业结构的调整和优化。鼓励农民适应市场需求，发展具有竞争力的特色农业和乡村产业，如农业观光、农家乐、乡村旅游等。通过培育休闲农业和乡村旅游等新型产业，增加农民的就业机会，提升农村经济发展水平。

加强乡村基础设施建设。基础设施是乡村发展的支撑和保障，直接影响到农村地区的社会经济发展和居民生活品质。首先，加强乡村交通建设是重要的基础设施任务之一。修建和改善农村道路，能够打通农村地区的交通瓶颈，提高农产品出口和销售的便利性，促进农村经济发展。此外，加强农村交通网络的建设，包括铁路、公路和桥梁等，能够方便农民的出行，提高农业生产和农村物流的效率。其次，改善乡村的供水和供电设施也是非常重要的基础设施建设任务。提供可靠的供水和供电服务，不仅满足农村居民的日常生活需求，还可以促进农业生产的发展。为农村地区建设现代化的供水系统，解决农民的饮水困难问题；加强农村电力网络的建设，保障农田灌溉和农业机械化的需要，提高农产品生产的效率和质量。此外，要加强农村通信设施的建设，推动农村信息化进程。提供高速宽带网络覆盖，促进农村网络销售、电子商务等新业态的发展。通过提供高质量的通信服务，扩大农民获取信息的渠道，帮助他们了解市场需求和新技术，推动农业现代化。在加强基础设施建设的过程中，政府应加大投入，加强规划和管理。通过制定相应的政策和规划，引导社会资本和企业参与乡村基础设施建设。

推进乡村教育发展和技能培训。教育是人才培养的基础，也是促进农村发展的重要驱动力之一。首先，加强乡村教育资源的配置是关键。要改善农村学校的办学条件，提供优质的教育资源和设施，确保农村孩子们获得良好的教育。此外，还要加大对乡村教师的培训力度，提高他们的教学水平和专业素养，使他们能够更好地传授知识和引导学生。其次，要注重农村青少年的职业教育和技能培训。通过开设职业技能培训班和专业技术学校，帮助农村青年学习和掌握各类就业技能，提高他们的综合素质和就业能力。同时，要鼓励和支持农村青年参与农业产业链和农村特色产业的发展，开展实践培训和创业辅导，培养创新创业人才。此外，要重视农民的终身教育和技能提升。通过开展农民夜校、农村社区学院等形式，为农民提供继续教育和技能培训的机会，广泛开展农业技术培训和现代农业管理知识的普及。通过提升农民的文化素质和职业技能，提高他们适应现代社会和产业发展的能力，推动乡村产业升级和农村发展的可持续性。

加快推动数字乡村建设。在全球乡村振兴的过程中，促进数字乡村建设是一项关键任务，通过推动信息技术在农村发展中的应用，建设数字农业和数字村庄，提升农村的信息化水平和服务能力。首先，要加强农村信息基础设施建设。这包括建设农村宽带网络，提供稳定、高速的网络连接，覆盖农村各个角落；建设农村智能物联网，实现农业设备、农田、农民等各个环节的信息共享和管理。其次，要推动数字农业的发展。数字农业是指利用信息技术、云计算、大数据、人工智能等技术手段，提高农业生产效率和质量的现代农业方式。可以通过智能农机、无人机、传感器等技术，实现农田监测、精准施肥、病虫害预警等功能，提高农业生产的科学性和可持续性。同时，要建设数字村庄，提升农村的信息化水平和服务能力。通过建设农村电商平台、农产品溯源系统，实现农产品的线上销售和溯源管理；通过推动电子支付、智能物流等技术的应用，提升农村金融和物流服务的效率和便利性；通过开展农村电商、互联网＋农业等项目，鼓励和支持农民参与互联网经济和创业创新。此外，还要加强农民的信息技术培训和知识普及。通过开展农民培训班、农村电商导师计划等形式，提高农民的信息技术应用能力；通过宣传和推广，提高农民对数字乡村建设的认知和参与度，鼓励他们使用信息技术参与农业生产、农村发展。

强化生态环境保护。为了实现经济发展与生态环境保护的双赢，需要制定和实施严格的环保政策和措施，加强乡村地区的生态保护，并推动生态农业、生态旅游等可持续发展模式。首先，要加强农业生态化建设。农业是乡村地区最重要的产业之一，通过推行生态农业，可以实现农业生产的可持续发展。这包括采用有机农业和绿色农业的技术和方法，减少农药和化肥的使用，提高土壤质量和农作物品质，保护农田生态系统的稳定性和健康性。其次，要加强乡村生态环境保护。乡村地区的生态环境是农业生产和农村居民生活的基础，也是吸引游客和促进乡村旅游发展的重要资源。因此，要严格控制乡村生态环境中的污染源，加强污水处理和垃圾处理等基础设施建设，确保乡村的空气清新、水质洁净、生态平衡。同时，要推动生态旅游的发展。生态旅游是一种将自然资源和文化遗产结合起来的可持续发展模式，可以提供乡村地区的就业机会和经济增长点。通过开展乡村旅游，可以促进农民增收致富，保护自然和文化资源的可持续利用，实现农业产业升级和乡村经济发展的双赢。

加强乡村治理和社会管理。完善乡村治理体系，提高农村社会管理水平，能够为乡村振兴提供坚实的基础和保障。首先，完善乡村治理体系是加强乡村治理的关键。乡村治理体系的完善涉及农村基层组织的建设、农村法治环境的构建、农村民主决策的加强等方面。通过建立健全村民自治机制和乡村社会组织，可以提高乡村居民参与决策的能力，更好地实现村民的利益诉求，推动乡村振兴工作的顺利进行。其次，提高农村社会管理水平，有助于维护乡村社会的和谐稳定。加强农村社会管理，需要加强对农村社会问题的预防和解决，包括劳动力的就业、社会保障、教育医疗等方面的问题。此外，加强对农村社会结构、价值观念和文化传承的引导，也是乡村社会管理的重要内容。通过营造良好的社会环境和道德风尚，可以促进农村社会的和谐发展，推动乡村振兴的进程。再次，加强党组织的引领作用，是增强乡村治理和社会管理的重要途径。党组织在农村发展中发挥着重要的领导和组织作用，通过党组织的组织建设、干部培训和政策宣传等方式，可以更好地推动乡村振兴的各项工作。在乡村振兴的过程中，党组织应加强与各类乡村组织的联系和协调，形成统一的工作合力，推动乡村振兴事业的蓬勃发展。

加强国际合作和交流。通过借鉴和学习国际乡村发展的成功经验，可以更好地推动乡村振兴，实现可持续发展。首先，国际合作可以为乡村地区引进优质农业技术和先进管理经验。不同国家和地区在农业发展方面有着独特的经验和技术优势。通过与其他国家和地区的合作，我们可以学习他们在农业生产、农产品加工、农业供应链等方面的先进做法，并将其运用于乡村振兴过程中。这有助于提高农业的生产效率和质量，推动农村经济的发展。其次，国际交流可以促进乡村振兴进程中的开放和创新。通过与其他国家和地区的交流，我们可以了解到不同地方的乡村发展模式和政策措施，从而为自己的乡村振兴提供借鉴和启示。同时，国际交流也能够促进乡村地区的文化融合和创新，为乡村经济的多元化和特色产业的发展提供更多可能性。此外，国际合作和交流还可以促进乡村旅游业的发展。乡村旅游是一个涉及多方面的产业，包括旅游景点开发、旅游产品设计、旅游宣传营销等。通过与其他国家和地区的合作，我们可以吸引更多的国际游客来乡村旅游，推动旅游业的发展，为乡村振兴提供更多的经济增长点。同时，政府也应加强与相关乡村振兴机构和国际组织的合作，分享经验和资源，共同推动乡村振兴的进程。此外，企业和非政府组织也可以参与到国际合作中，积极开展技术合作和项目合作，推动乡村振兴的进程。